日本の教育の原点

藩校に学ぶ

藁科満治

日本評論社

まえがき

本書は、宇沢弘文先生（東京大学名誉教授、一九二八〜二〇一四）との対談がなければ生まれなかった。二〇〇三年を皮切りに数回に分けて、教育問題をテーマにした対談を宇沢先生と行ったときのことである（『「出会い」こそ人生の分岐点——複眼で見る政治と教育』日本評論社）。

見事に白い髭をたくわえた宇沢先生は、気魄のこもった口ぶりでこう力説された。

「わが国の教育は、画一的な詰込み主義で個人の能力や特性といったものが無視されている。丸山眞男先生（政治学者・政治思想史学者）は『学問の自由、教育の自主・自立性と地域の独自性からみて、明治維新で藩校をなくしたことは失敗であった』と述べていたが全く同感である。現在の教育問題の課題を解明するために、藩校の歴史を振り返ってみる必要がある」。

意気軒高な先生の言葉に、私は強い刺激と示唆をいただいた思いであった。それ以来「藩校」というテーマは私の中に棲みつき頭から離れることはなかった。時間を作っては、藩校に関する文献や資料の収集を進めた。手掛かりとなる研究書は多くなく、専門家ではない自分には隔靴掻痒の時期もあったが、ここまで探求を続けてこられたのは、ひとえに宇沢先生の気魄とメッセージを受け取ったからにほかならない。

もうひとつのきっかけは、一昨年秋、原発被害を受けて福島から横浜に移転した児童に対するいじめ問題が明らかになったことである。教育の危機が叫ばれて久しくなるが、依然として学校の現場ではいじめ、不登校など深刻な問題を抱えていて、その問題解決のための目処が立っていない。とくに二〇一六年のいじめの発生（認知）件数は過去最多の三二万件を超え、それが不登校や自殺の原因に連動し、危機的な事態となっている。

そのような事態の中で明らかとなったこの事件で、周辺の心ない差別意識に苦しむ児童と家族の悲惨な姿が浮き彫りになった。この事件は、教育現場で発生したひとつの事案にとどまらず、震災、エネルギー政策にかかわる国、社会全体の課題として看過できない重大な性格を持っている。こういう喫緊のときにこそ、社会全体で教育問題を真剣に考え直す必要があると考えたのであった。

このような二つの動機が結合して、「藩校の歴史」の検証が始まった。

果たして藩校の歴史を振り返ってみると、教育の意外なほどの広がりと深さに気づかされ、江戸時代の日本は「教育大国」であったと目を開かせられた思いであった。さらに藩校ごとに価値ある教訓がいくつも浮上し、まさに教育改革の鉱脈を見つけた思いがする。そして、改めて宇沢メッセージの意義と歴史の重要性を再認識させられたのであった。

しかし、一般の読者の方々にとって「藩校」は決してなじみ深いテーマではない。なじみ深いどころかこの本の構想の当初の段階で、印鑑の「ハンコ」と間違えられた苦い経験もある。したがって、できるだけわかりやすくエピソードなども交えて、藩校の実像とその背景を紹介していきたいと考えている。

藩校の実像、特徴などについては本文で詳しく触れるが、たとえば藩校では、封建社会であるにもかかわらず、基本的には教育の自主・自立性が確保され、藩と地域の事情と風土に適応する教育が藩の財政負担のもとで展開されている。そして、藩主と藩儒・教授の教育に対する理念と情熱が、そのまま藩校の姿と特徴を形作っている。この状況にこそ、現在の教育問題の最大のアキレス腱ともいえる地方分権化の問題を解きほぐす教訓と鍵があるのではないかと思う。

現在、グローバル化と時代変革をもとに、社会構造が急激に変化し、教育システムとの間に大きなギャップを生じている。とりわけ地域、児童・父兄、学校など教育現場からの多様な要求に対して、旧来の中央集権的、画一的教育システムが対応しきれず限界にきている。その象徴的なものが過去最多のいじめ発生件数であり、原発がらみのいじめ被害への対応姿勢である。

戦後の教育改革で教育行政の職責区分は、国が所管するのは、制度の枠組みの制定、全国的な基準の設定、財源保障に限られ、実践面での統括権限と責任は、すべて地方自治体（教育委員会・学校）に移譲されている。

しかし、実際の運営面ではその職責分担が有効に機能せず、結果的に教育行政は「仏作って魂入れず」という状況になっている。おそらく国民の多くは、教育の統括権限と責任は「文部科学省」にあると思っているに違いない。この状況から脱却するためには、教育行政の実践面の統括権限と責任は本来、すべて地方自治体（教育委員会・学校）にあることを国、地方自治体、そして国民すべてのレベルで徹底させる必要がある。つまり教育の原点は、地域・学校の現場にあることを徹底させることである。

　併せて、注目すべきことは、藩校それぞれに固有の独自性を持ちながら、一方で各藩校に共通する基本的な教育理念として、とくに基礎教養の確立に力を注いでいることである。そのための教科として「儒学」を据え、その指導者（教授）の選定から開校の準備を進めている。また各藩校の校名にもそれぞれのいわれと伝統が刻まれているが、その根本には「人づくり」の理念が色濃くにじむ。このように藩校教育の根幹にある目的は、知識の広がりや深まりだけではなく、人間そのものを磨きつくることに重点が置かれている。

　現在の教育は、知識・教科書偏重主義で、ＩＴ化による負の影響もあって、感性を育む面に欠けている。「感じる」「思いやる」「相手の気持ちになる」などの感性を育むために、徳育面の強化と実生活に根ざした現場主義、体験主義に比重を移行していく必要がある。

　それにしてもいじめ発生件数三二万件（前述）は、単純に見て一日八八〇件に相当する異常な件数である。このような状況を生み出している主たる要因は、感性教育、しつけ教育の欠如にあることは言うまでもないが、それに加えて発生内容の掌握体制の不備、発生後対策の不備など地方自治体の総合的な体制の不備を指摘しなければならない。その面では、いじめ問題は地方分権化の問題と不離一体の関係にあるといえる。

　幸い国民世論の影響もあって、二〇一八年度から徳育が格上げされて「道徳科」として特別教科に加えられることになった。これを転機に改めて教育の基本的な目的は、「人づくり」にあることを再確認し、喫緊のいじめ問題に対する防止策、そして発生後の対策両面にわたる具体的な対応策を示さなければならない。二年後の東京オリンピックに向けて、「おもてなし」が華々しく喧伝されているが、その前に国内の恥ずべきいじめ問題を絶滅させたいものである。

「人づくり」の理念に根ざした象徴的なモデルのひとつが平成二三年（二〇一一）小学校六年生の社会科教科書に採用された會津藩校日新館の「什の掟」であり、この「社会体験を通じて学ぶ」とした理念は、教育面で世界的な影響を与えたジョン・デューイが掲げた「ラーニング・バイ・ドゥーイング」（為すことによって学ぶ教育）の理念に相通ずるものがある。現下のいじめ、不登校などの課題克服のためにも、什の掟のような理念と姿勢を教訓として見習うべきだと思う。

藩校の歴史と伝統を受け継ぐ学校への現地訪問については、まだ始めたばかりではあるが、各校それぞれに固有の歴史と特色を持ちながら、一方で各校に共通する伝統として「自主・自立」と「文武両道」が指摘されたことは大変興味深い。そして、各校ともに県内有数の進学校としてその存在感はきわめて高い。

また、藩校を見直そうという別の試みは、「藩校サミット」の開催に発展し、社会的に注目を集めている。「藩校サミット」は、平成一四年（二〇〇二）江戸幕府昌平坂学問所（湯島聖堂・東京都文京区）で第一回サミットが開催されてから、昨年（二〇一七）加賀藩校（明倫堂）での開催まで一五回の年輪を重ね、年々参加者が増加しているという。これは、主催者が打ち出した「各地域に息づく藩校教育の理念と伝統を現代の視点で見直し、次代に活かしていく」とした「サミット設立趣旨」が共感を呼んでいるからである。歴史の教訓を現代につなぐ架け橋として「藩校サミット」がますます発展されることを期待したいと思う。

囲碁の世界に「捨て石」という言葉がある。これは単に「捨てた石」ということではなく、あとで「勝利に結びつく働きをする石」という意味である。つまり目先は「捨て石」であるが、大局的には大事な役割を果たす「効石・要石」である。

私は、この『藩校に学ぶ――日本の教育の原点』が教育改革のための「捨て石」になることを念願している。

藩校に学ぶ――日本の教育の原点

目次

第一部 江戸時代の藩校教育

第一章　藩校と儒学

第一節　江戸時代の教育機関

江戸開府によって、戦乱のない平和な時代が到来すると、全国各地の藩が司法、立法、行政を任され、教育も各藩が独自に行った。徳川幕府はいわば連合政府の役割を持っていた。戦がなくなったため、士農工商という身分制度の中で、武士階級はそれまでの軍人という立場から、藩を治める官僚機構の一員になることを求められるようになった。とくに江戸時代中期以降は、全国に市場経済が行きわたるようになり、藩の自給経済が破綻を見せるようになってきた。ここに至って武士は官僚行政を担う者として、その存在意義を問われることになったのである。

そこで相次いで設立されたのが藩校という教育機関だった。武士は上に立つ統治者として相応しい哲学と見識を身につけることを迫られたのだ。そして藩経済の崩壊を食い止める政策と智恵が求められた。武人の哲学では通用しない時代になったのである。

江戸時代を通じて全国には三百余りの藩があった。このうち幕末までに設立された藩校は二百八十余りにのぼる。藩校は藩士子弟の教育機関だが、江戸時代に入っていち早く設立されたものもあれば、幕末近くになってようやく創設されたところもある。総じて財政難の中、必要に迫られて設立されたところが多かった。

すなわち、藩財政の危機的状況を打開するために、藩内に埋もれた才能を発掘しようとしたり、人材を登用して固定化・停滞した藩機構に新風を送ろうとしたり、藩校設立そのものを藩政改革の一環として藩士の気風を引き締めたりと、藩の事情によってさまざまな試みが行われたのである。

いずれにしても教育制度がまだ未整備だったところに藩校、郷学校、私塾、寺子屋といった教育機関が、形を表してきたのは江戸時代中期だった。

寺子屋は普通六、七歳の子どもが通いはじめ、それから数年間学んだ初等教育機関だった。江戸時代は兵農分離と石高制の社会だった。武士は城下町の一角に住んで、村落運営の大部分は農民の自治に任されていた。そこでは藩からの文書による指示、伝達、それに法令による行政が行われた。

石高制による年貢の割り当ても、農民自身が計算しなければならなかった。農作物も換金性の高いものを植え付け、できるだけ高く売ることが求められた。都市は貨幣経済が浸透し、何をするのも計算と契約だった。誰でも読み書き算盤が必要とされた。江戸時代の社会の仕組みは、庶民もある程度読み、書き、算術ができることを前提として成立していたのである。

寺子というい方は中世に寺院で子どもに学問を教えていたときの名残りだが、「屋」が付いたのは、庶民子女を教えることを生業とする施設が江戸時代に生まれてからだ。明治維新前後に調査された資料によれば、全国に寺子屋は一万三千八百十六、寺子の数は男子五十九万二千七百五十四名、女子十四万八千百三十八名だったという。江戸時代末の全国の人口は三千万人前後なので、就学率はなかなか高かったといえよう。こうした幅広い寺子屋の普及によって、当時、世界有数の識字率を実現したのである。

私塾と郷学校

私塾は一般的にいうと、寺子屋の学習を終えて、さらに高度な知識や技術を得たいという人が通うところだった。全国的に見て私塾の数は寺子屋の十分の一程度だった。したがって大雑把にいって寺子屋を終えた子どもの十人に一人が私塾で学んだことになる。

私塾は官学である幕府の昌平坂学問所や藩校と違い、身分や性別にとらわれず、広い範囲から生徒を集めた。いってみれば、現在の私立中高校といったところだ。とくに江戸、京、大坂の三都の有名塾には全国から優秀な者が集まった。現在の私立大学と同じといえよう。全国的に名の知れた有名学者の塾の中には、塾生が三千名も在籍するところがあったようだ。

郷学校は公立の学校ともいえるかもしれない。藩校は藩庁の所在地に建てられるのを原則としたが、郷学校は広い藩領の各地の教育にあたる目的で、藩営のものもあれば村が何カ所か集まって共同で運営する例もあった。地域的特性から郷士や庶民が学んだ。したがって現在の学校制度の萌芽がここにあるといえよう。

郷学校でとくに有名なのは岡山にあった閑谷学校だ。この閑谷学校は岡山藩主・池田光政が寛文十年（一六七〇）に高等教育を目指して設立したものだが、光政は他に城下に一カ所、諸郡に百二十三カ所の手習い所を設立した。これも郷学校と呼ばれる。光政がなぜこれだけ多くの手習い所を設けたかについては次章第一節「もっとも早く設立された藩校」で詳述する。

江戸時代中期以降、じつは町民や農民の生活紀律が緩み、なかでも若者たちの生活が乱れたことを心配する声が多く、藩はこれを危機的状況ととらえ、領内各地に教育機関を設立することに踏み切った。若者たちに農耕に精を出し、秩序を守らせるには道徳的素養を身につけさせる必要がある、というわけである。

たとえば伊勢崎藩領（埼玉県伊勢崎市周辺）では幕末までにこうした目的で郷学校が二十五カ所設けられた。この時点で伊勢崎藩の村は四十七だったから、ほぼ二つの村に一つの郷学校が設けられたことになる。この地域は全国的に見てやや多いが、こうして数多くの郷学校が全国の藩領に作られたのである。

藩　校

藩校は江戸時代、学問好きの藩主がいち早く設立したところもあるが、多くは藩独自で運営されてきた自給経済が破綻を見せる中で、価値観の多様化から藩内の紀律が緩んできたこともあって、旧来の指導者の考え方だけでは乗り切れなくなり、新しい人材の登用の必要性に迫られて設立されたところが多いのが実情だ。

江戸時代中期から後期にかけて、雨後の筍のように藩校がつくられた背景には、こうした藩が置かれた現状に対する危機感があった。また、時代の進展が急で、外国から洋学が持ち込まれるなど旧態依然の教育では新しい時代に即応できないことから、軍備の刷新、新しい医学の導入などが藩校に期待された。

たとえば東北の八戸藩は二万石の小藩だったが、江戸時代中期以降ロシア船の出没によって沿岸警備を迫られ、しかも藩領内では相次ぐ冷害凶作によって、藩財政が極度に窮乏した。こうした情勢を受けて、八代藩主は文政二年（一八一九）、藩政改革に着手した。大豆、魚油、塩、鉄の専売制を導入、新田開発、増税、新税の創設などの施策を矢継ぎ早に実施。そしてこれらの改革を担う人材を育成するために藩校を設立した。

この藩は歴代藩主が好学で、学問を奨励してきた。向学心を尊ぶ藩風からは、封建社会を厳しく批判した思想家・安藤昌益や、和算家の真法恵賢といった傑出した人物を生み出した。しかしなお、新しい時代に適応するにはもう一段の改革が求められたのである。

新しい時代の荒波に適応しようとした典型的な例が、広島・福山藩の藩校・誠之館（せいしかん）だった。七代藩主・阿部正弘（一八一九〜五七）が行ったもっとも重要な藩政改革が、藩校・誠之館の創設だったといわれる。

嘉永六年（一八五三）アメリカ東インド艦隊司令長官ペリーが黒船で浦賀へ来航し、開港を要求してきたときに責任者として問題解決にあたったのが老中・阿部正弘である。ペリーが浦賀を去ったあと、長い間懸案だった学制改革を断行し、誠之館の創設に取りかかった。

誠之館は学則にあたる「仕進法の定」十六項目を決め、安政二年（一八五五）に発足した。上下の身分を問わず学習すること、文武ともに試験を行う。卒業時に試験で一定の成績を収めたものは、嫡子、部屋住の別なく登用される、という世襲制の当時としては画期的な能力主義が採り入れられた。いまも広島県立福山誠之館高等学校は文武両道の進学校である。

こうして設立された藩校は、今日でいえば県庁所在地にある有名公立高校にあたる。さらにいえば、かつての地方国立大学の二年生までの教養課程は、前身を藩校としているところが多い。

もともと、教員養成のための大学は元の師範学校を母体としているところが多いが、師範学校は藩校を引き継いでいるところが多いのである。また、地方の医科大学は、藩校の医学講座を、薬学部は薬草園を基礎にしているところも多い。このように藩校は当時の高等教育を一手に担っていたといえよう。

昌平坂学問所

江戸時代を通じて、藩校はじめ全国教育機関の頂点に君臨していたのが、幕府の昌平坂学問所（昌平黌〔こう〕）だった。徳川家康は天下を掌握する目処が立つと、どのような国家を建設し、いかに世の中を治めていくかを模索するようになる。そこで国家経営のモデルにしたのが、隣国の中国（明）であり、その支配の考え方をもとに、朝廷をはじめとする日本の伝統的な権威や宗教をどう取り込むかに頭を悩ました。そして行き着いたのが儒学の一派、朱子学だった。当時日本における朱子学の祖といわれた藤原惺窩（一五六一～一六一九）を何度も招き、講義を聴いたのである。

家康をはじめ天下の安定を望む大名たちは、その後禁制となるキリスト教を除き、宗教や思想の混

昌平坂学問所（湯島聖堂・大成殿）
（湯島聖堂提供）

乱を望まなかった。結果、三教（儒教、仏教、神道）の一致、または神儒合一を望み、神道も仏教も表向き儒学と争うことを避け、惺窩やその弟子の林羅山のような儒学者も神儒合一の考えに賛同した。そのため経世（世を治めること）や道徳の面を儒学が、信仰の面を仏教、神道が受け持つという暗黙の諒解が生まれた。

幕藩体制が確立して世の中が安定してくるとともに、儒学の持つ意義は増大してきた。社会において人々はどのような役割を果たすべきかを説くとともに、上下の身分秩序を重んじ、「忠孝」「礼儀」を尊ぶ考え方が、幕藩体制の維持に望まれたからである。とりわけ、朱子学の思想は封建社会を維持するための教学として、幕府や多くの藩の大名に歓迎された。

そうした中、家康に何より必要だったのは、政治の実務をこなせる博識多才な学者だった。崇高な理想を述べる理論家の惺窩に代わって家康に重んじられたのは、弟子の林羅山（一五八三～一六五七）だった。羅山は家康以降、四代将軍家綱までの侍講（学問の師）として、主に外交文書や諸法度の草案の作成、典礼格式の調査などの実務にあたった。やがて、羅山は実務家から政治顧問として、さらに次代を担う後継者の教育者としてその手腕を発揮した。必然的に学問としては儒学（朱子学）が重要視されるようになり、昌平黌はもとより、全国の藩校も教育の中心は儒学ということになった。江戸幕府にとっての国づくり、人づくり哲学の目的に儒学は適っていたのである。

ではその儒学とはいったいどういう学問なのかを、次に見ていくことにする。

第二節　儒教（儒学）のわが国への渡来

儒教は紀元前五世紀に、中国春秋時代の思想家・孔子（紀元前五五一〜同四七九）によって完成された思想体系である。中国では「教」と付くように孔子を敬って、さまざまな儀式が行われる宗教として発展、日本を含む東南アジア各国に広く伝えられた。

孔子の生きた時代は、群雄が割拠し、国としてまとまりのない状態が続いていた。儒教はその時代状況から、前の時代の偉大な王の行いを振り返って〝王道〟を知り、それに基づいて実践的な政治や道徳を学ぶことを主眼にした儒学の教えを、孔子と弟子たちが提唱したことに始まる。一般庶民には、人間の徳性（五常）を尊ぶことによって、さまざまな人間関係（五倫）を円滑に維持することを教えた。

わが国へ儒教が伝わったのは仏教よりも早く、継体天皇の時代の五一三年、当時交流が活発だった朝鮮半島の百済から五経博士・段楊爾が伝えたとする説が有力だ。五経博士とは古代中国にあった官職で、儒教の中心的経典である五教（『書経』『易経』『詩経』『春秋』『礼記』）を普及する任務を担っていた。

もっとも『古事記』には王仁（わに、中国人）が『論語』を携えて渡来したという記述があり、おおむね五世紀頃には伝来していたと考えられる。この時代わが国では仏教が支配的地位を占めたこともあって、儒教が大きく発展することはなかった。

平安時代初期、天武天皇（生年不詳～六八六）が発布した律令制に儒教の影響が見られ、儒教思想が官吏養成に応用された。しかし、わが国では中国や韓国と違って科挙制度（高級官僚登用試験）が採り入れられなかったため、儒教本来の学問が定着しなかった。やがて空海の『三教指帰』による道教・儒教批判などもあって、儒教は衰退を余儀なくされた。

わが国で儒教が蘇ったのは、中国の南宋で興った朱子学がもたらされてからだった。朱子学は中国の思想家・朱熹（一一三〇～一二〇〇）が、それまで儒教がともすれば士大夫（科挙に合格した高級官僚）の処世訓の寄せ集めと受け取られていたものを、宇宙論や世界観的要素を加えて体系化したものだ。新儒教とも呼ばれた。

わが国ではじめ宋学と称され、正治元年（一一九九）、宋に行っていた俊芿（しゅんじょう）が儒教の典籍二百五十巻を持ち帰ったのが始まりとされる。

以来朱子学は中国内の争乱を避けて来日した禅僧や知識人によって広められ、正安元年（一二九九）、元から来日した臨済宗の禅僧・一山一寧（一二四七～一三一七）がもたらした新しい解釈によって学理が鮮明となった。

南北朝時代から室町時代にかけては、京都五山や鎌倉五山など主として臨済宗の禅宗寺院で儒教の基本経典の研究が盛んに行われた。

永享十一年（一四三九）、下野国足利荘の領主となった上杉憲実（のりざね）は足利学校を再興、儒学の講義が行われた。足利学校は平安時代から鎌倉時代初期にかけて開校されたとされ、わが国でもっとも古い学校ともいわれているが、中断されていた。上杉憲実は鎌倉・円覚寺の僧・快元を招聘して校長に据え、儒学の講義が行われた。

応仁・文明の乱によって京都が荒廃した十五世紀後半、公家や僧侶などの知識人は各地の大名や豪族を頼って地方へ下った。儒学者もこの例に漏れなかった。大戦乱が知の地方への拡散をもたらしたのである。

桂庵玄樹（けいあんげんじゅ、一四二七〜一五〇八）は周防の大内氏や肥後の菊池氏、薩摩の島津氏などに儒学を講じ、薩南学派の基礎を築いた。桂庵玄樹は『四書』に訓点を打って理解を助けたが、南浦文之（なんぽぶんし、一五五五〜一六二〇）はこれにさらに返り点などを加え、これは「文之点」と呼ばれて『四書』の素読の多くは以後これによって行われた。文之点は、現代の漢文訓読法の源流である。「有朋」を「朋有り」と読む私たちもよく知るあの読み方だ。

土佐の南村梅軒（生年不詳〜一五七九）は朱子学を講じ、海南学派（南学）を開いた。南学はのちに京都を中心とする京学と結びついて、儒学の一学派となった。

こうして儒教はわが国では、仏教徒である臨済宗の禅僧によって研究が進められ、それが各地へ広がっていったために宗教色がそぎ落とされ、経典を中心とする儒学研究に中心が置かれるようになっていったのである。

江戸時代になるとますますその傾向は強まり、儒学は禅僧らが学ぶ嗜みから、本格的に研究する学問の一分野へと発展する動きが強まっていくのである（儒仏分離）。

第三節　徳川幕府と儒学

江戸の徳目――仁・義・礼・智・信

徳川家康（一五四三～一六一六）は関ヶ原の戦いで勝利し、応仁の乱から百年以上続いた戦乱の時代に終止符を打った。家康が慶長八年（一六〇三）、江戸に幕府を開き幕藩体制を敷いて以後、文治主義に大きく舵を切った。それを支えたのが儒学、とりわけ朱子学の考え方だった。家康にとっては朱子学における「大義名分論」は、支配の名分を与えるものとして大変好都合だったのである。

儒学はもともと人の学ぶべき徳性を仁、義、礼、智、信の「五常」と教えた。「仁」とは人への思いやり、「義」とは損得にとらわれないで人のなすべきことであり、情に流されやすい仁を抑える。「礼」とは仁を行動で表す、礼儀作法。「智」とは学問に励むこと、是非善悪を判断する能力。「信」とは約束を守ること。そして人間関係を大別して「五倫」と呼んだ。五倫とは「父子の親」「君臣の義」「夫婦の別」「長幼の序」「朋友の信」を表す。これらの徳を孔子とその弟子が中心になってまとめた『四書五経』の経典によって学ぶのが儒学という学問だった。

朱子学はこうした儒学の人生訓を元に、南宋の儒学者・朱熹が創案した理気説という二元論を根本原理として体系化しなおしたものだ。

万物を統括するものが太極でこれを理、その動静を気とする。つまり宇宙の原理を理とし、その運動を気とする。人間の持って生まれた本性は理で、行いは気であるとする。「五常」の考え方は理で、実際の行いは気である。そして「修己治人の学」（己を修め、人を治める）、自分を磨き、そのうえで人を治める立場に就くべきだと説く。さらに朱熹は、国の支配者を王者と覇者に分ける。理論に則った正統な支配者が王者で、武力を持って支配する不当な支配者を覇者とした。そのうえで徳のある者が国を支配すべきだと主張する。

こうした朱子学の考え方は徳川幕府にとっては、まことに都合の良い論理となった。武力で全国の戦国大名を支配下に置いたうえで、正統な支配者は常に正義で、それに反抗する者は悪、悪は滅ぼさなければならない。正義の支配者に忠誠を尽くすのは善である、という教えは、元和元年（一六一五）に二代将軍・徳川秀忠の名で発布された「武家諸法度」に色濃く反映されている。

家康と林羅山

幕府を開いた徳川家康は、特別学問に興味を抱いていた人物ではなかったようだ。ただ覇権を握ってからは周りに学者を集めて、国家経営の在り方などの話をさせていた。自分自身はそれまで戦乱に明け暮れて学問にはまったく縁がなかったが、文治政治へと舵を切るにあたり、それに相応しい名目と理論的バックボーン、そして権威を求めていたものと思われる。

のちに学問所の中心となって幕府文教政策の中心を担っていくことになる、林羅山と家康との最初の出会いの場面が、『日本の藩校』（奈良本辰也編、淡交社、一九七〇年）に『東照宮御実記』付録巻二十二より、として掲載されているので紹介する。

「二条城にまかり出た羅山の前には、清原秀賢や禅宗で学名の高い承兌、元佶というような当代屈指の人々が並んでいた。家康は学問にも興味を持っていたので、こうした会合が好きだったようだ」

「さてその二条城の初めての謁見のとき、家康は何を思ったのか、『後漢の光武帝は前漢の高祖から何代目にあたるか』というような問いを発した。清原秀賢以下、誰も答える者がいない。そこに羅山が末席からにじり出て、『それは九世の孫でございます。後漢書の本記にそのように書いてありました』といったものである。そこで家康はさらに問いを発して、『反魂香というものがあるが、それは何の本に出ているか覚えているか』と聞いた。

この質問に対してもやはり答えるものがない。そこで羅山が、『反魂香のことは、史漢などの正史には記されておりませぬ。白氏文集李夫人の楽府（がふ）、及東坡詩註に、武帝この香を焚いて、李夫人の魂を呼び返すということがありますが』と答えた。その他にも、屈原が愛した蘭は何という蘭だったかとかいろいろ聞いたが、それに答えられる者も羅山一人であったという」

同書も指摘しているが、今日の入試の口頭試問のようである。いわゆる知識の広さ、記憶力の問題であって、学問を深く掘り下げ、確かな理論構築とか、深い洞察力に満ちた思考とは無関係であった。ただ家康にとっては羅山のような人物が、立派な学者ということになった。家康もその他の大名も、学問というものにそれ以上のものを求めていない証左といえようか。

家康にとって幸運だったのは、林羅山が朱子学者だったことだろう。家康と江戸幕府にとって必要な学問は、秩序の形成に役立つものでなければならなかったからである。

前述のように、林羅山は家康から家綱まで四代にわたり侍講を務めたが、三代将軍・家光から与えられた土地に書院や塾舎を設けて、各地からやってきた生徒を教育した。寛永九年（一六三二）には尾張藩主・徳川義直が、儒学の創始者・孔子像を安置する聖堂を寄付した。

学問好きの綱吉・吉宗

ところが羅山の孫の鳳岡（ほうこう、一六四五〜一七三二）の代に、五代将軍・綱吉によってこの塾は大きく変えられることになった。

綱吉は大変学問好きで、和歌の研究を行う歌学方や暦を作成する天文方を設けただけでなく、朱子学にも通じていたので、自ら江戸城で『論語』や『孟子』など儒学の古典を講義して、大名や幕臣に受講させた。

綱吉の命で、元禄三年（一六九〇）、塾舎や聖堂が湯島に移され、増築・改築されて旗本や御家人などの幕臣の子弟を教育するための学問所が開設された。この学問所は孔子の生誕地の名を取って昌平坂と名付けられた。鳳岡は大学頭（だいがくのかみ）という地位を与えられ、幕府の文教政策を担当する長官となった。こうして五代将軍の時に、儒学（朱子学）は上下の身分秩序を重んじ、「忠孝」「礼儀」を尊ぶ学問として、幕府政治の基礎に正式に据えられたのであった。

さらに八代将軍・吉宗は湯島で行っている林家の講義を広く庶民まで聴講できるようにし、儒教の徳目を説いた『六諭衍義大意』を刊行、儒学による民衆強化に努めた。元禄・享保年間（一六八八～一七三六）は朱子学の最盛期で、全国の藩校の半数が昌平坂学問所で学んだ者を、儒官として招いている。

しかし鳳岡が享保十七年（一七三二）に死去すると、林家の学問の世界での力が次第に衰えていく。それとともに朱子学の勢いもなくなっていったのである。

その一方、儒学の中でも、朱子学ほどには道徳に重きを置かない古学派や折衷学派が力を増してくる。これら儒学のわが国における系譜は次の節で述べるが、朱子学が勢いを失うにつれて幕臣をはじめとする武士階級の士風が緩み、風俗の乱れが目立ってきた。独自の考えで動く武士が多くなり、規定の学問や武芸が疎かにされる事例が目立ってきたのである。

寛政異学の禁と昌平黌

こうした風潮に異を唱えたのが、老中・松平定信（一七五九～一八二九）だった。定信は倹約令を発布して幕府財政の建て直しを図るとともに、囲米や七分積金制、旧里帰農奨励令、荒地の再開発などの農政改革、出版統制令などの風俗対策を実施、いわゆる寛政の改革を実行した。その改革の中には「寛政異学の禁」という通達（寛政二年＝一七九〇）も含まれ、朱子学以外の学派を幕府の学問所から排除した。

定信は昌平坂学問所（昌平黌）を幕府の正式な学問所と定め、優秀な人材が絶えようとしていた林家に美濃国岩村藩の城主・松平乗蘊（のりもり）の第三子・乗衡（のりひら）を養子として入れ述斎を名乗らせ、大学頭を継承させた。述斎はこのとき二十六歳、早くから朱子学を学んだ俊英であった。

「寛政異学の禁」は昌平坂学問所に限られたものだったが、幕府の正式な学問所、昌平黌における試験は、これ以降、朱子学を深く追究した者でなければ合格しないような問題ばかりが出された。その結果、他の学派を勉強した者にとって合格は難しく、さらには受験できないケースも多くなったのである。

こうして「寛政異学の禁」は建前上、全国の藩校を縛るものではなかったが、どの藩校も幕府の意向を忖度して朱子学に重きを置かざるをえなくなってゆく。

昌平坂学問所は林家の私塾という位置づけから、旗本の子弟を教育するという大義名分を掲げることになり、運営経費の全額を幕府が負担することとなった。湯島の聖堂、学舎、諸生寮などが新築もしくは増築整備され、大学頭・林家の年俸も三千五百石に加増された。そして柴野栗山、古賀精里、尾藤二洲（寛政の三博士）らを昌平坂学問所の儒官に招いて、林家の助力をさせ、名実ともに朱子学の一大殿堂としたのである。

ここから再び昌平坂学問所は隆盛を極めることになる。幕府関係の儒官になるには、昌平坂学問所で学んだ者でなければならないとされ、履修歴がないことがわかれば新たに入学して学ばなければならなかった。こうした方針は全国の藩校でも踏襲され、少なくとも学頭（校長）になる人は昌平坂学問所で学習した人でなければならないとされた。昌平坂学問所はこれ以降、旗本以外にも門戸を開放し、全国の藩校から優秀な人材が集まった。幕末には高杉晋作もこの昌平黌で学んだ。

しかし、幕府の権力をかざして学問的権威を保っていた昌平黌も、幕末に至って激しい時代の流れに即応できなくなっていった。アメリカのペリー艦隊が来たときには、昌平黌の学者たちはひたすら和議を唱え、世の中の動きからはるかに遊離した姿を露呈した。これには吉田松陰も高杉晋作も激しい批判を加えている。

昌平黌は洋学研究も拒否し、水戸学などの尊皇思想も排斥した。昌平黌の学問を擁護するために林述斎の子である鳥居耀蔵（ようぞう、一七九六〜一八七三）を使って蛮社の獄を行い、渡辺崋山や高野長英などを罪に陥れ、洋学研究を阻止しようとさえした。

ところが新しい時代を主導する学問や指導者は、昌平黌とは関係のない、吉田松陰の松下村塾、緒方洪庵の適塾、シーボルトの鳴滝塾などで学んだ者たちから輩出され、より自由に活動して、新しい時代を形作っていくのである。

それはともかく、幕府の権威に守られた朱子学が全盛となる江戸時代の儒学の中にあっても、それに対抗する別派の存在も忘れられない。次節においてはその儒学別派について触れる。

第四節　江戸時代の儒学者の系譜

朱子学については前述のとおりだが、儒学者の系譜からいえば、江戸時代の朱子学は藤原惺窩から始まるといっても過言ではない。

惺窩は播磨国三木郷（兵庫県三木市）で公家の冷泉為純の三男として生まれた。嫡男ではなかったので家を継ぐ必要がなく、京へ出て相国寺で禅僧になった。そうして朱子学を学んだのである。

林羅山は京の生まれで幼い頃から建仁寺に入って朱子学を学んだが、二十一歳のとき藤原惺窩に師事した。そして前述のように二十四歳のときから幕府に仕えるようになったのである。羅山が幕府に仕えるようになってからは、朱子学者が彼の元へ集まるようになり、全国に網の目のように朱子学者のネットワークが築かれ、各藩校に配置された。そして藩校での成績優秀者は、昌平黌で勉学することによってさらに上位の儒者として各藩校に戻った。

学者たちのネットワーク

惺窩と同時期には周防生まれの南村梅軒が土佐へ渡って、朱子学の講義をして土佐南学を開いた。この系統では十七世紀前半、土佐出身の谷時中（一五九八～一六五〇）があとを継いで活躍した。この谷時中に学んだのが山崎闇斎（一六一九～八二）で、崎門学派を開き、垂加神道を創始した。

同時期、林羅山と並んで京出身の松永尺五（せきご、一五九二～一六五七）の門下からは木下順庵

（一六二一～九九）が出て、次の時代の新井白石（一六五七～一七二五）、室鳩巣（一六五八～一七三四）を輩出した。新井白石は六代将軍・家宣、七代将軍・家継の侍講として幕政にも深く関わった。

幕末近くになって美濃岩村藩主の三男・松平乗衡が林家に養子に入って林述斎を名乗り、昌平坂学問所の儒官（総長）になった。そのとき乗衡に従ってきた儒学者が佐藤一斎（一七七二～一八五九）で、文化二年（一八〇五）、昌平坂学問所塾長に、そして天保十二年（一八四一）には亡くなった乗衡に代わって儒官（総長）を務めた。

一斎は幕府学問所最後の大物儒学者である。幕末に活躍する人材の多くは佐藤一斎の弟子で、門下三千人を数えたといわれる。しかし、蛮社の獄の折に無実の弟子・渡辺崋山を積極的に弁護しなかったとして、後年批判を浴びることになった。

幕府の庇護のもとに分厚い学者層を配置して教育界を長年支配したのが朱子学派の人々だったが、これに対して激しく朱子学を批判したのが陽明学派の人々だった。陽明学は中国・明代の儒学者・王陽明（一四七二～一五二九）が唱えた理論で、孟子を尊び、「知行合一」を唱えた。朱子学では「先知後行」、あくまで知（学問・知識）が先で、行（行動・実践）はその後にされる、と考える。

これに対して王陽明は「知りて行わざるはただ是れ未だこれ知らざるなり」として、知ったらすぐに実践することを教えた。このため支配の論理を貫徹した朱子学に対して、矛盾や不正を知ったら直ちに批判を加えて、その元を除去することを求めた陽明学とは対立せざるをえなかった。

わが国の陽明学の祖は中江藤樹（一六〇八～四八）で、藤樹は祖父が仕えた伊予大洲藩初代藩主・

加藤貞泰の転封に従い大洲へと移り住んだ。十五歳のとき祖父・吉長が死去したため百石の家禄を相続した。しかし、二十七歳のとき、生まれ故郷の近江国小川村（滋賀県安曇川町）に一人残った母親の面倒をみるため、脱藩して故郷へ戻る。そこで藤樹書院という塾を開く。

間もなく熊澤蕃山（一六一九〜九一）が藤樹書院に入門する。またこのあと、京都から淵岡山（ふちこうざん、一六一七〜八七）が入門、そして大洲藩からも多くの藩士が学びにくるようになる。会津若松の医者や熊本藩藩士らも加わる。こうして藤樹書院は全国的広がりを見せるようになるのである。

熊澤蕃山は二十九歳のとき、備前岡山三代藩主・池田光政から側役に取り立てられ、三十二歳で組頭三千石に任じられた。蕃山の陽明学をもとにした「経世済民」の政治哲学に、光政が全幅の信頼を寄せたのであった。これについては後述の第二章第一節「もっとも早く設立された藩校」で詳しく触れる。

淵岡山は藤樹の没後、京都西陣に講社を拓き、各地から多くの受講者が集まった。会津若松の町医・大河原養伯と荒井眞庵はここで藤樹学を学び、会津若松に帰って藤樹学を広めた結果、会津の藤樹学派は数百人にも及んだといわれる。

さらには藤樹の死後八十年余りのち、大洲藩五代藩主・加藤泰温（やすあつ）は陽明学者の三輪執斎（一六六九〜一七四四）に儒学を教授してほしいと依頼したが、三輪は老齢のために断り代わりに高弟の川田雄琴（一六八四〜一七六〇）を紹介した。雄琴は大洲に赴任して藩校・止善書院明倫堂を創建した。この事実もまた、次章第二節「好学な藩主が設立に奔走」で詳しく触れる。

大坂では江戸の昌平坂学問所と並び称せられるような学問所設立を目指した人たちがいた。彼ら大坂商人たちが開塾したのが懐徳堂だった。陽明学者の三宅石庵（一六六五～一七三〇）が初代学主を務めて以来、ここには陽明学を学んだ学者たちが集うようになった。

懐徳堂とはとくに関係はないが、後年大坂町奉行の失政と物価騰貴に抗議して乱を起こし、大坂の街中の四分の一を灰燼に帰せしめた大塩平八郎（一七九三～一八三七）もまた陽明学者だった。大坂町奉行所与力だった大塩は独力で陽明学を学び、家督を譲って隠居したのちは「洗心洞」という塾を開き、多くの弟子を育てた。その弟子たちとともに不正をただすとして反乱を起こしたのであった。

先に触れた昌平黌の儒官・佐藤一斎もまた朱子学とともに陽明学を学んで、幅広く多くの弟子を育成した。

総じて時代が激動した幕末に活躍した人々は、陽明学の教えをその指針にした者が多かったようだ。備中松山藩（岡山県西部）の山田方谷（一八〇五～七七）は、藩主の板倉勝静（かつきよ）が老中になると、老中顧問の要職に就いた。方谷はもともと陽明学者で、備中松山藩の藩校・有終館学頭から執政に入り、藩の財政改革に力を発揮した人物だった。

また信濃松代藩の佐久間象山（一八一一～六四）は、江戸・神田に開いた神田（象山）書院で洋学の他陽明学を講義した。幕末の風雲児といわれた越後長岡藩の河井継之助（一八二七～六八）は藩校・崇徳館で学ぶうちに陽明学に目覚め、深く研究するに至ったという。この他、吉田松陰（一八三〇～五九）、高杉晋作（一八三九～六七）、西郷隆盛（一八二八～七七）なども陽明学に深く傾倒した人物といえよう。

儒学にはもうひとつ、古学派という流れもある。古学派の考え方は、朱子学や陽明学が中国の漢や宋の時代の学者をさまざまに解釈研究したのに対し、それらの解釈を排して孔子や孟子の原典に直接触れて、その真意を読み解こうとしたところに特徴がある。その古学派の代表が、古学の山鹿素行（一六二二〜八五）、古義学の伊藤仁斎（一六二七〜一七〇五）、古文辞学の荻生徂徠（一六六六〜一七二八）である。

山鹿素行は武士に対して、天下の政治を担当する者としての自覚を求めた。武士道という心構えが必要であり、主君のためにいつでも死ぬことができる潔さ、支配階級である武士としての徳性などを求め、これらを理論化して士道を確立しようとした。

しかし、林羅山門下として朱子学と相容れない諸点に行き当たり、著書『聖教要録』で朱子学を批判して播州赤穂にお預けの身となった。

そこで出会ったのがのちに江戸城松の廊下で刃傷沙汰を起こす藩主の浅野長矩（ながのり）だった。のちの討ち入りのとき、大石内蔵助が打ち鳴らした陣太鼓は「山鹿流」といわれたし、討ち入った際に用いた作戦も大石が山鹿素行に教わった兵法が基本になっているという。

伊藤仁斎は京都で「古義堂」という塾を開いていた。そして朱子学の形成過程で流入した禅学や老荘思想を排して、『論語』や『孟子』に書かれている言葉のもともとの意味を明らかにして、孔子や孟子の精神を学ぼうとした。

仁斎は孔子の教えの根本は「仁愛」だといい、仁愛の根底には「誠」があると説く。誠とは「自分に対しても他人に対しても偽ることのない純粋な心情」とし、その実践として「他者への思いやりや信頼する」ことを勧めた。そして仁斎は、「君主たる者はどんなに善政を敷き、民がそれを喜ぼうとも、『それを施したのは私だ。私のお陰だ』と民に知らせるようなことがあってはいけない」「学問の道は『学んで知る』ところにはなく、『自ら思って得る』ところにあり」と説いた。しかし、体制派の朱子学者からは、容認できない異端の説として排斥された。

古学派の教えを頑なに守って福岡藩校・甘棠館を開いたのは亀井南冥（一七四三〜一八一四）で、一方朱子学者でこれも学説を曲げず藩の重鎮・竹田定良（一七三八〜九八）は対抗する形で同じく修猷館を開いた。同じ藩内で二つの藩校が同時に開校するという異例の事態を迎えたのは、学者たちの暗闘がいかに激しかったかを物語っている。

亀井は福岡城下の町医者の子として生まれ、荻生徂徠派の僧に古学を学んだ。竹田定良は同じ筑前の朱子学者・貝原益軒（一六三〇〜一七一四）の高弟であった。二つの藩校はまったく異なった内容の学問を藩士の子弟たちに教えた。これについては次章第五節「特色ある藩校」で詳述する。貝原益軒は晩年には古学派的傾向を見せ、自然科学の実証主義に立って「窮理の道」を説いたが、両者の多くの弟子たちの対立が妥協を許さなかった。

荻生徂徠の古文辞学というのは、古い時代の文章とか言葉の文辞を研究したことから付けられた。荻生徂徠によれば儒学の目的は天下を安定させることであり、それまでの儒学はどちらかというと道徳論を中心に、いわば私的な面を重視しすぎていると批判した。

むしろ公の秩序を安定させることを目的とした政治のダイナミズムを重視すべきだと説いた。そのためには経世済民がもっとも重要だと主張した。そのうえで朱子学を「憶測に基づく虚妄の説に過ぎない」といって、古代中国の古典を読み解く方法論としての古文辞学を唱えたのである。五代将軍・徳川綱吉の側用人・柳沢吉保に抜擢され、五百石取りになってからは蘐園（けんえん）塾を開き、のち八代将軍・吉宗の助言者となり長く幕政に関与した。

荻生徂徠の高弟で、塾の名を取って蘐園学派の双璧といわれたのは太宰春台（一六八〇～一七四七）と服部南郭（一六八三～一七五九）だった。この二人の高名な学者に教えを受けようと、塾は門前市をなすような状態だったという。

やがて塾は太宰や山県周南（一六八七～一七五二）の経学派と南郭を代表とする詩文派に分かれたとされる。経学派は政治や兵法に関心を持つ派であり、詩文派は和歌や盛唐の詩を研究することに精力を注いだ。この古文辞学派は、朱子学が人間性を画一的にとらえるのに対し、これを批判して人間の個性を肯定的にとらえることに特徴があり、経学派と詩文派に分かれるのもごく自然の流れと受け止められた。

山県周南はのちに長州藩五代藩主・毛利吉元の侍講を務め、藩校・明倫館の設立に力を尽くす。そして二代目学頭として明倫館の発展に貢献し、防長古文辞学の拡大に努力した。この件についても次章第六節「今日に名を残す藩校」で詳しく触れる。

第五節　藩校教育の実際

一　藩校で使用された教科書（経典）

『四書五経』

江戸時代に藩校で使われた教科書は、ほとんど全部が『四書』『五経』といわれる儒学の経典であった。これは儒学のどの流派でも同じことで、均し並みにこの経典が使われた。

最初は禅宗寺院で書写されたものが使われたが、そのうちに木版で印刷されたものが使用されるようになった。近世（江戸時代）初期にそれまで行われてきた木版印刷に加え、木活字本が盛んに制作された。徳川御三家の尾張藩でも木活字を制作、これを使って漢籍を印刷刊行していた。しかし、活字を扱うことの煩わしさから次第に衰退、正保年間から慶安年間（一六四四〜五二）以後は木版印刷が主流になっていった。印刷部数が増え、木版刷りのほうが増大する需要に対応しやすかったものと思われる。

こうした方法で制作された出版物の内容は多種多様で、江戸時代中期における本の「書籍目録」によると、仏書、儒書、漢詩集、漢文集、歴史伝記書、和歌集、歌学書、連歌書、俳諧書など三十三に分類されている。このうち仏書が圧倒的に多く、全体の約四〇パーセント、これに続くのが儒書・漢詩漢文集などで約一〇パーセント強、和歌集・歌学書などが約一〇パーセント弱、となっている。江戸時代初期には西本願寺や比叡山など京都の寺院で、仏書や漢籍が印刷発行されていた。各地の藩校は、こうしたところから漢籍を購入、教科書として使用していた。

朱子学を正式な学問として認めるようになると、幕府は朱子学を中心とする漢籍を約二百種類、千九十余りの書籍を刊行、各地の藩校へ教科書として配布した。これら官製の書籍の多くは江戸の書店でも売られたので、誰もが購入できた。これが朱子学の普及と理解を大いに助けた。各藩は割安で質の良い漢籍を入手できて大変に重宝した。

全国の藩校では、どこも例外なく儒教の聖典である『四書』『五経』を教え込まれた。そして全国どこの藩校でも教科書として使用した。

これらの書物はすべて漢文で書かれていたから、入学した生徒たちに理解できるわけがない。そこで最初は、「素読」といって、先生が声を出して読み上げるのに倣って、オウム返しに生徒が声を出して真似る。最初の数年はこれを繰り返すのである。「門前の小僧習わぬ経を読む」ではないが、繰り返し読んでいると、やがて意味も少しずつわかってくるようになるのである。

藩校の教師たちはそれぞれ塾で儒学を学んできており、前述のとおり桂庵玄樹が訓点を付け、のちに南浦文之が返り点「文之点」を打って、漢文をわかりやすく読み下す方法を編み出した。これが京都の儒学者たちに広まり、京都から全国に伝播した。こうして経典を読み下して、藩校教師たちが生徒たちに読み聴かせるのである。

その『四書』『五経』というのは古い漢籍で、朱子学では、宋代に中国の儒学者・朱熹が整理してまとめたといわれる。朱熹はその解説書も著述していて、後世の人々にわかりやすいように解説している。『四書』というのは、儒教創始期の代表的人物、曾参（そうしん）、子思、孔子、孟子に関連づけてこれらの人々が関わった書を、四子あるいは四子書と呼んだことに由来する。朱熹は『四書』を『五経』を学ぶ前の入門書と位置づけている。『四書』は『大学』『中庸』『論語』『孟子』を指す。

『大学』

『大学』は伝えられるところによれば、孔子の弟子の曾参（紀元前五〇五～同四三四）の作とされている。二宮金次郎が薪を背負いながら読んでいた本は、この『大学』だといわれている。

もともと『大学』は紀元前四三〇年頃に書かれたもので、『礼記』の中に収容されていたが、それを朱熹が取り出して儒学入門の書とした。漢の武帝が儒教を国教と定めて大学を設置した際、その教育理念を示したものと伝えられている。儒家にとって必要な自己修養と、天下を治める治世の根本原則が三綱領八条目の形で説かれている。君子の学習方法を論じたものといえよう。

代表的な教えをいくつか次に紹介する。

「心ここに在らざれば、視れども見えず、聴けども聞こえず、食らえどもその味を知らず、此を修めるにはその心を正すに在り」（心がしっかり落ち着いていないと、何かを見ても、何かを聴いても、何かを食べても、その本当のところがわからずわが身を修めることができない）

「物格《いた》って后《のち》知至る」（物事をしっかり究明することによって、初めて知を究められる）

「君子は必ずその独りを慎むなり」（徳の備わった者は誰も見ていなくても身を慎んでいる）
「上に悪む所、以て下を使うなかれ」（上司が自分を使うのに嫌なところがあれば、自分が部下を使うときには同じことをしてはならない）
「賢を見て挙ぐること能わず、挙げて先んずること能わざるは命《おこた》るなり」（優秀な人物を見て登用することができず、登用しても先に立てることができないのは怠慢である）

『中庸』

次に『中庸』を見てみよう。『中庸』もまた『礼記』の中の一編で、孔子の孫・子思（紀元前四八三〜同四〇二）の作と伝えられている。朱熹はこれを『礼記』から取り出し、『論語』『孟子』とともに『四書』の一つとして同列に扱った。

『大学』が四書の入門の書であるのに対して、『中庸』は四書の中で最後に読むべきものとされ、内容は修己や倫理などに関する記述が多いのが特徴である。朱熹の註によれば、「中」とは偏らない、決して過不及の中間を取りさえすればよいということを意味する。「庸」とは易（か）わらないこと、平常を意味すると説明している。実際には次のようなことが書かれている。

「君子は中庸をす。小人は中庸に反す」（徳行の備わった人は偏らず常に変わらない徳を身につけているが、徳のない小人物は中庸に反している）
「中庸は能くす可からざるなり」（中庸の徳を実践することは難しい）

「諸を己に施して願わざれば、また人に施すなかれ」（他人から自分に施されて嫌だと思ったならば同じことを他人に施してはならない）

『論語』

『論語』は広く知られているように、「子曰く……」から始まる孔子の談話、弟子に対する孔子の回答、それに弟子同士の討論が書かれている書物だ。漢代に魯（ろ）地方で伝承されていた『魯論語』（二〇篇）、斉地方で伝承されていた『斉論語』（二二篇）、孔子の旧家の壁の中から発見された、古文で書かれた『古論語』（二一篇）の三種類があった。漢代末期の鄭玄（じょうげん）という学者が『魯論語』を基礎として、五一二の短文を上下二〇篇にまとめたものが、現在にまで伝わっている。

『孟子』

『孟子』は、儒教の思想家で哲学者、孔子の思想を継承した孟子の逸話、問答集である。『孟子』の著者が誰であるかは、さまざまな説がある。漢の歴史家である司馬遷は、『孟子』は弟子である公孫丑（こうそんちゅう）が萬章とともに書き上げたとしている。朱熹らは他の者はいっさい参加せず、孟子が自分一人で書き上げたとしている。唐の作家や学者は、孟子の死後、弟子の公孫丑、萬章が著したとしている。いずれにしても内容は当時の儒家の標準的理解が記述されていて、孟子の「仁義」を中心とした思想によって解釈されている。『孟子』は四書の中では『論語』とともに、当時の科挙試験に出題されており、もっとも権威あるとされる朱熹の注釈書でも、すべての学生が学ぶべきものとされている。

『五経』――『易経』『書経』『詩経』『礼記』『春秋』

以上のような四書に対して、『五経』はその名の経が示すとおり、やや宗教色を含んだ内容となっている。唐の太宗は経典を五つにまとめさせ、『五経正義』による解釈を当時の儒者にさせた。これ以前の五経の資料が残っていないため、これが事実上その後の五経研究の基本文献とされた。宋代に入って、四書のほうが重視されるようになったが、朱熹とその弟子たちによって現在に伝わる『五経』が定められた。それによれば五経は、『易経（朱熹の『周易本義』）』、『書経（蔡沈の『書集伝』）』、『詩経（朱熹の『詩集伝』）』、『礼記（陳澔の『礼記集説』）』、『春秋（胡安国の『春秋伝』）』である。

『易経』は占いに関して記述してある。「卜」が動物である亀の甲羅や牛や鹿の肩胛骨に入ったヒビの形から占うものであるのに対し、「筮」は植物の「蓍」の茎の本数を用いた占いを意味する。これらの占いを集大成して、『易経』が生まれた。

『書経』はまたは『尚書』と称し、政治史、政教を記した中国最古の歴史書。堯舜から夏、殷、周の帝王の言行録を整理した演説集で、孔子が編纂したといわれている。

『詩経』は漢詩の祖型を記したものといわれている。内容、形式ともに文学作品といえるものを収録している。もともと舞踊や楽曲を伴う歌謡で、当時歌われていた民謡や廟歌を孔子が編纂してまとめたといわれている。

『礼記』はさまざまな行事の中で規定されている動作や言行、服装や使われる道具などをまとめたもの。孔子は礼について「克己復礼（自己に打ち克って礼に復帰する）」することが仁であると説く。仁を表現するうえで、礼と仁は不可分のものと考えた。形から入って、本質に至れといっているようでもある。

『春秋』は魯国の年次に沿って記録された、中国春秋時代に関する編年体の歴史書。紀元前七二二～同四八一年までの二四二年分が記録されている。これも孔子が編纂したと伝えられている。王や諸侯の死亡記事、戦争や会盟といった外交記事、日食、地震、洪水、蝗害といった自然災害に関するものが主たる記述で、年月日ごとに淡々と出来事を記述している年表風の歴史書である。

二　藩校教育の事例

松山藩・明教館に見る一般的な藩校

各藩校の設立目的やその特徴については次章で詳しく紹介するので、ここではもっとも平均的な藩校の一つの事例として、伊予松山藩の藩校・明教館を選び、学舎、教授陣、カリキュラム、授業内容などを概括的に見ていこう。

伊予松山藩は、寛永十二年（一六三五）に入って成立した、四国最大の幕府親藩である。石高は十五万石。徳川家康の異母弟を父に持つ松平定行（一五八七～一六六八）が藩祖である。

この藩校は十一代松山藩主・定通（一八〇四～三五）の時に開校したが、その前身は前藩主・定則（一七九三～一八〇九）の治世の文化二年（一八〇五）に創設された興徳館という学問所だった。その始まりは、城下二番町の藩士の邸宅である。

荻生徂徠とその弟子たちを指す蘐園学派（蘐園は徂徠の住居に由来）の杉山熊台（ゆうだい、一七五五～一八二二）を頭取（学長）とし、御用掛八人を任命、藩から炭、油、紙などを支給して運営にあたらせた。学生は藩士百人余り、盛況だったという。

定則は十一歳で藩主になり、文化二年当時十三歳だった。しかし、この幼い藩主は叔父である幕府老中・松平定信の薫陶を受け、藩校を創設したものと思われる。文政四年（一八二一）、興徳館は学生数が多くなり、三の丸東門付近に移転、校名を修来館と改めた。そしてこの地に次代の藩主・定通が明教館を新たに建てることを表明したのである。定通は藩校建設にあたり、藩の幹部二百人余りを集めて訓示した。その中に以下のような文言があったという。

「文武の道相衰え、家中の風儀自ら遊惰に流れ、上下とも礼譲薄く、それぞれの職分も相怠り候や嘆かわしく存じ候」

定通は何よりも士風の刷新を優先したい意向を持っていたことがわかる。

文政十一年（一八二八）、藩主・定通も出席して開講式が行われた。教授は日下伯巌（一七八五～一八六六）、高橋復斎、助教に宮原弦堂ら四名、仮助教一名、読長に七名、句読師九名、諸用頭取に谷左平太らが任命された。日下伯巌は杉山熊台に古文辞学を学び、次いで昌平坂学問所に学んで、杉山とともに朱子学に転じた。明教館では設立以来四十年にわたって藩士の子弟教育に情熱を注いだ。

松山藩校明教館内部
（愛媛県立松山東高等学校提供）

（以下、明教館の内容については、『松山叢談四巻』および元愛媛大学文学部教授内田九州男氏の論文を参考にさせていただいた）

できあがった明教館は敷地二千五百坪（約八二五〇平方メートル）に、講堂、学問所、寄宿寮、試験場、蔵（蔵書蔵）、藩主休憩所などが設けられていた。講堂は広さ五十四坪で、正月の開講、毎月の表講釈・内講釈、学生会講、入門式に使用された。

学問所は広さ二十八坪、広間と別室二、教授詰所、助教詰所、書棚の間、諸用方詰所などがあった。通学生の勉強の場で、素読生授業、通学生の会読会、さらに自主的な会で助教の臨席を乞うものに部屋の利用が認められた。この場合の素読は、書物の意味・内容を解釈するものではなく、文字をただ読むことを意味する。会読は二人以上の人が寄り集まって読書し、その意味を研究し合うこと。

寄宿寮ははじめ三室だったが、のちに五室になった。一室は畳六畳敷だった。蔵書蔵は学校の蔵書を納めた。出納はふだん諸用方が行い、大部の書および唐本（中国の書籍）などは助教が担当した。寄宿生は寮中に借り置くことができ、通学生は学問所内でのみ閲覧が可能だった。

教職員は総教（家老のうち一名があてられた）はじめ、総数三十八名で、内訳は監察（明教館係）五名、教授二名、助教四名、素読頭取一名、助教手伝い四名、句読師九名、諸用方六名、小使い六名だった。

教授の給料は年米十俵（＝四石。一石＝百五十キログラム）、格式は平士の上で、頭分の末。学問所に詰所があり、二、七、四、九、三の日に講釈輪講などに出席するときは詰所に控えていた。

助教は年米八俵（＝三・二石）、格式は定まっていなかった。学問所に詰所があり、朝素読席に一名出席し、午前八時から午後四時まで、夜は午後六時から十時まで交代で詰めていた。素読頭取は年米八俵、助教手伝いは年銀二枚（ほぼ米二俵に相当）、句読師六名は藩士から任命された。

生徒の概数は、寄宿生十〜二十名、通学生四十〜五十名、素読生百二十〜百五十名、武技生は藩士の子弟で武技を一技も習わなかった者は少なかったので、およそ五百名以上にのぼった。

講堂内に掲げられた条目に、「学術は程朱に従うべき事」とあって、朱子学を教学の基本とし、「経義を基本とし、余力を以て博（ひろ）く相学ぶべき事」と書かれてあった。『四書』『五経』を学ぶことを基本とした。ここにある朱程とは、南宋の儒学者・朱熹と北宋の儒学者・程頤（ていい、一〇三三〜一一〇七）のことで、こののちの朱子学はこの二人がつくりあげたといわれていることから、朱程学ともいう。

藩校に入学できる者は文武とも徒士（かち、下級武士）以上で、馬術は平士以上に限定されていた。

入学年齢は八歳以上、父兄から教官に申し出た。毎月二、七の日に教授、助教二名の出席のもと、入学式を行った。式には生徒は礼服を着て出席し、束脩（そくしゅう、お礼）として扇子一対を提出しなければならなかった。最初に通うところを養成館といい、元は別の場所にあったがのちに学問所で授業を受けるようになった。

小学所には、「朋友の間は和睦を専らとし聊かも口論いたすまじき事」など、生徒の心得を述べた五カ条の条目が掲げられていて、毎年開講のとき教官が講義解読して生徒に聴かせた。授業は朝は午前六時から八時まで、のちに校内の長屋に一区画を設けて、午後生徒に復習させるようになった。

生徒には五階級あった。一等は『論語』『中庸』『小学』を卒業、二等は『孟子』を卒業、三等は『大学』『中庸』『小学』を卒業、四等は『詩経』『書経』を卒業、五等は『易経』『春秋』『礼記』を卒業した者と決められていた。三等を卒業した者は藩主、家老、目付らが文武の業の試験をするときに、出席を許された。それ以外は十五歳にならないと許されなかった。また、五等を卒業した者は、十五歳に達しなくても大学に入ることを許可され、小学生の素読助読を命じられた。

素読は『四書』『五経』の読み方を教えるものだが、その授業方法は生徒三十～四十名を一隊とし、それに助教助手一名、助読六～七名がついて指導した。助読には寄宿生ならびに小学五等卒業生を任命、助読助手にも小学五等卒業生を任命した。寄宿生には給料はなかったが、小学五等卒業生は助読の場合、一年で大半紙四百枚、助読助手の場合は大半紙二百枚が与えられた。ただし年間九十日以上の出席が条件だった。卒業試験は素読頭取が担当して行った。

大学には小学を卒業した者が入学した。六等と七等の二階級があり、六等は『四書』の、七等は

『五経』の講釈が課された。

普段の授業は次のようであった。

表講釈と呼ばれる授業は、毎月二と七の日に講堂で行われた。教授または助教が担当した。講堂が手狭だったため、家老以下藩士を三部に分けて、月に二度ずつ出席させて講義を聴かせ、藩主が在国の際は月に二度は臨席することになっていた。

内講釈と呼ばれる授業は、毎月四と九の日に学生のために『五経』を順次講義、解説した。三の付く日は教授、助教とも全員出席して、『論語』を輪読。四、九の日の夜には、『小学』『左伝』などの会読をした。講堂、学問所での会講は『四書』『五経』『小学』『近思録』以外は禁止されていた。史書を読む者はその意思に任されたが、一人で読んで、ただ質問が許されるだけだった。

ここに出てくる『小学』は朱熹が劉子澄という儒学者に編纂させたという儒学の入門書で、一一八七年に成立した書物。内篇四巻、外篇二巻で構成され、修身や作法について記述されている。『左伝』というのは孔子が編纂したとされる『春秋』の代表的注釈書の一つ。紀元前七〇〇年から約二五〇年の歴史が書かれている。『春秋左氏伝』といわれることもある。『近思録』は朱熹ら複数の儒学者が編纂した朱子学の入門書。一四章で構成され、一一七六年に刊行された。わが国では幕末に近くなって、各地の藩校や儒学塾で盛んに読まれるようになった。

毎年一月八日、明教館では大学が始まる。小学は翌日九日が始業式で、授業はともに一月十七日から始まった。終業は十二月十三日。その間に毎月一、十五日、五節句、城下三祭日の各二日、年末、盆（七月十一日〜十六日）が休みだった。学校経費は原資に米三千俵が備えられており、その利息米百八十俵が充てられていた。

武術は弓術（三流）、馬術（二流）、剣術（三流）、槍術（三流）、砲術（四流）、柔術（一流）、水泳術（一流）、兵学（一流）があった。武術訓練は十五歳以上、小学三等を卒業した者でないと許可されなかった。

試験は年に一度実施された。講堂で経籍（『五経』）と唐本通鑑などを読ませ、詩文を作成させた。藩主が在国のときには必ず出席し、不在のときには家老が代行した。武術の試験は毎年二回（監察検分と家老検分）行われた。

藩は文武奨励のため、学問では七等、武芸では剣術あるいは槍術の免許を得た者、弓術・馬術・砲術のうち二術または三術の免許を得た者は、十年に一度の定例の「番入」（藩の役職への登用）以外に、「不時番入」として特別に藩の要職に登用する制度を設けていた。実際、天保三年（一八三二）に二十一名、弘化元年（一八四四）に二十三名が「不時番入」を命じられた。

以上が伊予松山藩校・明教館の実際の運営、授業内容の概要である。次章で全国の二十六の藩校を詳しく見ていくが、この明教館のありようは、全国二百八十の藩校のちょうど標準的なものと考えられる。したがってこれと比較して見ていけば、その藩校の特徴が浮かび上がってくるだろう。

第二章　藩校設立の事情と背景

江戸時代、全国三百余藩のうち二百八十の藩に藩校がつくられたことは前述した。とても全部を取り上げるわけにはいかないので、その中から代表的な藩校を取り上げ、実際の藩校がどのようにつくられ運営されたのか、具体的に見ていきたい。併せて教育システム、カリキュラム、そして教育を主導した教育者などについても触れていく。

ここで取り上げる藩校は、順に次の二十六校である。

① 岡山藩校岡山藩学校／大村藩校集義館／前橋藩校好古堂／芝村（戒重）藩校遷喬館
② 壬生藩校学習館／岩村藩校知新館／郡山藩校総稽古所／大洲藩校止善書院明倫堂／中津藩校進脩館／広島藩校講学所
③ 尾張藩校明倫堂／水戸藩校弘道館／紀州藩校学習館
④ 熊本藩校時習館／仙台藩校養賢堂／加賀藩校明倫堂／薩摩藩校造士館／彦根藩校稽古館

⑤　福岡藩校修猷館と甘棠館／白河藩校立教館／阿波藩校洲本学問所および益習館／佐賀藩校弘道館／福井藩校明道館
⑥　米沢藩校興譲館／長州藩校明倫館／會津藩校日新館

いずれもそれぞれの地域の特色を反映し、興味深い教育を行っていた。この二十六校を、①もっとも早く設立された藩校、②好学な藩主が設立に奔走、③徳川御三家の藩校、④大藩の藩校、⑤特色ある藩校、⑥今日に名を残す藩校、の六項目に分けてそれぞれ節を設けて詳しく見ていくことにしたい。

第一節　もっとも早く設立された藩校

前述したように、多くの藩校は時代が大きく転換する一八世紀後半から一九世紀前半に設立された。商品経済が全国に行きわたるとともに、藩財政が逼迫、建て直しが焦眉の急になり、打開策を求めて人材の発掘に目が向けられたのである。さらには藩の俸禄で生きる武士たちの意識の変化がある。いずれにしろ、旧弊を打開するために藩校設立を急いだ事情があった。しかし、ここに取り上げた四つの藩の藩校は、徳川幕府が権力基盤を整備しつつあった途上の一七世紀に、すでに設立されたところばかりである。

次に見るように、それぞれの藩にはそれなりに藩校開設の理由があり、藩の置かれた環境があった。

それは藩主の先見の明ばかりでなく、幕府との関係上やむなく設立されたところもあった。

岡山藩は名君と名高い池田光政が儒者・熊澤蕃山との思想的共感と日蓮宗不受不施派との戦いから、藩校・郷学の設立という手に打って出た。

大村藩の大村純長は藩内を覆うキリスト教の一掃を狙って、儒学教育の徹底を藩校に求め、幕府に恭順の意を示した。

前橋藩は幕府の大老職を務めていた藩主が失脚、その後の藩内の動揺を鎮め、藩政建て直しを藩校設立に求めた。

そして**芝村（戒重）藩**は、小藩の弱い立場を、紀律正しいしっかりとした姿勢の藩として幕府に認められることを目指して、織田長清が藩校を設立した。

それぞれ早期に藩校を設立する必然性に迫られていたことがわかる。早い時期に設立された藩校は、それ以後藩校を設立する藩の参考になり、先駆的役割を担った藩校ばかりだった。

岡山藩校岡山藩学校 ―― 岡山県

後世、名君と讃えられた池田光政（一六〇九〜八二）が姫路、鳥取の城主を経て備前岡山三十一万石の城主になって、岡山城へ入ったのは寛永九年（一六三二）、二十三歳のときだった。

光政は幼少の頃から学問を好み、修養を厭わない子どもだったが、青年期には儒者の熊澤蕃山（一六一九～九一）と出会い、深く儒学に傾倒した。そして蕃山を側近に用い、師として君臣一体の関係を結んで、「仁政」の実現を目指した。

光政の藩政運営の事蹟は、岡山入城五年後の寛永十四年（一六三七）から、六十一歳の寛文九年（一六六九）まで、三十三年間にわたって書き綴られた全二十数巻にわたる『池田光政日記』に詳らかにされている。

池田光政は三代将軍徳川家光（一六〇四～五一）の信任が篤く、光政もまた家光を尊敬していた。家光が幕藩体制の諸制度を整備し、キリシタンの追放や鎖国を断行したことをとくに「寛永政治」といわれたように、光政もまたそれに倣い、岡山藩の藩政改革を行った。

『池田光政日記』が近世初期の研究に欠かせない第一級の史料だといわれるのは、将軍家光と光政の深い関係に触れられているとともに、幕藩体制確立への過程がつぶさに見て取れるからでもある。

岡山藩校が近世（江戸時代）、徳川幕藩体制が確立されて以降、もっとも早く設立された藩校のひとつと見られるのは、光政の指導力のたまものであろう。

光政が早い時期に藩校など学問所を、藩内各所に設けたのには理由がある。それを説明するには熊澤蕃山との出会いから説明しなければならない。

熊澤蕃山（一六一九～九一）は有名な近江国の儒者・中江藤樹（一六〇八～四八）の高弟だった。藤樹ははじめ朱子学を信奉していたのだが、のちに陽明学に転じ、わが国陽明学派の祖となった。中江藤樹の教えで有名なものに、〝経世済民〟がある。これは大雑把にいうと政治は社会の繁栄と庶民の生活向上をもたらさなければならないという教えで、熊澤蕃山もまたしっかり教え込まれていた。

光政と蕃山――百姓こそ国の基

大名仲間らからの紹介で蕃山を知行三百石で召しかかえた光政は、蕃山の学識に触れるにつれて、自ら儒学に深く傾倒していく。間もなく蕃山を近習頭から番頭（普通は門閥の上級藩士が任命される）に抜擢、知行三千石に一気に増やしたのである。

この加増にはさまざまな意味があったと見られている。その直後に将軍家光に光政とともに謁見することになっており、三百石ではとても将軍に会わせられない、という理由がひとつだ。さらにこれが本当の理由といわれるが、どの藩でもそうだったが、主な藩の執政は番頭用人格で、知行三千石以上というのが当時の常識だった。蕃山を藩政に参加させようとすれば否応なくそういう待遇にしなければならなかったのである。しかし、蕃山を破格の待遇で抜擢したことについて、藩内では激しい反発も起きている。このため光政は自ら反対派の面々に面接し、蕃山がいかに藩政に必要な人物かを説いてまわったと伝えられている。

こうして藩内の対立を解消していった光政と蕃山は、「百姓こそ国の基」といい、「経世済民」を藩政運営の基本的考え方に据えたのである。といって光政は年貢の減免などは行わなかった。この頃の年貢は四公六民が〝天下の通法〟で、光政自身も変えるつもりはなかった。光政は、「（私は）むやみに年貢を安くしろといっているのではない。納められないような高い年貢にして、かえって年来の努力を無にしてしまうことのないよう」（『池田光政日記』）といって、年貢を完納できるように民力を養い、そのうえで無理なく年貢を納めさせるようにするのが、仁政というものだというのだ。

承応三年（一六五四）、備前一帯は大洪水に見舞われた。藩領のほとんどの町や村は、壊滅的な打撃を受けた。光政は藩庫に入っていた御蔵米を放出させ、さらには大坂蔵屋敷の米も廻送させて、飢えた民の救済にあたらせた。この他、光政は蕃山と相談してさまざまな手を打っていく。

単に洪水の被害対策というばかりではなく、こうした対策を通じていままで欠陥のあった制度を改革していこうと考えたのだ。その主なものは、給地（知行地）の年貢率を改定、大庄屋、村庄屋制度の改革、本百姓の維持・育成だった。疲弊した村を復興するための御加損米を支給、飢饉に備えるための畝麦（せむぎ）制度（備荒貯蓄制度）を設けるとともに、新田開発を奨励した。

光政は大洪水に見舞われた翌年の正月、家中一統に対し、次のような苛烈ともいえる言葉を放っている。

「当家においては百姓ばかりを大切にし、武士を粗末にしているという者がいるということだが、もってのほかのことである。昨年来の武家の困窮は百姓の家業が成り立たぬためということを知らぬのか。米ができて、君、臣、町人ともに養われるのは、農民のお陰ということがわからぬのか」

「仁政を乱し、多くの人を死に追いやる罪を犯す者はまたとない大悪人である。盗み、追いはぎ、辻斬りなどを働く悪人も、それからみれば罪は軽い」

こういって、改革を進める強い決意を語ったのだった。

人材づくりの急

ところがいままでの制度を大改革し、年貢率を改定したり、それまで大庄屋や村庄屋の専横ぶりが目立っていたのを改めたりするには、藩政中枢の郡奉行を中心とした役人たちの努力も必要だった。

また、御加損米を支給したり、備蓄米の管理をしたりするのに、藩の役人たちの力が必要だった。結果、多くの部署が新設され、光政の執政は大きく動き出したのだ。当然、それまでの藩士たちだけではとうていこれらの任にあたる藩士の数が足りず、早急な人材の育成が求められた。

そこで光政は寛文十年（一六七〇）、藩士ばかりでなく領民たちすべてに学問をさせるべく、城下の和気郡閑谷新田村（現在の備前市閑谷）に学問所・閑谷手習所を設けた。まずは庶民に学問を奨励しようとした。庶民にも学問を奨励したことは、一七世紀半ばの主君としては、洋の東西を問わずきわめて開明的であったといえよう。

これが有名な閑谷学校の始まりとなった。

さらに光政はもともと熱心な仏教信者で、経典を読んだり、自ら写経したものを寺院に奉納したりしていた。寺院を建立、堂塔を寄進するなど、仏教を手厚く保護する姿勢を示してもいた。ところが熊澤蕃山と親交を深め、儒教を熱心に受け入れはじめると、儒教における「仁義礼智信」の価値観に支えられた藩政を理想として、強力に推進していくことに情熱を注ぐようになった。

そしてそのような目で見ると、古来からの仏教的権威をかざしてろくに努力もしない破戒僧が跋扈する仏教界は、苦々しいものにしか見えなかったのである。しかし、仏教は幕府公認の宗教だから、光政が勝手にどうこうすることは事実上できない。ところが寛文五年（一六六五）、幕府は『諸宗寺院法度』を公布、仏教諸派に対する統制令を布達した。内容は仏教界の緩みを正そうとするもので、本山末寺の関係確立、宗学儀礼の励行、僧侶の階級厳守などが定められていた。中に旦那寺の選択は檀家の勝手である、という規定が示してあったのである。

光政はこれに着目、領民の多くを仏教から神道に改めさせ、宗門改めも寺請けから神職請けに改めさせてしまおうとした。

もともと宗門改めは、キリシタン信仰を禁止するために、個人ごとに信仰する宗派の寺院の檀家であることを証明させるものだった。当時、庶民が旅をしようとすればパスポート代わりに寺請証文を持っていなければならず、部屋を借りるときにもこれを見せなければ、無宿者として借りることはできなかった。

寺請証文を発行する寺院は、それだけ大きな支配力を庶民に対して持ち、それが仏教寺院の大きな権威の後ろ盾になっていたのだった。そしてこれが仏教界の慢心と傲慢、一部の僧たちの怠惰と放埒を呼んだ。僧侶の大半は厳しい修行を忘れ、安穏な日々に流され、ひどい者は遊興に明け暮れる毎日だったという。光政はこれが許せず、広く領民に神職請けに改めるよう命じたのだ。仏教界と対決してでも藩内の腐敗を一掃し、仁・義・礼・智・信の教育改革を断行した光政の信念は、蕃山の哲学に支えられていた。

光政のこの政策によって、藩領の寺院は半減したという。伝えられるところによると、光政が廃寺に追い込んだ寺院は領内五百六十三カ寺、八百四十七名の僧侶を寺から追放したり、還俗させたりした。このうち、光政の方針にもっとも激しく抵抗したのが、日蓮宗不受不施派だった。このため光政はこの派を徹底的に弾圧し、同派寺院の廃寺数は三百十三カ寺、追放されたり還俗させられた僧侶は、五百八十五名にのぼったが、これは藩領内全体の半分以上にあたる。

日蓮宗不受不施派というのは、日蓮宗を信じない者の施しは受けないし、施さないという教義を頑として守る、という信念の人たちの集団だった。豊臣秀吉や徳川家康の弾圧にも屈しなかった誇りを持ち、光政の政策にも反対の姿勢を貫き通した。

一般的には不受不施派が全国的に禁教となったのは寛文六年のことと伝えられるが、完全に実施されたのは岡山藩だけで、全国的には信者が弾圧されたのは元禄四年（一六九一）頃までで、それ以降は目こぼしされるところが大半だった。しかし、岡山藩の弾圧は厳しく、信者は、地下に潜って隠れキリシタンと同様、密かに信仰を守りつづけることを余儀なくされたのである。岡山藩ではこういう状態が明治九年（一八七六）に、禁教が解かれるまで続いたのだった。

この当時、武士も農民も「読み書き算用（そろばん）」は寺子屋に通って習っていた。その寺子屋の大半は、寺院にあった。僧侶が読み、書き、算用を教えていたのである。しかし、その寺院が半減したということは寺子屋もまた半減したことを意味する。寺院がなくなり、僧侶がいなくなったことは、学校がなくなり、先生がいなくなったことを意味する。そこで光政は、藩営の寺子屋をつくることにした。岡山城下に一カ所、諸郡各地に百二十三カ所設けることにした。先に触れた閑谷学校もその一環で設立されたものだった。

ところが各地に寺子屋をつくったのはいいのだが、教える先生の数が足りない。そこで寺子屋の教師を養成するために、光政は藩士の津田永忠（一六四〇～一七〇七）に命じて、藩校の石山仮学館を設けた。こうしてほどなくこの学校は岡山藩学校として、正式に歩みはじめる。ここでは熊澤蕃山の儒学が念入りに教えられるとともに、書学や算学を学ばせ、武術などの鍛錬もさせるという文武両道の教育が施された。

岡山藩岡山藩学校校門
（岡山県立岡山朝日高等学校提供）

閑谷学校が、藩営の郷学校としてはわが国でもっとも早く設立されたことはつとに知られた事実だが、藩校もまたこういう事情を受けて早くに設立されたわけである。藩主光政と先駆的な儒者・熊澤蕃山との出会いが、それを実現したと考えられるのである。

もうひとつ付け加えなければならないのは、光政が藩校や郷学校の整備を命じた津田永忠の異才ぶりについてである。永忠は岡山藩の下級藩士の子として生まれた。光政に「才は国中にならびなし」といわれて次々と引き立てられ、二十五歳のときには大横目（大目付）に就任、三百石を取り、評定所（重臣会議）にも出席するようになった。新田開発や農村の復興、藩営殖産事業、農民のための社倉米制度の創設、藩校や郷学校の整備などに手腕を発揮した。

なかでも永忠は日本三名園のひとつ岡山後楽園の設計・施工管理をしたことで知られている。後楽園は水を巡らせた回遊式庭園で、その水の巡らせ方に独特の工夫があって、〝水使いの名手〟といわれている。また、今日現存する学校建築物では唯一の国宝・閑谷学校講堂を設計、施工管理して完成に導いたことても有名で、建築、庭園関係者の間では日本のレオナルド・ダ・ヴィンチといわれるほどだ。

さらに閑谷学校では、九十二坪（約三〇三平方メートル）の室内は拭き漆で床を塗り込めた。屋根は備前焼の瓦を葺き、従来の工法では屋根板と瓦の間に泥壁を塗り込んだがこれをやめ、この部分に木材を敷いた。この二つの工夫によって床は十日間掃除をしなくても塵ひとつない状態を保った。従来の工法だと天井から土壁が塵のように降り、風に乗って飛んできた泥土とで床に塵が溜まった。そのどちらもが防止されたのだ。

また地下の土台は赤土、貝殻を砕いた石灰、お粥（凝固剤）などを混ぜ合わせた独自に開発した和製セメントが使われ、三百年以上経った今日でもびくともしない姿を見せている。この他閑谷学校講堂は、歪みのない柱を実現するために太い木材を四分割して使うこと、まわりの石塀（七六五メートル）はかまぼこ型にして隙間に漆を流し込むなどして、間からは少しの雑草も生えてこないなど、独自の工夫がふんだんに施されている。永忠は役を退いたあと、閑谷学校の一角に家を建てて住んでいたといわれる。よほど学校に愛着があったものと見える（永忠の隠居所はいまはない）。国宝の講堂は一見の価値があろう。

閑谷学校はいま、特別史跡旧閑谷学校・県青少年教育センターとして、山間の静かな一角に建っている。国宝の講堂では、講堂学習も行われている。

大村藩校集義館（のち五教館）――長崎県

肥前国の大村藩に藩校ができたのは、九州でもっとも早く寛文十年（一六七〇）のことだった。これほど早く藩校設立をみたのは、戦国時代から藩政時代初期にかけて、この地に普及したキリスト教が大きく影響していると見られる。

大村藩領は肥前国彼杵（そのぎ）郡で、大村湾を挟むように位置する現在の長崎県西海市、大村市を含む一帯である。

領主の大村氏は平安時代末期から鎌倉時代にかけてよりこの地を支配したといわれる。藩庁は玖島城（現・大村市）に置かれていた。戦国時代の当主はキリシタン大名大村純忠（すみただ、一五三三〜八七）で、大村家第十八代当主とされている。

永禄四年（一五六一）、松浦氏の領土であった平戸港でポルトガル人の殺傷事件が起きた。このためポルトガルは新しい港を探しはじめたが、純忠は自領の横瀬浦（現・西海市）の提供を申し出た。

領内の財政窮迫に苦慮していた純忠は、その脱却を目指してポルトガルとの交易によって財政改善を目論んだのだった。ポルトガル船が頻繁に寄港するようになり、横瀬浦は賑わい、財政改善は大成功する。のちに仏教とキリスト教との争いで横瀬浦が焼き討ちされると、純忠はポルトガルにそれまで大村家の支配下にあった長崎港を提供することとした。それが江戸時代以降引き継がれ、長崎は日本で唯一の外国に開かれた交易港として発展しつづけたのは、のちの歴史よって明らかである。

純忠はポルトガル人に港を提供するとともに、一緒に来たイエズス会の宣教師たちに住居を斡旋するなど、数々の便宜を図った。永禄六年（一五六三）、純忠は家臣ともどもコスメ・デ・トーレス神父から洗礼を受け、わが国初のキリシタン大名となった。

純忠のキリスト教信仰は徹底したもので、受洗後は妻以外の女性とは関係を持たず、死に至るまで敬虔なキリスト教信者であろうとした。領内の仏教や神道の寺社を破壊し、先祖の墓所も打ち壊した。領民にもキリスト教信仰を強いて、僧侶や神官を殺害、改宗しない領民も殺害したり領外追放したりしたのだ。

この結果、大村領内では最盛期キリスト教信者は六万人を超え、全国信者の約半数が大村領内にいた時期もあったといわれる。純忠は最初、ポルトガル船のもたらす利益が目当てで入信したものと思われるが、次第に熱心な信者へと変貌したようだ。四人の息子にもサンチョ（喜前）、リノ（純宣）、セバスチャン（純直）、ルイス（純栄）という洗礼名を与え、幼児洗礼を受けさせた。

キリシタン禁制

純忠の長子は喜前（よしあき、一五六九～一六一六）で、豊臣秀吉の九州平定に純忠の命を受けて従軍、秀吉から領土を安堵された。しかし、秀吉は大村藩から長崎を取り上げ、中央政権の直轄地とした。いうまでもなく、貿易利権を独占するためだった。

これはその後の江戸幕府も同様で、長崎港が大村藩に戻ってくることはなかった。このためそれまで貿易利潤で潤っていた大村藩の財政は急速に逼迫することになったのである。

大村藩はもともと藩財政を南蛮貿易が生み出す巨額な利益に頼っており、家臣たちは藩庁のある地に住まず、藩領の自地にばらばらに居住していた。藩の石高は二万八千石ほどだったが、このうち藩主直轄領はわずかに五千石ほどしかなく、他は各地に住む大村一門の分割支配地のものだった。このため財政は苦しく、藩の維持さえままならない有様になってしまった。

さらに追い打ちをかけたのは秀吉による「キリシタン禁制」だった。天正十五年（一五八七）、秀吉はバテレン追放令を出し、布教の禁止と宣教師の国外退去を命じたのだ。この年は純忠が五十五歳で死去し、長男の喜前が九州平定で秀吉に従い、本領を安堵されたときにあたる。

喜前は父の死後、このままでは改易されかねないと怖れ、いち早く棄教（キリスト教から離れること）を宣言し、秀吉から咎めだてされず事なきを得た。そして関ヶ原の戦いでは徳川家康に従い東軍に属し、江戸幕府開府後も本領を安堵されて、喜前は大村藩初代藩主となった。

それ以後藩主喜前は藩財政の建て直しに注力し、各地に散在する大村家一門の領地を没収する「御一門払い」を強制的に実行するなどして、窮地を脱する手立てをとっていくことになる。しかし、四代藩主純長（一六三六～一七〇六）の時、突如として危機に見舞われる。キリスト教禁止令が全国に行きわたり、外国船来航は平戸と長崎に限定された。そして寛永十四年（一六三七）、島原の乱が鎮圧されてからは鎖国政策が貫徹され、キリスト教に関わる問題はなくなったと思われていた。

ところが明暦三年（一六五七）、突如として大村城下北部の郡村三村より多数の隠れキリシタンが見つかり、逮捕されることになったのだ。

二代将軍徳川秀忠のキリスト教禁止令から四五年、「郡崩れ」と呼ばれるこの事件は、大村藩の藩主以下執政たちに重大な緊張と畏れを強いた。藩主の実父・旗本伊丹勝長を通じて、幕府に事件の実情をすぐに包み隠さず報告、藩主以下いち早く恭順の意を表したため、幕府もあえて咎めることをしなかったという。

この直後から藩は、領民の徹底した探索・調査を行い、仏教・神道への信仰を推し進めることにした。そして藩校を設立して、藩内の思想統制を強め、儒学による紀律を確立することによって、揺るぎない藩政を確立することを目指したのである。同時に、キリスト教の影響が残っているのではないかという、幕府の疑念を払拭することに努めたのだった。

藩校創設

こうして寛文十年（一六七〇）、四代藩主大村純長によって、集義館と名付けられた藩校が創設された。純長は前述の経緯とは別に、十五歳のときに兵法で有名な山鹿素行（一六二二〜八五）に入門するなど、若い頃から学問を好む人物だったといわれる。以来三十五年間山鹿素行に師事するほど、向学心に燃える藩主だったために、問題が持ち上がったときにいち早く藩校設立へ動き、他藩に先駆けて設立にこぎつけたといえよう。そして藩内に漂うキリスト教的雰囲気を一掃して、純粋に儒教的思想に染め上げられた藩士集団にすることを目指したのだった。

その後集義館は、学問を教えるところを五教館、武術を鍛錬するところを治振軒と名付け、藩士たちは文武両道の鍛錬に励むことになった。

五教館の五教は、中国の古典「四書五経」のひとつ、『孟子』から取ったもので、人として守るべ

大村藩校五教館御成門
（大村市提供）

き五つの道を表している。「父子の親」「君臣の義」「夫婦の別」「長幼の序」「朋友の信」の五つである。

集義館、五教館を通じて特徴的なことは、藩士の子弟はいうまでもなく、百姓、町人にまで入学を許したことだ。よほど領内の風紀に気を遣ったことがうかがえる事実である。

藩の歴史を記した『九葉実録』には、五教館と改称して開校したときの生徒の入学に関して、「二月十八日より講義が始められた。武士の子どもたちはいうまでもなく、百姓、町人に至るまで、学問への志がある者は、自由に入学してよろしい」と記されている。この考え方は前身の集義館の時代からだった。そのため藩校は学習したいという領民が多数押し寄せ、何度となく建物の改修・増築が行われた。

五教館の学制は三段階になっていた。現在の小・中学校にあたる子どもたちを新部屋生と称し、ここは庶民の寺子屋と同じで、七歳から十四歳の少年が対象だった。つまり寺子屋も兼ねていたのだ。四書五経の基礎を学び、習字や算盤もカリキュラムに入っていた。

新部屋生から進級した十五歳から十八歳までの子どもは日勤

生になる。現在の高校生にあたる。より深い四書五経の素読や解釈を教わり、治振軒で武術と教練に励んだ。その中で優秀な者は表生と呼ばれ、寮に入って二十四歳まで学び、表生の中からは、江戸や長崎に遊学する者もおり、藩の上級藩士に取り立てられる者もいた。この頃の年間入学者数は、五教館で三百名、治振軒で百五十名を数えた。

幕末に新部屋生として入学した藩士が回想文を書き残している。それによれば、授業は以下のように行われた。

「朝の始業はたいてい五つ頃（午前八時）、登校すると草紙改役が拍子木を打って時を告げた。終業は普通八つ時（午後二時）で、時には七つ時（午後四時）になることもあった。登校すると先ず草紙役から、今日は習字を何度書けと命じられる。その課題をこなすまでつづける。それがすむと帰りまで遊んでいても良かった。自分たちは入学当時から大学、論語、孟子、詩経、左伝といった難しい本で勉強した。勉強の時は先生を中心として半円形に座るのである。生徒は机もなく、畳の上に本を置いて習うのである。すると先生は長い鞭で指しながら、個人別に読みを教えてくださった。生徒の力の程度によって本も異なるので、人に教えておられる間は自分は黙って聞いているばかりであった。講釈は新部屋にはなかった。もっと上級へ進まなければ講義はなかったのである。珠算などは町人がやるべき事として、算盤は習わなかった。

日勤生になると、槍や剣術もやっていた。その頃からは教練もあった。藩は早くから洋式教練を採り入れていた。教練の時は袴を着け、竹を鉄砲代わりにして部隊教練を行った。藩校では進級試験といったものはなく、ただ先生の見込みで進級した」（藩士・一瀬前義回想録より）。

五教館では教育内容の充実を図るため、各地から著名な学者を招くことに務めていた。江戸の漢学者で、折衷学派の朝川善庵（一七八一～一八四九）、大坂の儒者・広瀬旭荘（一八〇七～六三）が招かれた。

なかでも五教館に新風を吹き込んだのが旭荘の兄である広瀬淡窓（一七八二～一八五六）だった。淡窓は豊後国日田に私塾咸宜園を開き、入門簿に記されているだけで、全国六十四カ国から三千名を超える門弟を集めていた。淡窓が大村に招かれたのは天保十三年（一八四二）のことだった。

二カ月半余りにわたって五教館で教鞭を執った淡窓は、著書『懐旧楼筆記』の中で、「旭荘が教えに来たというが思ったような効果が上がっていない。月の初めに学生の成績を月旦表として公表し、学生間に学力に応じた等級を付けたら、万事がうまく運んだ」と記している。広瀬淡窓が大村藩校で教鞭を執る一方、大村藩士の中からも文化十年（一八一三）から明治四年（一八七一）まで、十六名の者が咸宜園に入門している。

こうして大村藩は、小藩（表高二万八千石、実高四万三千石余り）外様大名ながら、関ヶ原の戦いから明治維新まで、変わらずに藩体制を維持した稀有な藩になったのである。

前橋藩校好古堂 —— 群馬県

徳川家康の関東への移動に伴って、家臣の平岩親吉が前橋の以前の呼び名・厩橋に三万三千石で入ったのがこの藩の始まりである。豊臣政権下の天正十八年（一五九〇）のことである。ほどなく慶長六年（一六〇一）、平岩氏は甲府へ転封になり、同じ徳川譜代の酒井重忠が川越から入封、初代藩主になった。酒井氏は徳川氏と同祖と伝えられる譜代の重鎮で、やがて三代藩主酒井忠行の時十五万二千石に加増され、大大名となった。

三代将軍徳川家光の時、江戸城中で奏者番を務めていた四代藩主酒井忠清（一六二四～八一）は、四代将軍家綱の代に、老中に就任した。その後老中首座にのぼり、寛文六年（一六六六）、大老に就任、老中の先輩・保科正之と阿部忠秋が没すると、文字どおり権力の中枢に座るようになった。そして「殉死禁止令」を発布したり、六十二万石の仙台藩や越後高田藩（二十六万石）のお家騒動を、実質的に裁くことになる。

また、将軍・家綱が「左様せい様」と忠清に絶大な信頼を寄せたことから、絶大な権力を背景に専制的な政治を行ったと評されることもしばしばある。権力者として鎌倉時代に執権だった北条氏に擬せられたり、江戸城大手門の下馬札付近に上屋敷が与えられていたことから、「下馬将軍」と呼ばれたりするようになって、文字どおり幕府の最高権力者と呼ばれた。

伊達騒動と忠清失脚

伊達騒動は歌舞伎や映画であまりにも有名だが、実際には伊達家の三代藩主・綱宗の遊興放蕩が収まらず、困り果てた家臣たちが起こした騒動であった。

藩主の叔父にあたる一関藩主伊達宗勝と伊達家の親族大名三家（岡山藩主池田光政、柳川藩主立花忠茂、宮津藩主京極高国）が共同で、幕府に綱宗の隠居、四代藩主に綱村を擁立することを訴え出たのが事の始まりだった。

家中は三代藩主派と訴え出た宗勝派に二分され、家を挙げての騒動となった。宗勝が権勢を振るうのを不満に思った宗重が宗勝派の専横を上訴した。幕府の裁定のため、両派の主要人物を大老酒井忠清邸に呼んだとき、控え室で伊達家家老の原田甲斐が宗重に斬りかかり、自分も斬り殺されるという刃傷事件に発展したのは、後世にも伝わる有名なエピソードである。結局、忠清は訴え出た宗重側の言い分を通し、伊達家は綱宗の隠居、二歳の藩主・綱村に家を継がせることで決着した。

先に述べた越後高田藩の騒動は、藩主松平光長の嫡子・綱賢は男子がないまま死去、そこで首席家老の小栗美作一派と敵対する重臣一派とで、家中を真っ二つにする争いが起きたのである。一方が「お為方」と名乗り、もう一方が「逆意方」と称して角突き合わせ、決着がつかず幕府に裁定が持ち込まれた。大老忠清は両者に和解を勧告したが、両者はまったくこれを無視、相変わらず争いを続けた。怒った忠清たち老中は、越後高田藩の改易を匂わせて、やや「逆意方」に有利な決着を命じた。

こののち忠清は不運に見舞われる。権力の後ろ盾だった四代将軍家綱が病気に罹り、危篤に陥ってしまう。そこで忠清は鎌倉時代に倣って徳川家、越前松平家とは縁続きにあたる有栖川宮幸仁親王を、五代将軍に推そうとしたのである。しかし、徳川光圀、堀田正俊などの反対に遭い、実現することはなかった。結局、延宝八年（一六八〇）八月、家綱の弟の綱吉が五代将軍に就任することになった。自分を推さなかった忠清に綱吉は大変な不快感を示し、将軍に就任するとすぐに、忠清は大老を解任される。

それでもなおすまず綱吉は、忠清大老在職中に関わった政治的決定を見直すこととする。伊達騒動については「喧嘩両成敗」として、宗勝の一関伊達家を改易にしてしまう。また、越後高田家については、幕府に再吟味を願っていた「お為方」の申し出を受け、もう一度検討しなおすこととし、そして結果、首席家老の小栗美作に切腹を申しつけるなど、騒動に関わった家臣たちは、「お為方」「逆意方」にかかわらず大半の者を遠島にし、越後高田藩は改易されてしまうのだった。

忠清は大老の職を解かれてから半年後、この世を去ってしまう。あまりに早い死だったため、綱吉は自殺ではないかとの疑念を抱き、「墓を掘り起こせ」と命じるなど執拗に再検死を求めつづけるが、酒井家や縁戚関係の藤堂高久らが頑なにこれを拒否したと伝えられている。

壮年藩主、奔走す

忠清が幕府大老職を失脚、間もなく死去してから藩主に就任したのが、忠清の長男・忠挙（ただたか、一六四八〜一七二〇）である。父親が失脚してその死に疑念を持たれるなど、藩内の空気は沈んだものだった。忠挙はこうした事情から、幕府の要職へ就くことはなかった。このとき忠挙は三十二歳で、それまで藩主の嫡男として藩内をつぶさに見てきていた。忠挙が最初にやったことは、藩内の沈んだ空気を一掃することだった。こういうときだからこそ、藩政に全力を注ぐことができると考えたのだった。

忠挙は生来学問を好み、儒教思想に精通していた。とりわけ、会津藩主・保科正之に傾倒、その治世に学びたいと考えていた。保科正之は二代将軍徳川秀忠の三男で、会津藩の祖である。四代将軍徳川家綱の補佐役をこなし、幕政を文治政治の方向へ導いたと伝えられている。

忠挙は藩主に就任すると、いち早く綱紀の粛正、諸制度の整備を実施して、藩内の引き締めを図る。翌年には十五条からなる「藩中法度」を発布し、施政の方針を公に示した。「忠孝を尽くす」「文を学び、武に励み」「礼を重んじ、風俗を乱さない」「倹約を実行し、資産を無駄にしない」など、質素倹約に徹し、文武を奨励する基本方針のもと、さまざまな施策を実施していく。

貞享二年（一六八五）、社倉法を制定し、元禄二年（一六八九）には領内の総検地を実施した。社倉法というのは、一人当たり麦五合ずつ拠出して蓄え、端境期の三、四月に必要に応じて貸し出す制度である。検地を領内全域にわたり統一した基準で行ったのは、これが最初だった。さらに藩の儒者・古市剛（一六四九〜一七二二）に命じて『前橋風土記』を編纂させた。今日、江戸中期の地方の姿を現す貴重な資料となっている。忠挙は、こうした改革に加え、文教政策にも熱心に取り組んだ。

そしていよいよ、忠挙は前橋城三の輪（くるわ）に長屋を建設、藩校・好古堂を開校した。元禄四年（一六九一）、大老忠清の死から十年余りあとのことである。その構えは八十畳敷きの講堂とその傍らに槍、弓の稽古場もあった。また堂内には湯島聖堂を模して、孔子像が安置され、庭には梅の木が植えられた。梅は子孫繁栄を願ったものである。

好古堂心得

好古堂では元禄四年四月一日から十日間、朝四時から九時まで『小学』が講じられ、以降毎月十日間の講義が行われた。

好古堂の学問は朱子学が中心だったが、儒学ばかりでなく槍、弓、兵法などの武術の稽古、さらには武士としての作法も教えられた。元禄六年には好古堂の心得が示された。その主なものは次のとおりである。

一、学問は正しくいつわらず朱子学を学ぶべし。他の学派は堅く禁制の事。
一、学問は怠りなく勤め学び、人倫の道を明らかにすべし、昼夜我が身に行うべき事。
一、平常敬いを専らにし、人の見ざる所、聞こえざる所はいよいよ相敬うべき事。
一、才智これあるといえども、学問がなくては道理に違い候事ままこれあり候事。
一、八歳以上読書ならびに躾方稽古仕り、十五歳より講釈日罷り出で承るべき候。
一、義理を重んじ、治に乱を忘れず、武芸怠りなく勤め励むべき事。
一、学問芸事は若輩の時の勤めとのみ存じ候て、年立ち候えば故もなく怠る事は心得違いなり。なおさら執行あるべき事。
一、堂中は尚以て相敬い、礼儀正しく尤も師の指図を受けべき事。

藩校を開講するとまずはじめに誰を藩儒にするかが問題となる。藩儒とは、藩主に仕える儒学者のことである。これによって藩校の方向性が決まるからだ。忠挙が招き、好古堂で最初に講義をしたのは斎藤才次郎だった。

斎藤は丹後の生まれで、のちに林大学頭信篤（一六四四～一七三二）の高弟となった。幕府が湯島の聖堂を建てるときに貢献した儒者で、忠挙に十人扶持で召し抱えられた。好古堂が開校してすぐ、忠挙は林大学頭を招き、『中庸』を講義してもらっている。前橋藩教学の中心に、幕府の正統学である朱子学を置くことを、内外に宣言したことに他ならない。幕府に対する忠挙の気の遣いようがわかるエピソードである。

もう一人、忠挙が抱えた儒者が佐藤直方（一六五〇～一七一九）だ。藩校開校の前年、好古堂の教授として直方を召し抱える一方、その四年後には江戸藩邸に直方を藩儒として迎え入れ、儒学の教えを受けるとともに、お国入りのときにも同行させて、その信任はとくに篤いものがあった。

佐藤直方は、備後福山藩士の子として生まれて、のち京に出て山崎闇斎（一六一八～八二）に学び、師が垂加神道を唱えるようになると袂を分かち、以降は藩儒の道を選び、福山藩、前橋藩、彦根藩の藩儒となった。前橋藩藩儒在職中の元禄十五年（一七〇二）、幕府を震撼させる事件が起きる。赤穂浪士の討ち入り事件である。世の中の大半は、彼らの行動を義挙として賞賛した。しかし、直方は幕府を無視するものだとして、彼らを逆臣だと決めつけたのだ。将軍に意見を具申する儒者の中で、もっとも直方の考え方に近かったのが新井白石だった。そうした直方の考え方は、その後の忠挙の藩政運営に、大きな影響を与えたといわれている。

好古堂での授業は、八歳から受けるものとし、素読と躾が義務づけられ、十五歳以上は成人とともに講釈日に出席が義務づけられていた。講釈を聴く者は家老から平士（ひらさむらい）までだったが、希望者は家の二三男から浪人者に至るまで、一度に三百五十名から四百名が講義を聴きにきたと伝えられている。

好古堂はそれからしばらく活況を呈し、忠挙の目論見は成功したかに見えたが、それから数十年、元禄の気風に流され、聴講者も少なくなったと伝えられている。ところが寛延二年（一七四九）、九代藩主忠恭（ただすみ）が幕府老中首座の地位に座ると転封を画策、同じ石高でも実入りの多い播磨姫路藩への国替えが決まった。転封からしばらく経って忠恭は、姫路でも藩校・好古堂を開校。こちらはずっと盛況裏に続けられたと伝えられている。

芝村（戒重）藩校遷喬館 ― 奈良県

この藩は織田有楽斎（一五四七～一六二一）と関わりの深い藩として知られている。藩校開校までの前段を少しさかのぼってみよう。

利休十哲の一人として有名な茶人、織田長益（有楽斎如庵）は信長の弟として生まれた。戦国大名・織田信秀の十一番目の子だった。天下に覇権を唱えた信長とは十三歳違いで、戦国大名として目立った戦歴はない。若い頃は信長の長男・信忠の旗下にあったと考えられ、甲州征伐などに従軍している。本能寺の変の際には信忠とともに二条城にいたが、その後長益は安土を経て岐阜へ逃れた。事変以後は甥の信雄に仕え、検地奉行などを務めたと伝えられている。

信雄改易後は、秀吉の御伽衆として摂津国（現大阪府）に二千石を領有していた。

長益はこの頃剃髪し、以後有楽斎と称するようになった。秀吉の愛妾・淀殿は姪にあたり、庇護者然として振る舞ったようでもある。秀吉が死去したあと、徳川家康と前田利家が対立したときには、家康邸の警護に付き、家康寄りの姿勢を鮮明にした。

関ヶ原の戦いでは長男（庶子）の長孝とともに、本多忠勝の指揮下に入って奮戦した。そして西軍の有力武将の首級を二つ挙げたといわれ、戦後有楽斎には大和国内に三万石の所領が与えられた。一方、長孝には美濃野村（岐阜県揖斐郡大野町）に一万石が与えられた。

関ヶ原の戦いのあとも有楽斎は大坂城の豊臣秀頼のもとへ出仕を続け、大叔父として淀殿の補佐を続けた。この頃建仁寺の子院・正伝院（現在の正伝永源院）を再建、院内に茶室・如庵（現在国宝）を設けた。大坂冬の陣の際には、城内に残り大野治長らとともに穏健派として、豊臣家を支えた。

しかし、嫡男の頼長は強硬派で、しばしば意見が衝突。冬の陣のあと和睦を図って家康に人質を送って停戦しようとするが、城内では再戦の気運が高まり、有楽斎の意見は入れられなかった。このため、有楽斎は「誰も自分の意見を聞かない。もはや城内にいても無意味」といって、大坂城内から出て、豊臣家と絶縁する。

もっともこうした見方には異説もあって、最初から有楽斎は家康側の間諜として城の中に入っており、城内のことを細大漏らさず家康へ通報していたともいわれている。

いずれにしても大坂の陣のあと有楽斎は、家康から安堵された三万石のうち、一万石を隠居料として受け取り、京都に隠棲し、茶道に専念したと伝えられている。残りの二万石を、四男の長政と五男の尚長に一万石ずつ相続させた。本来ならば三万石で藩を運営するところだが、それでは大坂の陣の振る舞いがのちのち家康に問題視されかねない。そこで徳川氏への釈明も含めて、分割相続させたというのが有力な説である。

小藩芝村藩

有楽斎が息子の織田長政に相続させたのが、芝村藩一万石だ。この藩は戒重村（奈良県桜井市戒重）に陣屋を構えていたため、戒重藩と呼ばれたがのちに芝村に移転、芝村藩と呼ばれるようになった。以上のように幕府に対して弱い立場にあったので、藩政も慎重に進められた。藩政の基礎は初代藩主・長政の頃に固められた。

そうした藩の気風を一変させたのは、四代藩主・長清（ながすみ、一六六二〜一七二二）だった。長清は、織田長頼の三男として生まれた。父の長頼は織田信長の二男・信雄が開いた奈良県宇陀市の宇陀松山藩主である。

その後戒重藩三代藩主・織田長明の養子となって、藩政を引き継ぐことになった。天和三年（一六八三）、長清二十一歳のときのことだった。長清は生来明るく活発な性格で、学問を愛し、藩主として優れた資質を持っていたようだ。藩主になってすぐに、①学問に努め、軍法、武術に励むこと、②武士は偏ってはならないので、常に修練に励む。役人になると忙しいので、無役や部屋住みのうちに学問に励むこと、③文武の道はあくまで自分自身のためであること、④自分を棚に上げて他人を責めることを慎むこと、など十五カ条にわたる布令（『日本教育史資料』）を藩内に示した。

元禄時代になって農業生産や商品経済がめざましい発展を遂げるなか、家中の面々が「風儀柔弱」で「殊の外内気」になっていて、「心外無念」と元禄六年、藩士たちに風潮の刷新を強い調子で求めた（前同）。また、農民に対しても奉公や商い、養子縁組などの理由で他藩に出ることを禁じるなど、労働力の確保にも努めた。

こうした長清の考え方をもっとも端的に表したのが、藩校・遷喬館の設立だった。元禄九年（一六九六）と、周辺はもとより、全国でも早く設立された藩校のひとつだった。藩校教授には、北村可昌という京で活躍していた朱子学者を招いて指導にあたらせた。長清自身も藩士とともに勉学に励んだという。武芸については別に育英場と名付けられた建物を建て、剣や槍、柔術、居合いなどを学ばせた。

遷喬館の授業は毎日午前八時頃から午後四時までと決められていた（季節によって若干変動した）。それ以外に毎月五と十の付く日に温習、すなわち復習の時間がとられた。

遷喬館の教科書は、他の藩校とは少し異なっていて、『古事記』『日本書紀』『古氏伝』（平田篤胤著）、四書・五経、『左伝』『史記』『漢書』『文選』などが使用され、素読から始まって、順番に読む輪読、複数の者で研究し合う会読に進んでいく。習字や算術はそうした読書の傍ら教えられた。

長清はさらに自らの出自である織田氏に強い関心を持ち、織田氏一族そして織田信長の記録などを、『織田真紀』全十五巻にまとめ上げた。こうしたことから芝村藩は、長清の時に最盛期を迎えたといわれたのだった。また、長清は戒重の地が年貢徴収に不便な地であったことから、幕府に芝村への陣屋移転の陳情を重ねた。これは七代藩主・輔宜の時まで実現は待たなければならなかった。

かくして長清は名君と讃えられ、同藩中興の祖と呼ばれたのである。長清がいち早く藩校を設立し、藩内の紀律と士風を一変させたことは、小藩といえども優れた藩運営ができることを示したものだった。こうした藩の姿勢はのちに幕府にも讃えられ、多くの預かり地を任されるようになる。

結局、外様の小藩は明治維新まで生き残り、十一代藩主・長易は維新後藩知事になった。廃藩置県によって藩校はその役割を終えたが、藩士教育を行ってきた人々の意気込みや伝統はさまざまな形で近代の学校制度に受け継がれてきた。師範学校への進学と教員の速やかな養成を目的とする奈良師範予備校が、明治九年三月芝村に、同年八月に（奈良）郡山に設置されたのもゆえなくしてではなかったのである。

第二節　好学な藩主が設立に奔走

前項で設立の早かった藩校を取り上げたが、ここでは好学な藩主が先頭に立って藩校設立に奔走した藩を見ていこう。

壬生藩校学習館

この藩では百姓一揆が頻発するなど藩内が混乱した中に、鳥居忠英が藩主として入部し、親交のあった古義学の伊藤仁斎に学び、藩校を設立して藩内の気風を一変させ混乱を鎮めた。

岩村藩校知新館

岐阜県恵那市にあった三万石の小藩だが、ここもご多分に漏れず藩内で対立が生じ混乱した。そこへ信濃小諸藩から入部した松平乗紀が藩校知新館を設立するなど、対立解消へ手腕を発揮した。

郡山藩校総稽古所

設立したのは、五代将軍・徳川綱吉の側用人として絶大な権力を振るった柳沢吉保の長男・柳沢吉里だった。吉里は学問好きの藩主として知られ、歌人としても名を残した。親類縁者、藩の高官たちにも学問好きが多く、それだけに藩士たちの教育には力を尽くした。

大洲藩校止善書院明倫堂

愛媛県大洲市に藩庁があった大洲藩は、わが国陽明学の祖・中江藤樹の出身藩であり、藩主たちも幕府の姿勢を横目に見ながら藩士たちの教育に気を配った。

中津藩校進脩館

設立した奥平昌高は「蘭癖大名」で、自らオランダ語を巧みに話した。薩摩藩主・島津重豪の息子で、学問好きの昌高はいち早く藩校を設立して、藩士の一体感を高めた。

広島藩校講学所

分家の播州赤穂藩主が江戸城松の廊下で刃傷事件を起こし、翌年、旧藩士たちが吉良邸へ討ち入るなど、世間を騒がせたこともあって第五代藩主・浅野吉長は藩校・講学所を設立、幕府への恭順の意の表明と藩士への教育の徹底を図った。

このように各藩それぞれの意図を持って藩校が設立されたが、いずれも先頭に立って藩校の設立に力を尽くした藩主たちの奔走ぶりなくしては創立しえなかった。

壬生藩校学習館 ―― 栃木県

三万石の壬生藩の中心壬生城は、東武宇都宮線壬生駅にほど近い場所にその面影をとどめている（壬生城址公園）。北関東を抑える主要な城で、壬生氏により応仁の乱ののちに築かれた。

壬生藩は戦国時代も引き続き壬生氏の支配下にあったため、以後もこう呼ばれるようになった。徳川幕府が発足してからは、日光東照宮造営に功績のあった日根野吉明に始まって、阿部忠秋、三浦正次、松平輝貞、加藤明英とめまぐるしく領主が変わった。

幕府・若年寄であった加藤明英が近江国水口から入封してからは、水口で名君といわれたように領内の統治がスムーズにいくと思われた。ところがどうしたことか明英は、壬生に入って以降、年貢の増徴を図り、とくに厳しく取り立てて百姓らの怒りを買った。さらに「七色の掛け物」（米のほかに大麦、大豆、稗、荏油、真綿、紅花、麻の七種類の作物）といわれるくらい、さまざまなものに税をかけようとして反発を買い、領内各地で百姓一揆が頻発した。そのため多数の刑死者が出るまでになった。藩内は混乱をきわめ、藩士は戸惑うばかりだった。

事態を重く見た幕府は、加藤明英を水口に戻し、代わって同じ若年寄の鳥居忠英（ただてる、一六六五～一七一六）を三万石で入封させる。正徳二年（一七一二）二月のことであった。

鳥居忠英は関ヶ原のときに徳川方でただ一人西にあって、伏見城を守って奮戦した鳥井元忠の孫にあたる。その功績から忠英に能登下村藩主（一万石）、近江水口藩主（二万石）が与えられている。それだけでなく、幕府にあってはその英明ぶりが評価され、奏者番と寺社奉行に兼任で就任した。さらに若年寄に栄進、壬生藩主（三万石）に移封された。藩内の混乱を鎮め、藩政を元に戻して安定させるよう期待されたのである。

藩校創立へ

栃木県は藩政時代、下野十一藩といわれ、最大の宇都宮藩が八万石、二番目は壬生藩の三万石で、小藩が並立する地域であった。その中にあって壬生藩は、下野ではもっとも早く、全国的に見ても早い正徳三年（一七一三）に藩校・学習館を設立した。

小藩である壬生藩にこのような早い時期に藩校が設立されたのは、いったいなぜなのか。そこには加藤明英の時に荒廃した領内の建て直しを図り、藩士の紀律と士気を高める鳥居忠英の並々ならぬ決意のほどが見て取れる。

鳥居忠英は元禄八年（一六九五）から十八年間、近江水口藩主だった。時期を同じくして京都・堀川で伊藤仁斎（一六二七～一七〇五）が古義堂という塾を開いていた。古義堂は当時、門弟三千名を数えるといわれるほど繁盛し、忠英もまた大きな影響を受けたと伝えられている。伊藤仁斎の唱える古義学というのは、孔子・孟子の原点に立ち帰り、『論語』『孟子』の原典を通じて聖人の教えの基本を理解しようというものだ。仁斎の息子・東涯（一六七〇〜一七三六）も父・仁斎の教えを受け継ぎ、発展させようとした。

忠英は伊藤仁斎、東涯親子に心酔、元禄九年（一六九六）、仁斎を水口城に招いて古義学の講義を受けている。また、忠英の祖父である元忠の顕彰碑の撰文を仁斎に依頼しており、その傾倒ぶりは著しいものがあった。

のちの話になるが、藩校・学習館を開設して三年後に忠英が死去すると、息子の新藩主・忠利は忠英の墓碑銘の撰文を京都・堀川の伊藤東涯に依頼している。この事実も、忠英の古義学への心酔ぶりを物語っている。

学習館は、壬生城本丸の濠の南側、旧二の丸に建てられた。規模は小さいながら、古義学を中心とする儒学の教本の素読を中心に、藩士の子弟向けに厳しく教える教育が行われた。教授連の詳しいことは不明だが、八歳より入学を認め、春秋に試験を行った。このときには藩主自ら臨席し、十五歳以上で成績優秀な者は藩主から紋服や扶持米を与えられた。

また家の二三男のうち、とくに成績優秀な者には別家（分家を認め独立した藩士として禄を与える）を建てることを許したという。これは学習意欲を向上させるための藩主のアイデアだったといわれる。これによって藩士が増えることになるが、厳しい藩財政の中でも人材育成のためには、仕方のない出費だと考えられた。

壬生藩にはこのほか、演武場があり、兵学、馬術、槍術、剣術、砲術、柔術が教えられた。また、江戸藩邸内には自成堂という学問所があり、江戸詰の藩士とその子弟が学んでいた。

壬生の学習館の建物は、敷地六百四十五坪（約二一二八平方メートル）、建物百五十三坪、二階二十八坪、書庫六坪、という規模だったと伝えられる。大規模な藩校を建設した大藩にはとても及ばないが、藩の規模からいえば適切な設備といえよう。藩全体の生徒数は、百五十名から多いときで三百名ほど、ほとんどが自宅から通った。そのほかに領内の遠いところに任地を持つ藩士の子弟たちのための寄宿舎があった。ここには多いときで五十名ほどの寄宿生が生活していたという。

学習館開設からおよそ百三十三年後の弘化三年（一八四六）、学習館館長が「学規五章」を発して、学問する藩士の心構えを記している。ここには幕末まで受け継がれた学習館の教育方針が示されている。その第一章には次のように記している。

「学問は忠孝・仁義を学ぶため、自分自身の身を修め、家を整え、人としてすべき当然の道を学ぶことである。武芸に上達しても道を知らなければ、ただ乱暴になりやすく、文芸の道に優れても道を得なければ、うわべの遊びに流れてしまう。文弱に流れず、粗暴にならぬよう努力すべきである」。

第二章には「教科は朱子学を学ぶべきだが、強いて流派は定めなくても良い。新しい、古いにとらわれず、専ら実践適用を考えて学ぶべきである」とあり、寛政二年に発布された「寛政異学の禁」によって、古義学に傾倒していた教科内容を変更したことがうかがえる。ここには教科書として、『孝経』『四書五経』『文選』『十八史略』『通鑑』『史記』『左伝』を使う旨定められている。

第三章には「師と弟子、年長者と幼年者の序列を弁え、友人を信頼し、日頃から油断なく行動を慎む」よう不勉強と人に笑われないように、という日常生活の指導がなされている。

第四章には「毎年正月七日に始業し、十二月二十日に終業する。春秋には試験、聖像礼拝、仏教行事、入学式などの行事は役人の指示に従う」ことが記されている。

第五章には「一年間のうち五節句（一月七日人日、三月三日上巳、五月五日端午、七月七日七夕、九月九日重陽）、毎月朔（一日）、望（十五日）、二十八日、七月十三日より四日間（盆）、雄琴神社祭礼の日、殿様の参勤交代で帰城する日、江戸へ出発する日と前後両日は休日とする」と定められていた。時は幕末に至り、懸命に士風を引き締めようとする姿勢がうかがえる資料である。

現代まで受け継がれる地域産業

ところでもうひとつ、鳥居忠英には地域に忘れられない功績がある。それは干瓢の生産をこの地に根付かせたことである。

忠英は壬生藩主になってすぐ、領内をつぶさに調べてみた。すると見るべき特産物が何もないことに気がついた。そこでこの地に合った作物はないかと考えているうちに、思いついたものに前任地の近江国水口領内にあった江州木津村（現在の滋賀県蒲生郡日野町）で栽培されていたユウガオがあった。早速郡奉行の松本茂右衛門に命じ、木津村からユウガオの種を取り寄せ、領内の名主たちに種を分けて植えてみるように勧めたのだ。このうち藤井村の名主・篠原丈助は初めての作物で苦労したものの一定の収穫を得た。壬生領内に利根川の支流黒川が流れているが、この川の東側の村々での収穫が良いこともわかった。

以来、この地方でユウガオが盛んに作付け、収穫されるようになる。ユウガオの果実を細く帯状に切って、乾燥させて干瓢を作るのはまだ先になるが、忠英の発案で栽培されるようになったユウガオは、現在では全国の九割がこの地域で作付けされるまでになり、一大産地となる。

こうして壬生藩は、忠英の卓越した文教政策と殖産興業政策とによって、以後八代にわたって鳥居家の藩主が続き、明治維新を迎えることとなった。

現在、壬生藩校学習館の痕跡を示すものはまったくないが、県立壬生高校の宿泊研修館に「学習館」の名が付けられているのは知る人ぞ知る、というところだ。壬生町は「論語のまちづくり」を推進、論語教育を現代によみがえらせる活動も行っている。学習館開学三百年の二〇〇七年には、町民千人による論語の大朗誦大会を開いた。二〇一〇年には町内の全小学校で論語の素読を導入、小中学生向け副読本「壬生論語古義抄」も配布している。二〇一七年から論語検定も開始した。開学の祖忠英の目を細める顔が浮かぶようである。

岩村藩校知新館 ―― 岐阜県

岩村藩は岐阜県恵那市にあった三万石の小藩だ。美濃と信濃との交通の要衝にあったため、古く戦国時代は織田信長と武田信玄の覇権争いに巻き込まれ、しばしば戦乱に見舞われた。

徳川幕府のもと、藩政時代が始まるとまず家康譜代の家臣、松平家乗が二万石で藩主になった。次いで息子の乗寿が継いだが、大坂の役で戦功を挙げ、遠州浜松藩へと加増移封された。あとを継いだのは丹羽氏一族で、五代にわたってこの地を支配した。五代藩主のとき、藩政改革を巡って家臣団内部で対立が生じ、一部家臣団が幕府へ訴え出たためこの対立が明るみに出て、藩主・丹羽氏音（うじおと）は元禄十五年（一七〇二）、越後高柳藩へ減移封させられてしまう。

このあとを襲ったのが信濃小諸藩から移った松平乗紀（のりただ）で、二万石での入封だった。岩村藩が三万石に加増されたのは、乗紀の息子・乗賢（のりかた）の代になってからのことだった。

松平乗紀（一六七四～一七一七）は、早くから学問を好み、小諸藩主時代から藩校創設の構想を抱いていた。すでに江戸で儒者の後藤松軒（一六三八～一七一七）に師事し、儒学を学んでいた。松軒は三河国の人で、幼くして失明、それでも学問への志を捨てず、勉学を重ねて儒者になった努力の人だ。乗紀は松軒の推薦を受け、元禄七年に、門人の佐藤周軒を召し抱えている。

乗紀は岩村藩に転封になるとすぐに、佐藤周軒を儒官教授に任命、文武所の創設を命ずる。お家騒動によって分裂状態にあった藩士の気風の刷新を図り、一致団結した藩風を作り出すには、強力な文教政策に頼るほかなしとの判断だった。この乗紀の文教政策は藩内に浸透し、有能な人材の育成を図り、松平氏代々の伝統的政策の基礎を築くことになった。

最初、文武所は城下の新市場に建てられたが、のちに殿町へ移転した。現在の県立岩村高校の敷地内へである。そして同時に藩校名も「知新館」と改められた。

藩儒となった佐藤周軒は江戸で育ち、前述のとおり後藤松軒のもとで学問を修めた。長じて五代将軍・綱吉政権の時、大老格だった川越城主・柳沢吉保から三百石で招かれた。柳沢吉保は綱吉政権を強力に支えるため、有名な荻生徂徠はじめ多くの儒者ら学者を抱えていたが、周軒もその一人だった。

しかし周軒は、これを固辞して地方の岩村藩の藩儒となった。周軒は乗紀の信任篤く、嫡男・乗賢の教育係となり、名君と呼ばれる藩主に育て上げた。乗賢はのちに幕府老中となり、徳川吉宗による享保の改革の頃、国政に貢献したことで知られる。そして周軒は儒員のまま家老に取り立てられ、藩政上でもその手腕を発揮した。なお、幕末の有名な儒学者・佐藤一斎は周軒の曾孫にあたる。

父子二代にわたる情熱

乗紀は藩士に対して懸命に学問することの大切さを諭すが、当初藩士たちの反応はばらばらだった。そこで乗紀は、幾度となく文武所に出席して講釈を聴くようにとの通達を出している。元禄十六年（一七〇三）の文書には、「学問の儀」として、

「学問はご奉公のためにも、自分のためにもなるので講釈に出席するようにといっているにもかかわらず、相変わらず出席する者が少ない。これからは藩士も、部屋住みの者も出席するように」

とあり、「武芸の儀」には、

「年の若い者は格別に熱心でなければならない。なかには心掛けがよろしくなく、無用の遊びをしている者もあると聞く。今後は堅く慎むように」

とある。こうした状態から脱したのは、乗紀が根気強く藩士に呼びかけたのと、岩村藩が譜代大名として大坂城代や大坂加番（大坂城代の補佐）を命じられ、多くの藩士が大坂へ出向き、あちらこちらのポストが手薄になった結果、藩校で優秀な者が各所に引き上げられたことにもよる。

大坂に行った藩士には乗紀の命で儒者も同行し、大坂でも教育が行われた。こうして乗紀の学問を重視する方針は藩内に次第に浸透、藩士たちの学問への意欲が沸き上がってきたのである。

岩村藩校知新館
（（一社）恵那市観光協会提供）

乗紀は藩士に対し学問、武芸を奨励し、「学問こそ奉公の本分であることを知り、自分の身持ちを正すように」と強調した。知新館が学校としての本格的な形態を整えたのは享保二年、二十五歳で乗紀から家督を継いだ乗賢の代になってからのことだ。

藩校・知新館では、藩命によって藩士の子弟は八歳で必ず入学し、二十歳で卒業するまで途中退学は許されなかった。素読、講義、輪読、輪講、講釈、習礼など、学習の習熟度によって組が分けられていた。

学科は、漢学が朱子学、算法は関流、筆道は御家流、習礼は小笠原流、兵学は山鹿流、弓術は大和流と日置（へぎ）流、馬術は大坪流、槍は無辺流、剣術は一刀流、砲術は久我流、柔術は制剛（せいごう）流、だったと伝えられている。授業は午前八時から昼休みを挟み、午後四時までびっしりと行われた。

教科書は四書五経、『孝経』、史書は中国史として『春秋左氏伝』『史記』『十八史略』、日本史は『類聚国史』『日本外史』などが使われ、文章は『文章規範』『古文真宝』が使われた。幕末には佐藤一斎の著書も活用された。これらの教科書を使い、素読から始まって、史書、文章の講義を受け、一定期間が過ぎると輪読があり、互いに意見を述べ合う。

春秋二回、試験が行われた。藩主または家老の前で、教頭が生徒の優劣によって問題に差をつけ、素読、教書訓解、作文などをさせた。成績は藩校内に掲示し、優秀な成績の者には藩主から金一封や書籍が贈られた。

このほか藩主から引き米といって石高から差し引く税の免除、奨学金として加増米が与えられた。さらに優秀な者には公費で留学も許され、江戸の昌平坂学問所や尾張藩、長崎へ遊学する者もあった。

生徒への厳しい指導をする藩校だったが、教授陣も弛むことはなかった。午前七時までには登校し、授業終了後も勉強会などがあって日のあるうちに帰宅できないのが普通だった。教師は教頭以下、教授、助教、非常勤講師がいた。休日も決まっており、正月十七日に開講し、十二月二十日に閉講した。十月の秋祭には二日間休んだが、これは藩士も参加する祭だったからだ。

元治元年（一八六四）、校内に寄宿舎が建てられ、岩村藩は他藩からの者にも勉学の便を図った。遠く信州などの諸藩からの留学生も迎え入れ、文教の藩岩村の名が上がった。岩村藩はたとえ藩財政が悪化したときにも、人材育成を重視する姿勢を変えなかったため、藩校・知新館は発展を続けた。儒員には佐藤周軒、福島松江、佐藤文永、西村子麟、須藤水晶、丹羽瀬格庵、平尾他山、東条琴台、平尾楺蔵（じゅうぞう）、田辺恕亭、若山勿堂（ふつどう）、原田文嶺、神谷雲沢（うんたく）らがおり、周軒、文永、格庵は家老として藩政にも携わった。

江戸後期に活躍した林術斎は、三代藩主・松平乗蘊（のりもり）の三男だが、二十歳を超える頃には「岩村藩に術斎あり」と知られるようになり、幕府老中・松平定信がその学識に目を付けた。幕命によって林大学頭信敬（のぶゆき）の養子となった術斎は、幕府の文教政策の中心的存在である林家の八代目に任じられた。林家は幕府学問所を統括する名家である。術斎は、幕府の学制改革を行い、幕府の史書、系図、地誌などを編纂して、林家中興の祖といわれるまでになったのであった。これも岩村藩教学の大きな成果というべきだろう。

ちなみに、術斎の高名な門弟であり、岩村藩出身の儒学者である佐藤一斎は、西郷隆盛の座右の書として知られる『言志四録』の著者でもある。小藩岩村藩の教育力が、日本を動かす原動力につながっているといって過言でなかろう。

郡山藩校総稽古所 ―― 奈良県

大和の藩校としては、先に触れた芝村（戒重）藩の遷喬館に次いで、二番目に早く開校したのが郡山藩（奈良県郡山市）の藩校・総稽古所だった。この藩校を設立したのは、甲斐国甲府藩から入った柳沢吉里（一六八七〜一七四五）だった。以後藩は柳沢氏が明治維新まで六代、百五十年にわたって治めることになるのだが、柳沢氏が入封するまで、藩政は危機が続いていた。

混乱をきわめた初期の藩政

江戸時代前期、郡山藩の藩主はめまぐるしく入れ替わった。

大坂の陣以降、三河刈谷藩から水野勝成が六万石で入封するが、すぐに備後福山藩へ移封され、代わって徳川家康の外孫である松平忠明が十二万石で入封する。

しかし忠明もまたすぐに播磨姫路藩へと移され、代わって姫路から本多政勝が十五万石で入る。本来、政勝の先代・政朝には嫡男と二男がいたがまだ幼少ということで、従弟の政勝にいったん家督を譲り、嫡子・政長が成長した暁には家督を譲ることになっていた。

だが政勝はこの約束を無視、実子の政利に家督を譲りたいと望むようになった。そこで時の大老・酒井忠清に取り入って、家督を実子に譲るよう画策する。これに強く反発したのが政長の家臣たちで、両者は鋭く対立するようになったのである。

寛文十一年（一六七一）、政勝が死去すると、政利派は大老に取り入り裏工作を強力に行った。これによって幕府の裁定が出て所領十五万石のうち九万石を政長が、残り六万石を政利が継ぐよう命じられたのである。これが世にいう「九・六騒動」である。

その後もごたごたは続き、六万石しか相続できなかった政利は、延宝七年（一六七九）、政長を毒殺した。これによって政利は残りの九万石を相続できると考えたようだが、この頃には大老・酒井忠清は権勢を失って失脚しており、政長のあと継ぎである忠国（本多忠勝の子）が、幕府の裁定によって十五万石の家督を相続したうえで、陸奥福島藩へ移封された。政利は所領没収のうえ、岡崎藩に預けられ、牢獄に入れられて死去した。

その後、松平信之が十二万石で、次いで本多忠平が同石で下野宇都宮藩から入って、この本多氏が五代、享保八年（一七二三）まで統治した。本多氏はこのあと、本多忠烈の時跡継ぎがなく、家が断絶した。

ちょうどこの頃、八代将軍徳川吉宗による享保の改革の真っ最中で、幕府直轄領を大幅に増やす政策を実行中だった。この流れを受けて、甲府藩は幕府の勤番支配という直轄領となり、藩主・柳沢吉里は大和郡山藩へ十五万一千石で移封となったのである。

かくして享保九年八月、吉里は江戸から家中数千人の大名行列を仕立て、二週間近くかけて郡山城へ入城した。

文人大名四代

こうして派手な入城を果たした吉里は、早速規範を示した。すなわち、「文武の両道は士たる者の欠くべからざる義」であり、藩士は修行に励むべきであると明言したのである。その後城の南側、五左衛門坂というところに藩校を建設、総稽古所と名付けた。

吉里は、家中に長年相続を巡る騒動が続き、さらにそのあとの本多氏藩主時代には幼い藩主の早世が続いて、五万石に減知されるなど、藩内の動揺が続いたことを危惧していたのであろう。家中の一体感を取り戻したうえに、士風の刷新を図り、清新の気を植え付けようとしたものと考えられる。

柳沢吉里は五代将軍徳川綱吉の側用人・柳沢吉保の長男として生まれた。父・吉保は綱吉に寵愛され、宝永六年（一七〇九）、甲府藩主・徳川綱豊が将軍後継として江戸城に移った際に、甲斐国を拝領、甲府藩主となった。

宝永六年（一七〇九）、綱吉が死去して六代将軍に家宣（綱豊）が就任すると、父・吉保も致仕して隠居したため、吉里が家督を継いで甲府藩主となった。

甲府藩での徳川一門の藩主たちは江戸定府で甲府城へ入ることはなかったのに対して、吉里は宝永七年、藩主として初めて甲府城へ入城。藩政に意欲を示し、慶長以来行われていなかった領内の検地を行い、新田開発、灌漑用水の整備など農業政策に力を入れた。

また、吉里は学問好きで、和歌、俳諧、絵画、書などの分野で独特の才能を示し、藩士たちにも大きな影響を与えた。

たとえば松尾芭蕉の師匠といわれる北村季吟（一六二五～一七〇五）、公家の歌人・冷泉為村（一七一二～七四）に和歌を学び、自選の和歌集などに二万首近い作品を残したことで知られる。そして作品の一部は霊元上皇（一六五四～一七三二）の選を受けている。「選」は上皇選り抜きの和歌で、秀作を意味する。さらに吉里は儒学を熱心に研究、一廉の儒学者を自認するまでになった。

吉里の四男・二代藩主信鴻（のぶとき、一七二四～九二）もまた好学の士で、儒学、漢詩を藩儒に学んで修め、多くの文芸書に親しみ、多聞、博識で知られた。なかでも俳諧は有力な俳人・岡田米仲に学び、俳壇の異才といわれるまでになった。吉里の系譜は、該博な教養と政治的実践力を備えた人物を次々に生み出していく。

三代藩主柳沢保光（一七五三～一八一七）は、江戸時代後期を代表する知識人大名といわれた。

保光は信鴻を父とし、信州松代藩主・真田信弘の娘、輝子を母として生まれた。学問一家に生まれた保光もまた、藩儒に学問を学び、歌道を日野資枝に、俳諧を岡田米仲に師事、絵画、書道も師について学んだ。そして十六歳のとき、上州高崎藩主・松平輝高の娘永子と結婚、二十一歳で家督を継ぎ、藩主の座に就いた。

安永八年（一七七九）、保光は徳川十代将軍・家治の右大臣昇任に伴って、日光東照宮への告祭を命じられる。告祭とは、神に国の大事を申し告げる祭祀のことである。これをきっかけに日光門跡・公遵親王と和歌のやりとりをするようになる。公遵親王は保光の和歌を仙洞御所（後桜町院）に推薦、御所はこれらの和歌を高く評価したという。これ以来、保光は大名歌人としての地位を確立したといえよう。そして保光は寛政元年（一七八九）、十一代将軍家斉の正室となった薩摩藩主・島津重豪の三女茂子の歌道師範となる。

保光はこのほかとりわけ茶の湯を愛したことで知られる。

茶人として有名な松江藩主・松平治郷（はるさと、不昧）、姫路藩主・酒井忠以（ただざね、宗雅）と同じ大名茶人として親しく交際していた。松平不昧はのちに茶道・石州流不昧派を興し、出雲松江藩に風雅の気風をもたらした。天明四年（一七八四）、保光は石州流茶道の祖、片桐宗幽から奥義を伝授され、また千家流の詫び茶にも造詣が深く、のちに郡山石州流と呼ばれる石州流堯山派という独自の茶の湯の流派を創設するに至る。

殖産興業にも熱心で、そのうちもっとも有名なのは小堀遠州（一五七九〜一六四七）が好みの焼き物を焼かせたという遠州七窯のひとつ、赤膚焼の再興だった。保光は京都の清水と尾張の瀬戸から陶工を招いて後援、奈良市五条山の窯を復活させている。

また、初代藩主吉里が甲州から郡山に入府するときに、職人を連れてきたという金魚の飼育についても保光は、家臣に内職として推奨し、より一層の振興を図った。それが今日、郡山市を日本一の金魚生産地へと導いた一因といわれている。

郡山藩のこうした学問・文芸を尊ぶ風潮を象徴する藩士の代表格が家老の柳沢里恭（さととも、一七〇四〜五八）であろう。彼は師匠の境地に達した諸芸が十六種あったといわれる多才な人物で、とりわけ絵画は文人画の祖、池大雅（一七二三〜七六）が心酔するほどだった。文人画家、漢詩人として有名だが、指先で書く指絵はとくに有名だ。

保光のあとを継いだ四代藩主・保泰（一七八三〜一八三八）は、藩政改革や藩士教育に熱心で、天保六年（一八三五）、総稽古所を城の北西に移転新築した。同時に藩士の藤井友作という人物を儒官に抜擢、組織の改編と規模拡大に取り組んだ。藩の方針で、藩校以外の師範家や塾への出入りも奨励され、こうした藩士たちは幕末動乱期、活き活きと活躍した。

総稽古所

さて吉里が藩校・総稽古所を開いたとき、藩士には一切の負担をかけないこととし、運営予算として米五百石が計上された。儒官には荻生徂徠の兄の子で、荻生金谷という人物を招き、儒学を教授させた。吉里自身も定期的に講義を行ったと伝えられている。総稽古所では生徒を五つの部に分け、各生徒は部ごとに箱に入っている自分の名刺を登校の際に取り出し、備え付けの竹串に刺して順番を決めたうえで、早い順に書物の素読を始めた。

教科書として使われたのは四書、五経を中心とする儒学の経典で、それらの素読を終えた生徒は離経生と称して、他の書物を読んだり、詩文を作ることを許された。

武芸については専門の師範家に弟子入りして教えを受ける形式が一般的だった。現在の学校で行われている体育の授業とはまったく異なっていた。また、医学や算術、筆道などについても師範家での修行が奨励された。

学習は毎日午前八時から午後四時頃までと決められていた。毎月五と十の付く日は温習（復習）の時間が設けられた。

定期的に試験も実施され、藩主出席のもとで行う御覧試験と家老が藩主の代理で出席して行う見分試験があった。試験は大変厳しく実施された。それだけに優秀な者には賞与が支給されたり、重役への抜擢、藩校の教官への登用、公費での他国への遊学など、手厚い優遇措置がとられた。

総稽古所への入学は十歳からと決められ、修了年齢に決まりはなかった。これが現在の学校と違うところで、学問がある段階に達するまで、継続して学ぶよう定められていたのである。

◉ 大洲藩校止善書院明倫堂 ―― 愛媛県

わずか十八歳にして、郡奉行に抜擢された天才がいた。わが国、陽明学の祖・中江藤樹である（一六〇八～四八）。このとき（寛永三年、一六二六）すでに儒学の経典四書、十三経を習得し、医学にも精通していたといわれ、弱冠二十二歳で『大学啓蒙』、二十三歳で『安昌殺玄同論』、二十五歳で『林氏剃髪受位辨』を著述する。

藤樹二十五歳のとき、大洲藩（愛媛県）の支藩、新谷藩行きを命ぜられる。これは左遷と見られ、二代藩主・加藤泰興（やすおき）との間に何らかの心理的葛藤があったことをうかがわせる出来事である。数年後、実母が住んでいた近江へ帰省し、母を大洲に迎えようとするが果たせず、そこでやむなく、二十七歳のとき家老を通じて辞職願を出し、母の介護をしようとするが許されなかった。そこで藤樹は無理矢理脱藩して、近江へ向かうことにするのである。

それからは生まれ故郷の近江国小川村（滋賀県高島市安曇川町）に腰を落ち着けて暮らすことになる。その年のうちに大洲から門人が藤樹を訪ねて来、翌年にも大洲から門人が来る。

こうして思想家として再出発した藤樹は、三十歳で結婚、本格的に著作と塾の運営に乗り出す。藤樹書院と名付けられた塾には、全国から藤樹を慕う塾生が集まった。その数は百名を超す規模に及び、各藩に影響力が及んだ。幕府は地元の大溝藩を通じて陰に陽に嫌がらせをすることになるが、陽明学を基礎とする藤樹学派の勢いを抑えることはできなかった。

簡単にいうと、幕府の学問は林羅山の唱える朱子学で、士農工商の身分制度を前提とし、そのうえに立った秩序を重んじた。これに対し陽明学は万人の心に「良知」が備わり、人は聖人も凡人も本来平等だとする考え方を基本とする。そして学問を究めれば、「致良知（良知に致る）」とする。幕府にとっては、相当な〝毒〟を含んだ思想といえよう。

藤樹は数々の著作を残して四十一歳で死去するが、そのときには出身の大洲藩、備前池田藩、京都の藤樹学派、陸奥会津藩などにその広がりを見ることができ、数百名の儒学者、医者が藤樹学を信奉していたといわれる。

大洲藩の藤樹学派の門人は、藤樹が大洲にいたときからの者、近江に行ってから通った者合わせて三十二名が藤樹書院に在籍していたと思われる。

藤樹が死去したあと、大洲藩は幕府の手前、これらの門人を弾圧する。しかし、門人たちは各地の藤樹を容認する藩に仕官したり、医院を開業したりして生計を立てた。

好学の気風、絶えることなし

もともと大洲藩（愛媛県大洲市）は慶長十三年（一六〇八）、淡路国洲本藩から脇坂安治が入って藩が成立した。その後、二代脇坂安元が信濃国飯田藩に移り、代わって伯耆国米子藩から六万石で入府したのが、加藤貞泰（さだやす、一五八〇〜一六二三）である。以来明治維新まで、十三代二百五十年余りにわたる加藤家の支配が続いた。

加藤家にはもともと好学の気風があり、藩もこれに倣い好学・自己錬成を藩風とした。というのもわが国陽明学の祖・中江藤樹は祖父・吉長（よしなが）が伯耆国米子の加藤家に仕える武士だったので、十歳で祖父とともに大洲に赴いて以来、その藩風に影響を受けつづけていたものと思われる。

藤樹は十五歳のとき祖父が亡くなり、百石の家禄を継ぐ。十七歳のとき大洲の医師たちが招いた京都の禅師から『論語』の講義を受け、儒学への目を開かれる。同時にこの頃から禅師たちに中国医学の手ほどきを受けたと推察される。この頃の京都には僧医で儒学者の禅師が数多く存在したからである。

師亡きあと大洲に帰った門人たちもいたが、二代藩主・泰興が禅僧・盤珪を招き、藩士たちに禅の修行を勧めたため、陽明学は忘れ去られた存在になった。

以来八十年余り経った享保四年、五代藩主・加藤泰温（やすあつ、一七一六〜四五）は当時の陽明学者・三輪執斎（一六六九〜一七四四）に大洲藩で儒学を教えてほしいと依頼する。三輪は、「自分は高齢なので自分の高弟を推薦する」として、儒者の川田雄琴（一六八四〜一七六〇）を推薦した。

五代藩主・泰温は父親の急死により十二歳で家督を相続したが、若い頃から学問好きで、大洲藩の江戸屋敷に近い場所に高名な陽明学者・三輪執斎の塾があることを知り、執斎を藩邸に招いて講義を受けていた。

ここで二人が絆を深めたのはやはり中江藤樹のことで、藤樹が十歳から二十七歳までの青年期を大洲で過ごしたこと、その藤樹の祠堂を執斎が「明倫堂」と名付けて大切に祀っていたことを知ったからであった。そして泰温は執斎の陽明学を自ら研修するだけにとどめず、藩として藩士に学ばせ、藩政に活かしていこうと考えたのだった。こうして再び陽明学が大洲の地に蘇ったのであった。

川田雄琴は四十九歳のとき（享保十七年、一七三二）、江戸から大洲へと赴任した。享保の改革の只中のことである。二十人扶持で召し抱えられ、屋敷も与えられたが、計画は当初の予定どおりには進まなかった。雄琴が赴任した年、大洲を「大飢饉」が襲い、餓死者を出したのをはじめ、藩の人口の三割が飢えに苦しむという惨状を呈したのだ。さらに追い打ちをかけるように、大洲城下は三年のうちに大火が三度も発生し、町屋・侍屋敷合わせて千戸以上を焼失するという被害を受けた。このため、藩財政は急激に窮迫し、藩士への支給米は百石取りが二十五・五石に減らされるありさまで、莫大な経費を要する藩校建設は進まなかった。

この苦境にあっても雄琴は、泰温の御前講義だけではなく、広く藩士と領民への講義にも力を注いだ。雄琴の集会は、「講書」という陽明学の漢籍の講義、「教諭」という平易で通俗的な講釈、「夜話」というやわらかい内容の話、「切磋」という討論会、など変化に富んだもので、誰もが参加できた。

延享元年（一七四四）、藩内に節約を説き財政再建に努め、自らも節約を実行して範を示し、多少財政が回復の兆しを見せたのを機に、泰温は念願だった藩校建設の命令を下した。

ところが病弱だった泰温が藩校建設途上に急死してしまう。享年三十。あとを継いだのが養嗣子の泰衑（やすみち、一七二八〜八四）。雄琴は十八歳の新藩主に藩校が建設途上であり、前藩主の夢であったことを説いた。雄琴の説得を受けるまでもなく泰衑自身も、文教政策として藩校の建設を考えていたことから、藩校建設は突貫工事で再開された。そして延享四年（一七四七）八月、祠堂の「明倫堂」と学舎の「止善書院」が完成をみたのである。八月二十五日、川田雄琴の手で「王陽明百八十年忌」「中江藤樹百年忌祭礼」が執り行われた。

大洲藩校止善書院明倫堂は、川田雄琴が教授を務め、学校を整備し、多くの藩士を教育した。六十七歳で雄琴は隠居が許され、あとを継いだ息子の資哲（してつ）が藩校教授に就いた。七十七歳で雄琴が生涯を閉じたのちも、資哲が二十八年、孫の資始（しし）が四年、その弟資敬（しけい）が十四年と、川田家歴代の当主が藩校教授、藩主の侍講を務め、大洲藩教学の中心的存在だった。

ところが寛政二年（一七九〇）、幕府老中・松平定信（一七五八〜一八二九）が「寛政異学の禁」を発し、陽明学が禁止されてしまう。このため、川田資敬は突然罷免され、代わって江戸から朱子学者・安川右仲（うちゅう、一七七七～一八〇四）が藩儒として招聘される。この裏には七代藩主・泰武の娘が定信に嫁いでいたため、十代藩主・泰済（やすずみ）は幼少の頃から定信に目をかけられて育った背景もあった。

ただ、歴代藩主の文教政策に変更はなく、藩校経営に力を注ぐ姿勢には揺るぎがなかった。たとえば寛政十一年に大洲城下は大火に見舞われ、藩校・止善書院明倫堂も全焼してしまうのだが、しかし、藩財政悪化の中にあっても翌年には新しい学舎を再建した。

学校組織もきちんと維持され、家老一名、学校奉行一名、教授一名、助教二名、生徒に読み書きを教える教師五～六名を配置し、一年につき米十五人扶持を学校経費として、藩が計上しつづけた。生徒は十歳から十五歳まで、十二、三名で一組、五組六十名余りが常に学んでいた。成績優秀な者には賞が与えられた。この仕組みはじつに明治維新まで続いたのである。

現在、大洲市中心部には明倫堂の面影を伝える土蔵が残されている。

中津藩校進脩館 ―― 大分県

『ターヘル・アナトミア』の翻訳で有名な前野良沢（一七二三～一八〇三）は、福岡藩江戸詰藩士の子として生まれた。母方の大叔父で淀藩の藩医・宮田全沢に養われていた。この全沢は古医方の医者だったが、妻の実家が中津藩の藩医・前野家（家禄二、三百石）だった。その縁で良沢は寛延元年

（一七四八）、前野家の養子となり、中津藩の藩医となったのである。

良沢が蘭学に興味を持ったのはこれより前の寛保二年（一七四二）、知人からオランダ書物の切れ端を見せられ、国や言葉が違っても同じ人間のやること、理解できないことはないだろうと蘭学を研究しはじめたのがきっかけとなったと伝えられる。良沢は儒学者で蘭学者の青木昆陽（一六九八～一七六九）に師事したあと、明和六年（一七六九）、藩主の参勤交代について中津へ下向、中津へ着いてほどなく長崎へ留学する。

その長崎留学中に、小浜藩医の杉田玄白（一七三三～一八一七）らとともに手に入れた解剖書『ターヘル・アナトミア』を三年五カ月かけて翻訳。安永三年（一七七四）『解体新書』として刊行した。この翻訳について、仲間内で良沢がもっともオランダ語に長けていると杉田玄白が、『蘭学事始』の中でいっている。

良沢はオランダ語研究に熱心なあまり藩務を怠りがちで、同僚の藩医たちが三代藩主・昌鹿（まさか、一七四四～八〇）に良沢の職務怠慢を訴えたほどだったが、昌鹿は、「日々の治療も大切だが、その治療のために天下後世の民に有益なことをなそうとするのも仕事のうちである」といって、取り合わなかったという。彼の蘭学を庇護し、蘭学者としての大成を助けたのである。良沢は号を「蘭化」と名乗ったが、これは昌鹿が良沢を「蘭学の化け物」と呼んだところから取ったといわれる。昌鹿の良沢への親愛が感じられるエピソードだ。彼もまた、自ら賀茂真淵（一六九七～一七六九）に師事する国学者でもあったが、蘭学にも理解と興味を示す、幅が広くて懐の深い学者大名であった。

そもそも中津藩は、豊前国下毛郡中津（大分県中津市）周辺を領有した藩で、関ヶ原の戦いから領主がめまぐるしく代わった。

最初、黒田長政の父・孝高が入ったが、長政が筑前福岡藩に移封されたあと、細川忠興が入る。二代の忠利が肥後熊本に移封になると、播磨龍野藩から小笠原長次が入封した。その後数代小笠原氏の代が続くが、五代藩主が七歳で夭折、そのあと奥平昌成（一六九四～一七四六）が十万石で丹後宮津藩より入封して、以後九代百五十五年にわたって、明治維新まで奥平氏がこの地を治めることになる。

初代藩主・昌成は地誌や人物に興味を示す人物で、享保二年（一七一七）中津城に入城するとすぐに、藩士たちに先祖書を提出させ、奥平家家臣の資料収集に精を出した。また藩祖によく見られる好奇心旺盛な性格だった。

二代藩主・昌敦（まさあつ、一七二四～五八）は、家督を継ぐとのちに宝暦改革といわれる藩政改革に着手した。倹約令を発布するとともに、奉行制度を制定する。そして農政改革にも力を尽くし、米の増収を図っている。また、目安箱を設置し、領内各地の不満を集めその解決に努力した。

初代、二代ともに藩主が学問好きだったが、三代藩主・昌鹿はことに学問好きで、賀茂真淵に国学を学ぶとともに、法令集を編纂、領内を法の秩序に従った秩序ある体制にすることに注力した。一方で、藩の儒学者に藩政を批判させ、それを取り入れると称して藩政改革に利用したりもした。こういう変則的な手法も用いて、自ら倹約して藩財政の改革に取り組んだ。率先垂範のリーダーともいえようか。

中津藩の異彩君主たち

さて、藩主の好学と幅広い博識は、五代藩主・昌高（まさたか、一七八一〜一八五五）においてもっとも際立つ。昌高は薩摩藩主・島津重豪の二男として生まれた。天明六年（一七八六）、急逝した中津藩四代藩主・奥平昌男（まさお）の末期養子として、六歳で家督を継ぐことになる。

聡明で明るい性格の昌高は、小さい頃から学問好きで、とくに国学・和歌を好んで勉強した。折しも海外の新風が吹き始める時代、重豪と昌鹿はともに蘭学仲間で、非常に仲が良かった。このため、昌高も次第に蘭学好きになっていった。

そしてついに、中津藩江戸中屋敷に総ガラス張りの「オランダ部屋」をつくらせ、そこに出島で買い集めさせたオランダ製品を陳列させた。物を集めるだけでは飽き足らなくなり、昌高はオランダ語の勉強を始める。そして歴代のオランダ商館長と親しく交際するようになり、ヘンドリック・ズーフ商館長からフレデリック・ヘンドリックというオランダ名までもらった。のちに昌高は会話に不自由しないまでにオランダ語が上達し、商館長と詩のやりとりまでしたという。

「蘭学藩主」昌高は、単なる新しもの好きだったわけではない。藩士に対しては、文武を奨励し、寛政八年（一七九六）、藩校・進脩（しんしゅう）館を創立している。藩校教授には、藩内の儒者・倉成龍渚（りゅうちょ）、野本雪巌（せつがん）をあて、「進脩館草創紀律十二カ条」を定めた。藩内への布令には、「御家中風儀を正し、文武稽古に出精いたし、御政事御軍務に御用に立ち候人材を御育て……」するために藩校を設立したと説明した。「学風は公儀聖堂の御風を相守り」といい、この年幕府が発布した「寛政異学の禁」に従い、朱子学を中心として授業を行うことを宣言している。

しかし、実際の科目には漢学、国学、洋学、医学、算学、筆道と多彩な科目を修得させており、少しあとには朱子学から古学を主流にしたところに特色を出している。進脩館には、山川東林、野本白巌、白石照山らが在籍していた。このうち野本白巌は創立者・雪巌の長男で帆足万里に学び、頼山陽から漢詩文などの指導を受け、藩儒となった人物である。

藩校を創立して藩士の教育にあたる一方で、昌高のオランダ癖は収まらなかった。昌高は祖父の昌鹿から、藩医の前野良沢が『解体新書』を刊行したとき、原書から翻訳するのに辞書がなくて困ったという話を聞き、文化七年（一八一〇）『蘭語訳撰』、文政五年（一八二二）『バスタード辞書』を刊行した。この二つの辞書が別名『中津辞書』と呼ばれるのは、中津藩の事業として刊行されたからである。

昌高はとりわけオランダ人医師、フィリップ・フランツ・フォン・シーボルトと仲が良く、文政九年（一八二六）、父・重豪とともに初めて面会して以降、少なくとも五回面接している。

シーボルトと初めて会った年に、二男の昌暢（まさのぶ、一八〇九～三二）に家督を譲り、隠居しているのだが、幕府がマークしているシーボルトに自由に会うためには、隠居したほうがよいという判断をしたといわれる。実際、その後たびたび昌高はシーボルトをはじめオランダ人と面接し、小型ピアノ、クロノメーター、顕微鏡に興味を示したという。また、西洋料理を美味しそうに食べ、音楽やダンスを楽しんだともいわれる。

ダンスを日本の舞と比較した昌高は、「オランダ人は足で踊るが、これに反し日本人は手で踊る」と感想を残している。昌高はこのように知的好奇心の塊のような人物だったが、藩士に対しても国学や儒学に対しても偏見を持たず、自分のような蘭学をやる者には機会を与え、じつに幅の広い寛容さを示した。

藩校・進脩館からはのちに福沢諭吉が出ている。諭吉（一八三五～一九〇一）は大坂堂島浜にあった中津藩の蔵屋敷の下級藩士の子として生まれた。父・百助は儒学者でもあった。父の死後、中津へ転居し、藩校と晩香堂という塾で学ぶ。そして武術は、立身新流居合いの免許皆伝を受ける。安政元年（一八五四）十九歳のとき、長崎へ遊学、その後中津藩大坂蔵屋敷に勤めていた兄を頼り、大坂で暮らす。このときから蘭学者・緒方洪庵の適塾で学ぶようになる。一時適塾を離れるが再び戻って、安政四年には最年少二十二歳で塾頭に指名される。

幕末の時勢のもと、幕府は無役でわずか四十石の旗本・勝海舟を抜擢するなど、世の中の急な変化を感じ取り、中津藩も諭吉に江戸出府を命じた。江戸では築地鉄砲津の奥平家中屋敷に蘭学塾「一小家塾」を始める。安政五年のことであった。この塾がのちの慶應義塾の基礎となったため、慶應義塾はこの年を創立の年としている。

日米修好通商条約批准書交換のため使節団がポーハタン号で渡米することになり、その護衛として咸臨丸を派遣することになった。諭吉は咸臨丸の艦長で軍艦奉行の木村摂津守の従者としてこれに同行、渡米する。帰国して木村の推薦で、中津藩に籍を置いたまま、幕府外国方に出仕することになった。文久元年（一八六一）、中津藩士・土岐太郎八の次女・お錦と結婚。その年の冬、文久遣欧使節の一員として欧州各国を歴訪。帰国後はこれらの見分をもとに、慶応二年（一八六六）からは『西洋事情』などの著書を通じ、啓蒙活動に力を入れるようになる。『西洋事情』（初編巻之二）では、アメリカ独立宣言の全文を翻訳紹介した。このあたりの活躍は言うまでもないだろう。

いずれにしても中津藩士・福沢諭吉は、かなり自由に幕末の世を渡り歩いている。それだけ藩主たちから与えられる自由度が高く、縦横無尽の活躍が目立つのである。諭吉が在籍していたときの藩主は、八代藩主・昌服（まさもと、一八三二～一九〇一）と九代藩主・昌邁（まさゆき、一八五五～八四）で、昌服の時には黒船来航があり、開国論を唱える祖父昌高と対立して、鎖国攘夷を主張した。そのため、藩としての統一した動きがとれず、藩士たちはめいめいの信じるところを主張したという。

最後の藩主、昌邁は慶応四年（一八六八）に家督を相続したが、人材登用には選挙を用いるなど、世襲を打破した新手法を取り入れ、明治維新の精神をもとに藩政改革に取り組んだ。

明治四年の廃藩置県後は、東上して江戸に滞在、慶應義塾に入学。元藩士の福沢諭吉、小幡篤次郎にアメリカ留学を勧められ、ニュージャージー州ブランズウイックに留学する。旧弊にとらわれない気性の持ち主だったのだろう。帰国後、福沢諭吉の勧めで藩校・進脩館の後身校「中津市学校」を設立、慶應義塾の中津出身者を教員として派遣するなどした。また、明治六年（一八七三）、福沢諭吉とともに、「明六社」に参加、文部官僚らとの教育論争に加わった。この教育論争に関しては本書末尾で触れることにする。

ともあれ、大分中津藩の開明好学の気風が、異色藩主たちによって生み出されたことは確かなようである。

広島藩校講学所 ―― 広島県

広島藩の藩校、講学所が生んだ最大の有名人は、頼春水の子、頼山陽（一七八〇～一八三二）だろう。

山陽は九歳で講学所に入り、十四歳にして、有名な「十有三春秋」で始まる漢詩「述懐」を作り、周囲の人々を驚嘆させた。この漢詩は、悠久の時の流れを自覚し、おのれもまた古人のごとく歴史に名を連ねたいと志を掲げる詩である。早熟の天才は藩主・浅野重晟（しげあきら）にも目をかけられ、十八歳で江戸へ行き、昌平黌の教官・尾藤二洲（じしゅう）邸に寄宿、昌平黌で学ぶとともに国史を教え込まれた。二十一歳のとき、京坂に出奔、脱藩しようとしたが引き戻され自宅に幽閉された。八代藩主・斉賢（一七七三～一八三一）は山陽の才能を惜しみ、二十四歳のとき幽閉を解除し、罪を許した。二十六歳のときには藩校の教師として採用した。三十歳のときには備後神辺（広島県福山市）にあった菅茶山（かんちゃざん）の廉塾（れんじゅく）学頭になる。三十二歳になると、廉塾を去って京へのぼり、有名な『日本外史』を完成させることになる。

頼山陽という日本知性の巨星を生み出した講学所が誕生したのは、享保十年（一七二五）。関ヶ原の戦いから百年余りのちのことである。駆け足で振り返ってみたい。

戦国領主からの脱却

広島藩領は戦国時代毛利氏の支配が続き、毛利氏は織田信長、豊臣秀吉、徳川家康という中央で覇を唱える権力に、一貫して戦いを挑みつづけた。しかし、慶長五年（一六〇〇）、関ヶ原の戦いで西軍の総大将として参戦、徳川家康に敗れた毛利輝元は、防長二国（長州藩、山口県）に減封されて閉じ込められた。代わって安芸・備後二カ国四十九万八千石の太守として尾張清洲から入国したのが、福島正則だった。正則は入国してすぐ検地を行い、毛利時代に不徹底に終わった兵農分離・石高制を実施した。

ところが安芸は地方豪族が多く、妥協して郷士制度を残さざるをえなかった。大坂の陣が終わると、豊臣家を滅亡させたことを批判した正則は、広島城を無断改修したことを口実に大幅減石のうえ、上信濃国川中島藩に移封された。

代わって紀州藩から入ったのが、豊臣政権で五奉行を務めた浅野長政の二男・浅野長晟（ながあきら、一五八六〜一六三二）だった。広島は大坂との瀬戸内海航路の海運に恵まれ、藩が成立してからすぐに、木材、鉄、紙などを専売にして、海路大坂へ運んで売り捌き、利益を上げた。

また、大坂の米相場を見ながら、自藩生産の米とともに近隣諸藩の米を安く仕入れ、売り捌くことにより巨利を得ていた。長晟の統治は、基本的には福島正則のやり方を踏襲するが、土豪に対しては厳しい姿勢で臨み、統治機構の近代化を進めた。

長晟は徳川家康も教えを受けたといわれる朱子学者の藤原惺窩（一五六一〜一六一九）と親交があったといわれ、広島入城の際には惺窩の高弟・堀杏庵（きょうあん、一五八五〜一六四三）を伴い、文教政策立案や藩医として立ち上げて間もない藩に貢献した。

杏庵が短い年月で広島を去ってからは惺窩門下の四天王といわれた石川丈山（しょうざん、一五八三～一六七二）が藩儒となり、長晟の文教振興の力となった。二代藩主・光晟（みつあきら、一六一七～九三）は藩政の整備を精力的に進め、「広島町中御掟法」を発布、城下の支配を秩序だったものにしようと努力した。街道の整備にも乗り出し、領内の交通に気を配った。

また、光晟は家康の外孫であったため、幕府の許可を得て光晟の庶兄・浅野長治（ながはる）に五万石を分与、三次（みよし）藩を立藩した。この光晟には一時、古学派の儒者・山鹿素行（一六二二～八五）が仕えたことで知られている。

三代藩主・綱晟（一六三七～七三）は美的感覚の持ち主で、別荘「日新館」を建て、領内の「新山八景」を選定した。四代藩主・綱長（一六五九～一七〇八）は父の先代藩主・綱晟が長く後見して、治世を助けた。

しかし、元禄十四年（一七〇一）に分家の播州赤穂三代藩主・浅野長矩（ながのり、一六六七～一七〇一）が江戸城内で刃傷事件を起こす。この事件を受けて広島藩は、浅野本家への一族連座を避けるため、家臣を赤穂に派遣して開城圧力をかけるなど、大石良雄らの盟約を切り崩そうと図った。討ち入り阻止に失敗したが、数年後、赤穂浪士を英雄化する世論に押され、大石の三男・大三郎など赤穂藩の旧臣を召し抱えることになった。

一方、討ち入りの際、大石たちは山鹿流の陣太鼓を打ち鳴らしたといわれ、山鹿素行との関係を本藩とともども幕府に疑いを持たれることになる。初代赤穂藩主・浅野長直（ながなお、一六一〇～七二）は山鹿素行を千石の高禄で召し抱え、軍学を教授させていた。そして広島藩もまた二代藩主・光晟が山鹿素行に軍学を学んでいたから、赤穂浪士の討ち入りが、山鹿素行の思想および兵法との関連を疑われるのは当然のことと思われる。この四代綱長の時代、広島藩は商品経済の発達により、藩財政が悪化したため藩士の知行削減や藩札の発行が行われた。

講学所開校

五代藩主・吉長（よしなが、一六八一～一七五二）は二十八歳で藩主の座に就くと、すぐに「奨学親書」を発表して、藩内に学問の大切さを訴えた。「学問がなければ道理に暗く、自然忠孝の義にも違うことになる。役人たちが道理に明るくないと決断を誤るようになる」といって、学問のすすめを説いた。そして享保十年（一七二五）十一月四日、吉長は学問のための講学所と武術練習場を建設したのだ（藩校の後身だとされる現在の修道中・高等学校はこの日を創立記念日にしている）。

吉長は儒者の寺田臨川（りんせん）を講学所の総裁に任じ、運営を任せた。臨川は「学規三則」すなわち、学問は身を修めることが根本（学問の本義）、礼儀を重んじること（敬いの実践）、上下幼長の別なく志しを励まし全力を尽くす（指導者としての自覚）を発して、学問する者の姿勢を示した。

やがて講学所は講学館に名前が改められた。藩士に対する錬磨が始まったが、十数年を経て寛保三年（一七四三）、藩財政が極度に悪化し、講学館は閉鎖に追い込まれたのだった。

藩校が再開されたのは六代藩主・宗恒（むねつね、一七一七～八八）を経て、七代藩主・重晟（しげあきら、一七四三～一八一四）の時だった。宗恒は永代家禄制と世襲制を一部廃止するなど大胆な藩政改革に着手。役人の不正を摘発し、裁判の公正化を図った。「宝暦の改革」と呼ばれる宗恒の一連の改革は、見る間に財政を好転させ、改革は成功した。重晟も緊縮財政政策を採用し、徹底した諸制度の簡素化や綱紀の粛正を図った。

藩校再開（天明二年、一七八二）にあたって、重晟は民間の逸材を登用しようと考えた。そして頼春水（一七四六～一八一六）と香川南浜（なんぴん、一七三四～九二）という二名の儒学者を招いて学問所が始められた。

学問所での講釈は、「格式講釈」と「常の講釈」があった。格式講釈は藩主の出席のもと、毎月二の付く日に行われた。六人の儒員が交代で務めたといわれる。常の講釈は「東学の間」と「西学の間」に分けて行われた。東学の間は主として頼春水ら朱子学者が担当し、毎月九の付く日に講釈が行われ、西学の間は主として香川南浜ら崎門学派（山崎闇斎を始祖とする朱子学の一派）の担当で、毎月四の付く日に講釈が行われた。

この講学所の特徴のひとつは、一般の人々の受講を認めたことだ。「篤志の者は陪臣農工商の者でも受講するように」という触が出され、きわめて進歩的な姿勢を示した。これは宗恒、重晟と続く藩主が、画期的な藩政改革を行ったのと軌を一にするものだ。

学級は「素読」「訓導」「不審」「質問」の四段階で、「質問」組がもっとも高度な学問をした。素読組は四書五経や『唐詩選』などがすらすら読めて大意が掴めればそれでよしとされたが、質問組は『大学』『中庸』『詩経』『書経』『史記』『前・後漢書』『左伝』『通鑑綱目』などの本を自分で読んで、先生に解釈を示し、質疑をするという高度なものだった。

進級は幕府の学問所の昌平黌やその他の藩校で見られるような試験の方式をとらず、各級の教師の判断によった。

学派によって分けた東学と西学はやがて対立するようになり、儒員ばかりかそれぞれに属した学生にまで対立が及ぶようになった。頼春水はそれを憂い、独自の「学制」を起案、それが重晟の採用するところとなり、朱子学を正統として、古学派や崎門学派は排除されることになった。そのため、香川南浜、梅園文平、駒井忠蔵らは学問所退職を余儀なくされた。天明五年（一七八五）のことだった。

第三節　徳川御三家の藩校

徳川御三家と称されるのは、ご存じのように、尾張、紀伊、水戸の三家を指す。尾張徳川家は、徳川家康の九男・徳川義直が尾張に入国して藩主となった。家康の十男の徳川頼宣が入部して成立したのは**紀伊和歌山藩**。そして、家康の十一男・徳川頼房が藩主に就任したのが水戸藩である。御三家とは徳川氏が血統の保持と将軍補佐のために諸大名の最上位に置いた特別の家格で、このうち尾張徳川家、紀伊徳川家は将軍位継承権を持ち、水戸徳川家は将軍位継承権は持たないが、常に江戸に在住して将軍を補佐する副将軍としての役割を担った。このため水戸徳川家は将軍に何かあったときには代理の役を務めることが要求されていた。御三家は当然のことながら、その家格に相応しい石高と、大名としての品格が求められた。

尾張藩の表高（幕府が承認した石高）は尾張全域とのちに加増された美濃、三河、近江、摂津の一部などを加えて六十一万九千五百石余り。さらに広大な地域に美林を持つ木曽と新たに開発された地域を合わせると、実質百万石を超えると見られていた。

紀伊徳川家には高野山領を除く紀州全域と松坂など伊勢国の一部、計五十五万五千石が与えられた。

水戸藩は二十五万石（のちに三十五万石）で藩が成立した。他の二家に比べ半分以下の石高でしかも物価が高い江戸定府を申し付けられていた水戸藩は、江戸と水戸の二重生活の負担が重く藩政にのしかかった。そのうえ副将軍としての家格も維持しなければならず、長年財政難に苦しんだ。

尾張と紀州両藩は将軍位継承に相応しい後継者を育てるために、豊かな教養と見識を身につけるよう努力を重ねた。いわゆる帝王学である。しかし、江戸時代中期以降の幕府と尾張徳川家の関係はしっくりいかなかった。八代将軍に就任した紀伊徳川家出身の八代将軍・吉宗が二男、三男、孫の三人に田安、一橋、清水の三家を建てさせ、御三卿として将軍に継承権を与えたためだ。その結果、十四代将軍まで将軍位はすべて吉宗の血統で占められ、尾張徳川家は一度も将軍を出すことはできなかったのだ。こうなってしまうと尾張徳川家の帝王学は、すべて無に帰したに等しい。それでもそうした藩士たちの気概は、のちに名古屋学という独自の文化を育むことになる。

水戸徳川家は財政難に苦しみながらも、将軍位継承権を持たないことから、幕府支配の理論的裏付けを構築することに全力を傾注した。そのことは二代藩主・水戸光圀が始めた『大日本史』編纂の大事業によく現れているし、水戸学という独特の学問を通じて、とくに幕末に存在感を発揮することになる。

次項から個別に見ていくことにする。

尾張藩校明倫堂 ―― 愛知県

尾張藩は徳川家康の四男・松平忠吉が死去したあと、忠吉の弟で家康の九男、徳川義直（一六〇一～五〇）が入封して正式に発足した。徳川御三家筆頭の家格を示すために、寛文十一年（一六七一）加増され、六十一万九千五百石の知行高が確定した。領地は尾張ほぼ一国のほか、美濃、三河、信濃、近江、摂津と広範囲にわたって飛び地が存在した。なかでも木曽の御用林から得られる収入は莫大なものがあった。

また広範囲に新田開発を進めた結果、表高をはるかに上回る百万石近くに達し、財政は比較的余裕があり、領民には四公六民という当時としては低い税率しか課されなかった。

義直が藩主に就任したときはまだ八歳の幼さだったため、藩政は家康が付けてくれた老臣たちによって行われた。やがて家康が死去し、藩政を自ら決済するようになってからは、義直は米の増産を目的とした灌漑用水の整備、新田開発、年貢制度の確立など、いわばインフラ整備に務めた。そのときに頼りにしたのが儒学者・藤原惺窩門下の四天王といわれた堀杏庵（一五八五～一六四三）だった。

大藩ゆえの苦悩

尾張藩は太平の世に入ろうとするときに、一挙に六十二万石の大藩として出現した。藩主と家臣は大坂の陣以外に苦楽をともにしたことがない、寄せ集めの集団だった。義直が心を砕いたのは、この寄せ集め集団を何を以て帰藩意識を醸成させ、いかにして求心力を高めるかだった。御三家の紀州藩、水戸藩も同じような悩みを抱えていたといわれる。このため義直はことさら家康の偉業を強調し、その上に尾張藩が成立したことをいい、家臣たちに一体感を植え付けようとしたのである。

その際、堀杏庵の主張する文治主義で藩を治めることを、義直は藩内外に主張した。もはや戦乱の世ではなく、太平の世である。杏庵の説く、質実で穏健、博識を貴ぶ気風を藩士たちに求めたのだ。義直はそのため自ら、学問・思想の基本資料の収集と研究・編纂に努め、文治主義の範を示した。

時いまだに戦国時代の荒々しい気風の残る家臣たちに、戦乱のない時代における上に立つ者の生き方を示すように、『日本書紀』以下『日本三大実録』までの六国史を並べた『類聚（るいじゅう）日本紀』を編纂した。

徳川家康は大変な本の収集家で、駿府に隠棲してからも沢山の本を収集した。その数はおよそ一万冊に達していたといわれた。

家康の死後、これらの書物は御三家に分けられたが、義直は尾張藩に分け与えられた本（駿河御譲）に、自ら収集した本を加え、約二万冊の蔵書を持っていた。蔵書を収めた御文庫（のちの蓬左文庫）は当代随一といわれた。この書籍はのちに藩校が設立されたとき、大いに利用されることになる。

義直の収集した書籍の大部分は漢籍だった。この頃中国では明の時代が終焉を迎えようとしており、争乱の中にあった。それを逃れて中国の文化人・知識人が多数わが国に渡来した。

なかでも陳元贇（ちんげんぴん）と張振甫（ちょうしんぽ）は、当代一流の知識人として義直に仕えた。元贇は儒学はもとより、漢詩文、建築、陶磁器、書など多くの分野に優れ、義直はじめ多くの名古屋人に影響を与えた。陶器作りでは元贇焼きを創始し、少林寺拳法を初めてわが国に伝えた。

張振甫は元贇より少しあとに来日して義直に仕え、医学、薬学に貢献した。振甫は大変な名医だったといわれ、さらに振甫に同行してきた中国人たちには医師や薬剤師が多く、明の進歩的な医術を伝えた。のちに藩校に医学や薬学を学ぶ部門ができ、そのための薬用園が作られたとき、彼らの教えは大いに役に立ったという。

元禄十一年（一六九八）和漢の学者を集め、地誌『尾張風土記』の編纂を命じたのは、三代藩主・綱誠（つななり、一六五二〜九九）である。この編纂作業は翌年、綱誠の死去によって頓挫するが、命じられた国学者の天野信景（さだかげ）や『元禄御畳奉行の日記』（中公新書）で有名な朝日重章ら「文会」のメンバーなどは、その後も御文庫の蔵書を閲覧したり、国史、寺社仏閣の考証を続けた。こうした努力は藩内で継続され、資料が蓄積されていった。

このあと尾張藩にはさまざまなことが起こり、学問の目立った進化は見られなくなる。

次の将軍と目された家宣の子・鍋松は幼く、政務に絶えられないと見られた。四代藩主・吉通（一六八九〜一七一三）は幕府六代将軍・家宣から高く評価され、七代将軍に就任するよう要請されたほどの人格者だったが、将軍の死後一年後に突然死してしまう。

また、その嗣子・五郎太は三歳で死去した。幕府七代将軍・家継が重病に陥った際は、六代藩主・継友（つぐとも、一六九二〜一七三一）が八代将軍の最有力候補だった。

しかし、八代将軍には紀州家の吉宗が就き、以降尾張徳川家は御三家で唯一、将軍家を輩出することなく明治維新を迎えることになった。尾張藩四代藩主の吉通が「尾張藩は将軍位を争わず」と述べ、家訓として将軍位を継承することより、尾張藩を守ることのほうが大切であるとされていたためである。

尾張藩の苦境と学問奨励

七代藩主・宗春（一六九六〜一七六四）は継友の弟で、史上もっとも有名な尾張藩主である。宗春は倹約を主とする八代将軍・吉宗の政策を批判、名古屋城下に芝居小屋や遊郭の設置を許可するなど規制改革政策を推進した。享保二十年（一七三五）には一転、遊興徘徊を禁じる命令を出し、領内のインフレを抑えるために引き締め政策を始める。いずれも幕府が打とうとする政策を半年余りも先取りするもので、幕府と尾張藩は鋭く対立することとなった。

元文三年（一七三八）、宗春と付家老の成瀬正泰が参勤交代で江戸に入ったのち、もう一人の付家老・竹腰正武が名古屋で宗春の政策をことごとく覆し、否定して廻る。このため藩内は騒乱状態に陥った。

一方でこの頃吉宗と朝廷との争いもあり、朝廷との関係が良好だった宗春は幕府と朝廷との間に挟まって苦境に陥ってしまう。こういう状態は見過ごせないと吉宗は、宗春に隠居謹慎を命じることになった。

宗春のあとを継いで八代藩主になったのは宗春の従兄弟、徳川宗勝（一七〇五〜六一）だった。宗勝は宗春時代の藩政を改め、倹約令を中心とした緊縮財政政策を着々と実行、藩財政を建て直すことに成功した。そして一時騒然としていた藩内の空気を引き締め、藩士の一体感を醸成するため、藩内に学問所を創設する。寛延二年（一七四九）のことである。これが藩校の前身・巾下学問所である。学問の内容よりも、藩を一体化すること、尾張藩士としてのアイデンティティを確立することに力点が置かれた。藩士には学問が奨励されたことはもちろんである。

宗勝はまず、河村秀興（秀穎）に命じて「御文庫」の整理をさせ、蔵書目録『天明目録』を完成させた。一方、中断していた『尾張風土記』編纂も再開された。そして宝暦二年（一七五二）、官撰地誌『張州府志』が松平君山らの手によって完成をみたのである。これらは何よりも藩士に確固たるアイデンティティを持たせ、御三家尾張藩士としての自覚を醸成しようとする意図によるものだった。

宗勝が創設した巾下学問所は、現在の名古屋市中区丸の内二丁目で開校された。その後少し中断されたが、九代藩主・宗睦（むねむつ、一七三二〜一八〇〇）が天明二年（一七八二）に再興し、翌年開校した。宗睦は藩校を改めて「明倫堂」と命名、初代督学（校長）に儒学者の細井平洲（一七二八〜一八〇一）をあて、主に儒学と国学を藩士の子弟に教えた。

細井平洲は知多郡平島村（愛知県東海市）の生まれで、十七歳のときに京都に遊学。その後儒学者・中西淡淵（たんえん、一七〇九〜五二）の塾で儒学を学び、師の勧めで長崎に遊学、中国語、書道、南画、詩文を修得した。

三年後淡淵が江戸に塾を移したときに平洲も江戸へ出て、嚶鳴（おうめい）館という塾を開く。伊予国西条藩主・松平頼淳（よりあつ、のち紀州藩主・徳川治貞（はるさだ））と黄檗（おうばく）宗の中国人僧・大鵬禅師との対談の通訳をし、これを機に藩邸で藩主はじめ家老など幹部に講義するようになった。

また、平洲の講義を聴いた米沢藩士に藩邸に招かれ、世子であった上杉治憲（はるのり、鷹山）の訓育にあたったことはよく知られている。治憲が家督を相続したあとは、米沢に赴き藩士らの指導にあたり、安永五年（一七七六）、再興された米沢藩の藩校・興譲館で講義を行った。

平洲はまた、米沢藩内各地を巡り、農民や町民に講演を行った。平洲の話はわかりやすく人気があって、どこでも沢山の聴衆を集めた。そしてその話は、治憲の藩政改革を下支えすることになった。こうした成功を重ねるごとに平洲の名は、全国に知られるようになった。

尾張藩としても、郷土の名士を放っておくわけにいかない。藩に招かれた平洲は、名古屋に来ると早速、藩校の再興に着手し、先に触れたように「明倫堂」の再興を助けた。そして、九代藩主宗睦に平洲は訴えた。藩士の子弟ばかりでは閉鎖的になるので農民、町民にも門戸を開くべきだと。こうして最初五十名ほどの藩校の受講生が、わずかの間に五百名を超える大所帯へと発展したのだった。

平洲は尾張藩に三百俵（のちに四百石）という高禄で迎えられたが、それから一年半後の天明二年（一七八二）からは、名古屋をはじめ領内各地で「講談会」を開くようになった。各地を巡回して開いたがどこも満員の盛況で、千名を超える聴衆が集まることも多かった。あるところでは五千名の聴衆が集まり、祭のような状態になったという。

留守がちな平洲に代わって、藩校は岡田新川、石川香山、家田大峯、細野要斎らの儒学者が教育にあたった。天明五年には聖堂が設けられ、翌々年からは木活字が使われた『群書治要』など漢籍の復刻版が藩校で発行され、「明倫堂版」と呼ばれた。

最近、名古屋学という言葉をよく聴くようになった。これは近世名古屋城下で生まれ育った独特の学風という意味で使われるが、尊皇という政治思想が幕末に大きな影響を及ぼした水戸学と対比させて使われることが多い。

元日本福祉大学経済学部長・青木美智男氏は、「名古屋に育った独特の学風は、主に古代文化の実証的な分析に力点が置かれ、直接政治に影響力を持つものではありません。また水戸学が藤田東湖や会沢正志斎など、改革派の強烈な個性によって築き上げられた学風なのに対して、名古屋学は〝郡才の学〟と呼ばれるように多くの学者がつくりあげた学風」なのだと、力説されている。

これは平洲が「巡回講談会」を積極的に行い、上下問わず知的刺激を与えつづけたことも大きいのかもしれない。

明治四年（一八七一）藩校・明倫堂は廃校となり、跡地には名古屋城内から名古屋東照宮が移された。名古屋市東区にある県立明和高校は、一八九九年に設立された「明倫中学校」が始まりとされ、校名の明倫は藩校の「明倫堂」の明倫といわれている。そのためか、同校は県内でも有数の進学校として名高い。

水戸藩校弘道館 ―― 茨城県

初代藩主・頼房（一六〇三〜六一）が初めて水戸に入ったのは、慶長十四年（一六〇九）になってからであった。幕藩体制の誕生直後である。このときはまだ二十五万石だったが、三代藩主・綱条（つなえだ、一六五六〜一七一八）の時、新田開発の分を含め表高三十五万石となった。頼房のあとを継いだのは二代藩主・光圀（みつくに、一六二八〜一七〇〇）だった。光圀は頼房の三男だったが、事情によって後嗣となり、長男・松平頼重は讃岐国高松藩十二万石の城主となった。

水戸藩といえば二代藩主・光圀だろう。すでに述べたように、水戸藩はいざというときの将軍代理だから、藩からは将軍を出さないという暗黙の諒解があったとされる。そこが尾張藩、紀州藩、のちに創設された御三卿とは異なっているところだ。そのため、水戸藩にはもともと幕府支配の確固とした思想的裏付けを理論的に構築しようという使命感が強かった。

その現れが、水戸光圀による『大日本史』編纂の試みとなって具現化した。『大日本史』編纂は、光圀以降、約二世紀半に及ぶ大事業になり、多くの学者が動員された。

水戸学の始まり

実際には光圀、十八歳のときに中国古代の歴史書である『史記』の「伯夷（はくい）伝」を読んで感動、それまでの自堕落な生活態度を改め、学問に打ち込むようになったといわれる。

明暦三年（一六五七）、三十歳のときに神田にあった水戸藩江戸別邸に編纂局を設け、歴史書の編纂を開始した。最初は光圀はじめ、儒者の人見卜幽（ぼくゆう）、辻了的、小宅処斎（こやけしょさい）、真幸筆海（さねゆきひっかい）の五名で始めた事業だった。

十五年ののち、編纂局を小石川の上屋敷に移し、「彰考館」と名付けた。小石川に移って新たに七名が加わり、やがて二十四人体制になった。彰考館員は元禄元年（一六八八）には四十四名、同十年には五十三名になった。半数は水戸藩士だったが、それ以外は全国から学者、研究者が集められた。京都出身の者が多かったといわれる。それらの人々はみな藩士として抱えられた。

「彰考館」は元禄以降、明治維新までおおむね五十名以上の陣容が維持された。江戸時代後期から幕末まで、水戸藩では他の藩に比べて学者が政治上の発言権を持ち、学問に関与する者が多い。それは光圀が始めた学者優遇策が、連綿と受け継がれたせいだと考えられている。ちなみに、「水戸黄門漫遊記」は明治二十～三十年代に、大阪の講釈師が面白おかしく話したのが起源といわれている。実際に光圀が諸国を漫遊したことはなく、京、大坂をたびたび訪れて『大日本史』の資料集めをしたのは、お供で有名な助さん、格さんだったという。ところでこの助さんというのは、佐々十竹という人物だったといわれている。十竹は元京都妙心寺の僧侶だったが、還俗して江戸にやってきて「彰考館」に入ったという変わり種で、のちに総裁になった人物である。また、格さんのモデルは安積澹泊（たんぱく）という水戸藩士で、『大日本史』執筆に情熱を傾けた人物といわれている。ただ、この人物も光圀と同様、諸国を旅行したことは一度もないという。

水戸藩の歴史は、財政窮迫との戦いの歴史でもあった。唯一参勤交代を行わない藩であるところから、物価の高い江戸定府と領地の二重化を強いられたうえ、格式を優先し、実態の伴わない石直しを行ったため、内高が表高を恒常的に上回るという矛盾を抱えていた。このため慢性的な財政難が藩に重くのしかかった。

さらには光圀の始めた「彰考館」を継承したり、学者を無理に抱えたり、体面を重んじつづけたことも藩財政を圧迫した。幕府支配のイデオロギー構築の役割を担った水戸藩は、学者を優遇する藩として全国に隠れもない存在だった。一方、こうした評判を維持することで、肝心の藩士教育が遅れた。意外にも、藩校が設立されるのは江戸時代後期、九代藩主・斉昭（なりあき、一八〇〇～六〇）まで待たなければならなかった。

徳川斉昭は三十歳まで部屋住みだったが、後嗣なく死去した八代藩主・斉脩（なりのぶ、一七九七～一八二九）の後継を巡り、門閥派の抵抗を押し切って、藩内学者や藩士たちの圧倒的な支持を受け、家督を継ぐことになった。

藩主に就任した斉昭は、かねての懸案にすぐに着手した。打ち出した基本的方針は四つ。

一、経界の義（全領地の検地）
二、土着の義（藩士の領内の居住）
三、学校の義（藩校弘道館と郷校建設）
四、惣交代の義（江戸定府制の廃止）

である。天保八年（一八三七）に始めた斉昭のこの改革は、幕府老中・水野忠邦が実施した天保の改革に大きな示唆を与えたといわれる。

しかし斉昭の強力な改革は、藩内に深刻な亀裂を生んだ。

従来僧侶が行っていた人別改めを神官の管理に改めたり、幕府と連携を図ろうとする付家老らの勢力を削ぐため、付家老らの知行を一般家臣らと同じ知行制に組み込んだりした。さらに藩主と付家老らの江戸定府制度も、一年ごとの交代制に改めた。

そして藩校弘道館を設立して、斉昭の擁立に加わった戸田忠大夫、藤田東湖（一八〇六～五五）、安島帯刀（あじまたてわき）、会沢正志斎（一七八二～一八六三）、武田耕雲斎、青山拙斎（一七七六～一八四三）ら比較的軽輩の藩士を登用した。

このように藩校弘道館設立には、門閥派を抑え、下士層から広く人材を発掘する徹底した意図があった。これが、のちに門閥中心の保守派と、改革派との激しい対立を生む素地を孕んでいた。

藩校設立に先立って、斉昭の意図を体して藤田東湖が建学の趣旨を「弘道館記」として草案をまとめた。この草案に幕府の儒官・佐藤一斎と会沢正志斎と青山拙斎が意見を述べ、斉昭の裁定を経てまとめられたのが天保九年のことだった。

漢文で書かれた「弘道館記」は、「神州の道を奉じ、西土の教え（儒教）を資《と》り、忠孝二無く、文武岐《わか》れず、学問・事業、その功を殊にせず、神を敬い、儒を尊び……」と書かれていた。

ここでの教育の基本方針は、神儒一致、忠孝一致、文武一致、学問事業一致と定められていた。

天保十一年、斉昭は江戸から水戸へ帰り、藤田東湖を弘道館掛かり、青山拙斎と会沢正志斎とを教授頭取（校長）、杉山復堂、青山佩弦斎（はいげんさい）らを教授に任じて、主な人事を発表、藩校建設工事の進捗を図った。

水戸藩校弘道館正庁
（茨城県弘道館事務所提供）

弘道館開かれる

弘道館が実際に開校したのは、天保十二年（一八四一）八月だった。水戸城三の丸に弘道館の敷地として設けられたのは、三万二千坪（約一〇万五〇〇〇平方メートル）に及ぶ広大なものだった。

広い敷地の藩校としては福山藩誠之館二万三千七百坪、加賀藩校明倫堂が一万八千二百坪、長州萩藩校明倫館が一万五千坪だったから、その規模の雄大さがわかる。雨の中挙行された開校式には藩主・斉昭も出席し、藩士、領内の神官、修験、郷士（領内在村の武士）ら三千名が列席したと伝えられている。

藩校内の建造物は、正門を入ると正庁（学校御殿）がある。これは弘道館の管理棟である。正庁の北と南にそれぞれ文館と武館が建てられた。文館は居学、講習、句読、寄宿の四寮と、教職詰所などからなっていた。

武館は北側の撃剣場、間の槍術道場、南の居合、柔術、長刀などの稽古場三棟からなっていた。南庭には武術訓練のための対試場を配し、正庁の北東に位置する四室は「至善堂」と呼ばれた。この四室は藩主の控え室、藩主諸公子の学習の場にあて

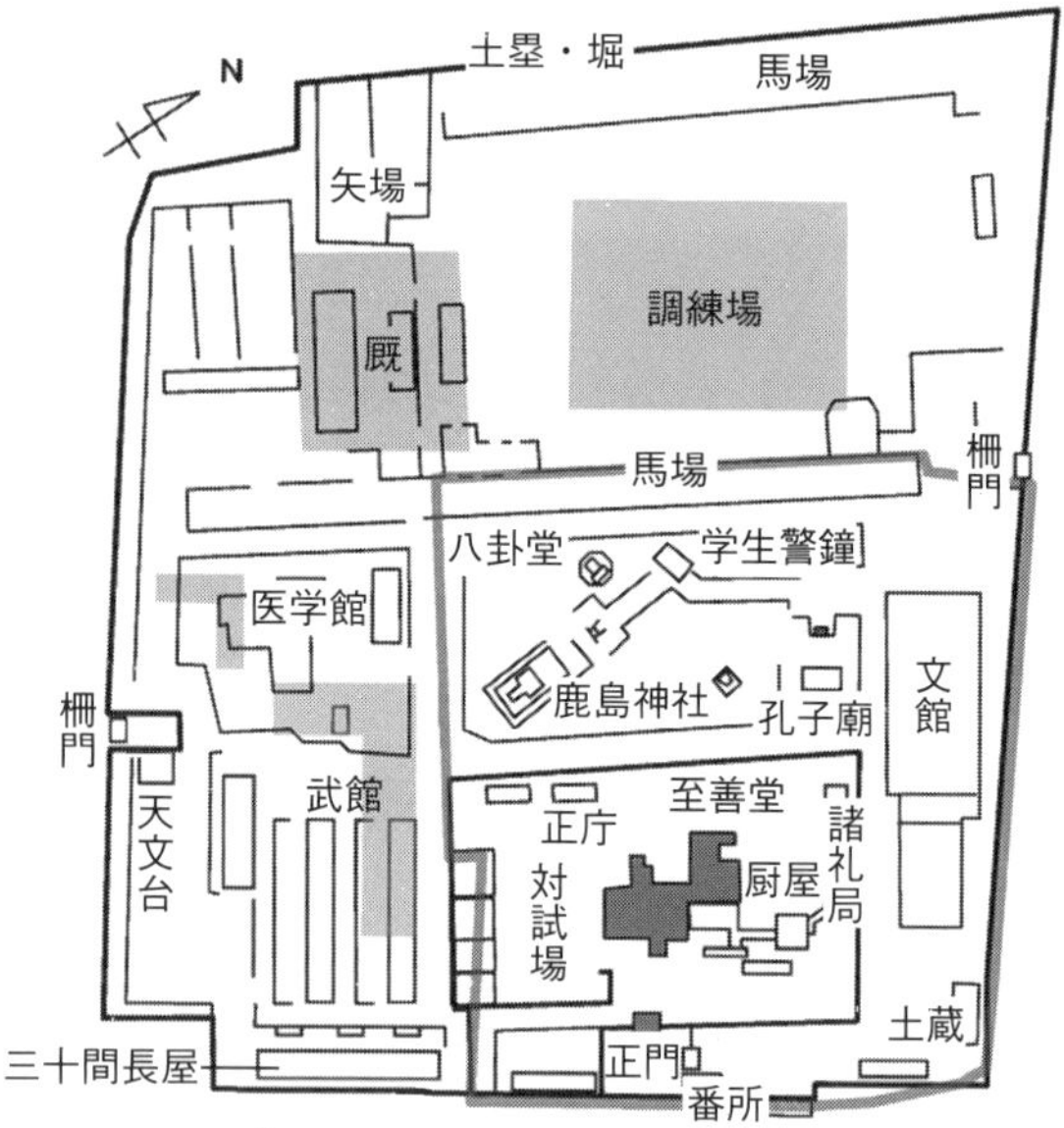

正　門：本瓦葺きの四脚門で、藩主が来館する際など正式の場合のみ開門した。学生や諸役人は通用門から出入りした。

正　庁：学校御殿ともいい、藩主臨席のもとで文武の大試験が行われたり、その他儀式などに用いられた。

至善堂：御座の間をはじめ４室からなる。藩主の休息所であり、また諸公子の勉学所でもあった。

対試場：武術の試験などが行われた場所。

孔子廟：弘道館建学の趣旨のひとつである「神儒一致」の教義に基づいて、儒学の祖である孔子を祀るために建てられたもの。

八卦堂：建学の精神の象徴である弘道館記碑を納めてある。

武　館：３棟からなり、剣術・槍術などを教えていた。

調練場：砲場・弓砲場・馬場・鉄砲場などがあった軍事練習場。

医学館：天保14年（1843）に開設。本草局・蘭学局・講習寮・製薬局・調薬局・療病所・牛部屋・薬園などからなる。

水戸藩校弘道館全体図
（茨城県弘道館事務所提供）

られていた。

このほかに孔子廟、建学の精神を藤田東湖が漢文で認めた「弘道館記」を刻んだ石碑が納められた覆堂である八卦堂、鹿島神宮から分祀された鹿島神社、弘道館内の人々に時を知らせる鐘を納めた「学生警鐘」などが整備された。

開校二年後には武館の西側に牛部屋や薬園を持つ医学館が開かれ、活発な医療活動が行われるようになった。この頃この地方でも天然痘が大流行したため、斉昭や藩医たちが積極的に種痘を行って、流行を抑えた。また、斉昭の提唱で、「水府医学館」の名でコレラの手当法をわかりやすく解説した印刷物を藩内に配布したりもした。

藩校での教育は十五歳から行われた。それ以前は城下の私塾で素読などの基礎教育を受け、十五歳になると塾の教師が弘道館への入学願いを出すことになる。弘道館へ入学すると、講習生と呼ばれ、十人ずつ組になり会読し、次に組ごとに輪読する。生涯教育を原則とし、卒業はなく、四十歳以上の通学は任意とされていた。

月二回行われる「試文」の結果、学力優秀と認められれば、居学生に昇進することになる。居学生になると三畳間に押し入れ付きの個室が与えられ、教授頭取（校長）の講義を受けることができ、毎年一回秋に行われる「文武大試験」を受けることができた。

学生の出席日数は、身分の高い者ほど出席すべき日数が多く、布衣（ほい、御目見得できる者）と三百石以上の当主と嫡子は月に十五日、二男以下物頭と百五十石以上の当主と嫡男は月に十二日、二男以下と平士の当主と嫡男は十日、二男以下は八日、などと決められていた。

弘道館には藩の重職から学校総司、学校奉行が任ぜられて教育行政を司り、そのもとに実際の教育の統括をする教授頭取がおり、文館ではその下に教授、助教、訓導、その他歌学教師、諸礼教師などがいた。武館では、種目、流派ごとの師範と手副（助手）がいた。そして教授頭取は小姓頭、教授は小姓頭取、助教は小納戸というように、藩士としての職務を兼ねることになっており、学問・事業一致の方針が人事面に生かされている結果ともいえよう。

一方、武芸には兵学、軍用、射術、馬術、剣術、槍術、柄太刀、薙刀、居合、砲術、火術、柔術、杖小太刀、水術の各科目があり、学生は希望によってそれぞれ科目を選び、上達を目指した。

このように水戸藩校弘道館は、その規模、陣容、教育内容などどれをとっても御三家の家格に相応しい壮大なものであった。そのため、全国の藩で幕末まで藩校がつくられなかったところが藩校づくりに乗り出した際には、揃って水戸藩の弘道館をその見本とした。

前途洋々たる船出をした弘道館だったが、弘化元年（一八四四）、国民皆兵路線を唱えた斉昭は、西洋近代兵器の国産化を推進、その過程で鉄砲一斉射撃事件を起こし、前年の仏教弾圧政策の罪に問われ、斉昭は幕命によって家督を嫡男の慶篤（一八三二～六八）に譲ったうえで強制隠居と謹慎処分を命じられた。

ところが時代の波が斉昭を必要とした。五年後藩政への関与が認められ、さらにはペリーの浦賀来航に際しては、老中首座・阿部正弘の要請で海防参与として幕政に復帰した。

斉昭はこのときとばかり、強硬な攘夷論を展開することになる。安政二年（一八五五）には幕府の軍制改革参与に就任、しかしこの年の安政大地震で藤田東湖、戸田忠大夫らのブレーンが犠牲になってしまう。そして阿部正弘が死去すると、開国を主張する大老・井伊直弼と鋭く対立することになる。十三代将軍・家定の後継を巡っても井伊直弼と争う。この政争で斉昭は敗れ、井伊直弼は独断で日米修好通商条約を締結する。そして斉昭は「安政の大獄」の際、水戸での永蟄居を申し渡され、事実上政治生命を絶たれることとなった。

斉昭が謹慎を命じられたことを巡って、水戸藩内は斉昭を擁護する改革派と、門閥派の家老を中心とする保守派の対立が再燃した。斉昭の改革を支持する者たちは天狗党を結成、尊王攘夷を声高に主張した。これに対する保守派は諸生派と呼ばれ、その対立は弘道館に持ち込まれる。天狗党は水戸城内を拠点とし、諸生派は天狗党追討の主力が弘道館に立て籠もった。この抗争で水戸藩は統制を失い、桜田門外の変、天狗党の乱などを引き起こし、弘道館戦争へと突き進んでしまう。

明治元年（一八六八）、会津や北越から舞い戻って弘道館に入った市川三左衛門（一八一六〜六九）が率いる諸生派の一隊が、水戸城にいた尊攘激派と交戦した弘道館戦争は、天狗党と諸生派の最後の決戦の場となった。弘道館正門の柱には、砲弾の痕がいまも生々しく残っている。

こうして水戸藩は藩創立以来の財政難と幕末の藩論統一ができず、斉昭が存在感を示した場面があったものの、幕末政局で一度も主導権を握ることは叶わなかった。

紀州藩校学習館 —— 和歌山県

御三家のひとつ紀州藩は、紀州一国三十七万石のほか、伊勢南部に十八万石の所領があり、その他の飛び地を合わせると石高は五十五万五千石に達した。大坂夏の陣のあと福島正則が改易され、それまでこの地にあった浅野幸長が安芸広島に移されると、元和五年（一六一九）徳川家康の十男・徳川頼宣（よりのぶ、一六〇二〜七一）が入って、紀州藩が成立した。

藩祖・頼宣はそれまで駿府藩主だったが、五十五万石余りの石高を得てとても家臣の数が足りず、多くの浪人を召し抱えた。同時に学問への関心も高く、多くの儒者を高禄で召し抱えた。

その中には那波活所、永田善斎、李真栄らの著名な朱子学者も含まれていた。こうした頼宣の政治姿勢は、慶安四年（一六五一）に起きた由井正雪の乱への関与を幕府に疑われる結果を招いた。

二代藩主・光貞（みつさだ、一六二七〜一七〇五）もまた、学問と武道、文武両道を修めるよう藩士に勧め、自らは古義学派の儒者・荒川天散、朱子学者・榊原篁洲（こうしゅう）を新たに召し抱えた。そして藩士にこれら儒学者の開く家塾に通って学問をするよう勧めた。

こうした好学な藩主が続く中で、紀州藩で初めて藩内に学校を設立したのは、あの吉宗である（五代藩主、一六八四〜一七五一）。吉宗は和歌山城下湊河岸というところに正徳三年（一七一三）、講釈所という学問所を開いた。講釈所では、藩の儒者が『論語』などの講義を行ったが、なかなかの盛況だった。古義学派の儒者・蔭山東門（かげやまとうもん）、朱子学者の祇園南海の講義には、百七、八十人の聴衆が集まったといわれる。

この三年後、吉宗は将軍家を相続、八代将軍に就任する。同時に、二百人を超える紀州藩士が吉宗に供奉して江戸にのぼり、幕臣に組み込まれた。このため紀州藩としては、支藩（伊予西条藩）から宗家を相続、六代藩主に就いた宗直（むねなお、一六八二〜一七五七）は藩体制の建て直しが急務とされた。

にもかかわらず宗直もまた、講釈所に『四書』『五経』などの漢籍を寄付するなど、積極的な運営を心掛けた。また、京都から古義学者の伊藤蘭嵎（らんぐう）を新たに召し抱え、講釈所の講師陣を強化した。ちなみに蘭嵎は、高名な儒学者伊藤仁斎の子である。

宗直の時に起こった享保飢饉は領内全域を襲い、石高の六割を損耗させる大惨事となった。藩財政が極端に逼迫し、宗直は幕府から二万両の借金をして切り抜けるしかなかった。紀州藩は将軍家と近いため、これ以後財政的に幕府依存を強め、一方でこれが幕府財政を悪化させる一因にもなった。

こうした財政難もあって、九代藩主・治貞（はるさだ、一七二八〜八九）が講釈所を訪れたときには、往時に比ぶべくもなく寂れていて、治貞は嘆息したと伝えられている。

状況の打破に乗り出したのは、十代藩主・治宝（はるとみ、一七七一〜一八五三）だった。治宝は慢性的な財政難と停滞する藩運営を活性化するために、藩政改革に着手した。

寛政元年（一七八九）、藩主に就任した翌年、初入国した治宝が最初に行ったのは、講釈所の再建であった。講堂を素早く増改築し、新講堂を「学習館」と命名、儒学者の山本東籬（とうり、一七四五〜一八〇六）を責任者として、運営にあたらせた。

山本東籬はすぐに「学習館規則」を定め、学問は朱子学とし、督学の下に講官、通官、授読、筆記などの教師を決め、家臣の教育にあたらせる体制を整えた。治宝は学習館完成の翌年、さらに和歌山城下に医学館を創設、遠く江戸在住の家臣教育のために、赤坂の江戸藩邸の中にも明教館を設けた。また、当時藩領だった松坂城下（三重県松阪市）にも学問所を設けた。

学習館の就学年齢は八歳で、三十歳まで家臣とその子弟は必ず学ばなければならなかった。

授業は素読（生徒一人ずつに一字一句の読み方を教える）、講釈（生徒を一堂に集め、講義をする）、会読（生徒約十名を一組として、教科書の一節を読ませ、生徒各自に疑問点を質問させ、教師が答える）と進み、段階を追って高度なところへ進むように工夫されていた。

素読は毎日午前八時から正午まで、講釈は毎月九回、会読は藩士は毎月三回、藩士の子弟は毎月十二回行われた。授業時間は素読は毎日午前八時頃から正午頃まで、講釈は毎月九回、午後二時頃から四時頃まで、会読は藩士に毎月三回、藩士の子弟には毎月十二回、正午から午後二時頃まで行われた。

試験は生徒だけを対象とした素読試験と弁書、生徒と有志を対象とする判事と策問の四種類があった。

素読試験は毎年四回行われた。四書五経の読み方を試され、年齢によって出題範囲が異なった。読み誤りのない者を上の上とし、下の下まで九段階に評価された。弁書は会読生に対し、春秋二回行われ、半年間に習った教科書から一章または一節が出題され、解釈と所見を答えさせた。判事と策問は三年に一回の実施だった。

判事は政治課題について論文形式（普通文）で答えさせ、策問は政治課題と儒学経典の解釈を漢文で答えさせる、非常に内容が高度なものであった。
成績優秀者には賞品が与えられ、とくに策問の優秀者は重職に取り立てられることもあったという。教員数は五十名で、生徒数は少ないときで二百名、多いときには六百名を超えた。

文政六年（一八二三）、紀ノ川流域で「こぶち騒動」と呼ばれる大規模な百姓一揆が勃発、治宝は責任をとる形で、翌年家督を譲った。しかし、治宝の隠居は財政援助を受けつづける幕府の圧力に屈した形でのもので、実際には以後十一代・斉順（なりゆき、一八〇一～四六）、十二代・斉彊（なりかつ、一八二〇～四九）、十三代・慶福（よしとみ、一八四六～六六）の三代にわたって院政を敷き、権力を六十三年間、維持しつづけた。このため、この間は藩主側近と治宝側近の政争が絶えなかった。

治宝が権力の座にあった期間、紀州藩は藩校建設のほか、地誌の編纂、絵画、陶芸、茶道まで、めざましいばかりに文化的進化を遂げた。

治宝の祖母・清信院は賀茂真淵の門人で、国学者の本居宣長（一七三〇～一八〇一）は、清信院の屋敷だった吹上御殿で講釈を行っていた。

この縁で本居宣長と会見した治宝は、松坂在住のまま宣長を召し抱え、時に和歌山へ呼んで、『源氏物語』などを講釈させた。治宝の事蹟でもっとも大きなものに、『紀伊続風土記』の編纂がある。仁井田南陽はじめ藩の儒者たちを総動員して文化三年（一八〇六）から三十年の歳月をかけて天保十年（一八三九）に完成させている。幕府八代将軍・徳川吉宗が紀州藩主だった時代に記したとされる訓示、『紀州政事鏡』を著し、吉宗の権威を借りて自らの藩政改革の正当性を訴えた。

また、治宝は絵画にも親しみ、『春日権現験記』の模本（東京国立博物館蔵）を、藩の国学者・長沢伴雄や御用絵師・岩瀬広隆らに命じて描かせた。治宝自身も絵を描いたといわれ、菩提寺には治宝筆といわれる絵画が残っている。

茶道にも造詣が深く文政二年（一八一九）には、表千家九代・了々斎や楽家十代・旦入（たんりゅう）を隠居所の西浜御殿に招いている。三井北家六代・三井高祐が西浜御殿で手作りした茶碗に、治宝が亀の絵を描いたと伝わっている。このように治宝は陶芸に深く興味を示し、隠居所の庭で陶器を焼かせた御庭焼をはじめ、高松焼、男山焼などの御用窯を作って陶器を焼かせ、陶磁器生産を藩の主要産業に育てたいと考えていたようだ。しかし、それはあまり成果を上げなかった。

治宝が没して三年後の安政三年（一八五六）、海防強化のために和歌山城の南隣に、岡山文武場が開設され、主に武術の訓練が行われた。慶応二年（一八六六）、十四代藩主・茂承（もちつぐ、一八四四〜一九〇六）が行った藩内の軍制改革に伴い、藩校改革も行われ、学習館は岡山文武場に移転し、全体を学習館文武場と称することになった。このときから修業年齢もこれまでの三十歳から五十歳に引き上げ、二百名から六百名だった生徒数が数倍になったといわれる。漢文の素読試験に限り、百姓や町人も参加できるようになったことも、特筆すべきことだろう。

藩校は明治四年に廃校となったが、治宝以来蓄積されてきた蔵書は、現在「紀州藩文庫」が保管している。

第四節　大藩の藩校

幕藩体制を支えた大藩の藩校はどのように開校され、運営されたのか。ここでは譜代、親藩、外様にかかわらず大藩の藩校を見てみたい。

熊本藩（五十四万石）

大藩であったにもかかわらず財政窮迫のため藩政が滞っていた。このため六代藩主・細川重賢は藩政刷新を試み、綱紀粛正、財政建て直し、殖産興業の振興、法制の整備、藩校創設などの政策を次々と実行、大きな成果を上げた。重賢の政策は「宝暦の改革」と呼ばれ、全国から注目された。宝暦年間（一七五一～六四）に改革の一環として創立された藩校・時習館は教育内容とともに運営方式でも画期的とされ、西日本各藩からの視察が絶えなかった。

仙台藩（六十二万石）

東北の仙台はいわゆる〝学都〟と呼ばれ、明治以降、旧制第二高等学校をはじめ数多くの学校が創立された。仙台における学問や教育を尊ぶ伝統や気風は、江戸時代の仙台藩校・養賢堂にまでさかのぼることができよう。その高い教育水準がいかにして保たれたか、紹介したい。

加賀藩（百二万石）

外様大名前田氏の加賀藩は百二万石の大大名だった。加賀藩の藩校創立の意図は、武士ばかりではなく町民、農民、商人を含めた「四民教導」という開かれた教育理念だった。

薩摩藩（七十七万石）

同じく外様の薩摩藩は、名物藩主、島津重豪が藩校・造士館を創立した。「人を造る」から「造士館」と名付けられた藩校は明治三十四年、第七高等学校造士館と名乗るほど、長い間鹿児島の人の心に残った。

徳川幕府譜代の**彦根藩**（三十五万石）は幕府の大老五人を輩出するほどの近江随一の大藩だが、藩校稽古館は近江で三番目の開校と出遅れた。しかし、だからといって藩主たちは学問・教育に不熱心だったわけではない。そこにどんな事情があったのか。

各校を紹介していく中で、雄藩ならではの意識の高さを感じ取っていただけたらと思う。

熊本藩校時習館　――　熊本県

熊本藩は関ヶ原の戦のあと、加藤清正が五十二万石を領有したことで成立した藩である。清正は入府以来、日本三名城と讃えられる熊本城を築城した。城下町を整え、領内の道路網を整備し、灌漑用水の整備によって治水を図り、活発に新田開発を行った。こうしたインフラ整備に領民たちの評価は高く、現在でも「清正公（せいしょこ）さん」と呼んで人気がある。

清正が死去して二代目の忠広（ただひろ）は寛永九年（一六三二）、駿河大納言事件に関与したとして改易されてしまう。そのあとに入府したのが幕末までこの地を支配する細川家である。忠広が改易された年に初代・細川忠利（ただとし、一五八六〜一六四一）が五十四万石で入ってきた。忠利は当地で人気のあった清正公の位牌を先頭に掲げて入国し、その後旧加藤家家臣やその統制下にあった肥後国人を多数召し抱えたという。

名君、細川重賢

近世を通じ、熊本藩内では百姓一揆がなく（島原の乱は唐津藩領）、農民は豊かで治安も安定していた。しかし、藩の財政は火の車で、慢性的な財政難に喘いでいた。大坂の大商人から何度も借金をし、それを繰り返し踏み倒した。このため大商人たちからは「貧乏細川」といわれ、敬遠された。

実際、藩の困窮は目を覆うほどで、享保年間（一七一六〜三六）には、藩士の俸禄は百石につき手取りは十五石という有様だった。五代藩主・宗孝（むねたか、一七一六〜四七）は十六年間藩主の座にあったが、公収の三割九分を課税できたのはわずか三年で、他の十三年は損耗がひどく、もっと低い税率でしか課税できなかった。

こうした惨状に本気で手を付けたのが、六代藩主・重賢（しげかた、一七二一〜八五）だった。前の五代藩主・宗孝は延享四年（一七四七）、江戸城中において人違いで旗本・板倉勝該（かつかね）に斬られて死去していた。勝該は宗家の板倉勝清に恨みを持っており、江戸城内で惨殺しようと狙っていたが顔を知らず、家紋が似通った宗孝を間違えて襲ってしまったのだ。細川家は急遽家紋を九曜紋から「細川九曜・離れ九曜」に変えるとともに、宗孝の弟の重賢が家督を相続、藩主に就任することになったのである。

重賢による本格的な藩政改革は、重賢が初めてお国入りした寛延元年（一七四八）から始められた。その改革は何よりもまず、役人の綱紀粛正に重点が置かれた。家中に対して財政再建を訴え、何事も清廉に行うこととし、私欲や依怙贔屓をやめ、役人の不正を排す。取締の役人の権威を高め、不正を一掃する。困窮の中でも文武の鍛錬を怠らないようにする。これが重賢の改革の第一歩だった。四年後、いよいよ本格的な改革が始まった。大奉行に堀平太左衛門を登用するなどの機構改革を行い、財政改革と藩士の意識改革を同時に進めることとした。

財政改革の柱は、①商品生産を把握し、藩専売方法の確立、②農民の階層分化に対応した税体系の確立、③城下の大商人と協力して貨幣収入の増加策を模索、の三点である。

行政改革では奉行所の役割を明確にして、藩政務の中核機関として位置づけた。さらに藩士の知行は、家禄としてすべて世襲になっていたが、慶安二年（一六四九）以前の知行は全額相続させるが、それ以後の新知、加増分は相続に際して減額させる「知行世減の法」を施行した。

辣腕をふるった重賢の藩政改革は「宝暦の改革」と呼ばれたが、その中でも藩士の意識改革にもっとも効果が上がって注目されるのは、「刑法」の改正と藩校時習館の開校だった。

刑法については奉行所に新たに刑法方を設け、穿鑿（せんさく）役を置いて、司法担当として行政を分離した。この時代、どこでも司法と行政はまだ不分離で、進歩的な制度を採り入れたことは高く評価される。

こうした改革の諸点を記した『刑法草書』には、重罪人刑罰がそれまで死刑と追放刑しかなかったのを改め、追放刑をなくし笞刑（鞭打ち）と徒刑（懲役）を設けたことなどが記されている。さらに罪人の二の腕に入れ墨をしていたのを廃止し、代わりに眉を剃らせ、社会復帰を容易にしたことも、画期的な改革といえよう。この『刑法草書』は明治憲法下の刑法の手本とされ、司法畑に熊本から多くの人材が採用された。

領内には和蝋燭の原料になる櫨（はぜ）の木が多いことから、重賢は櫨の作付けを奨励し、「櫨根帖」を作成、管理を強化した。

また、製蠟所を藩直営として、すべての櫨の実を国外移出禁止とした。また、養蚕も奨励され、担当者を京都などへ派遣、技術を習得させた。この頃小物成（米以外の収穫物）も好調に推移した。こうして宝暦から安永年間にかけて、年貢の徴収率は石高の四割を上回り、藩財政は好転を見せた。この時期検地も行われ、七百町歩もの隠し田を摘発することに成功している。

重賢は藩主に就任して以来、役人の綱紀を正さなければならないことを痛感していた。当時出された意見書にはこう書かれている。

「お侍の十人中八、九人は義理を忘れてしまった。こびへつらいに明け暮れ、立身ばかりを心掛けている。昔は郡代（郡村行政を司る）、奉行（各部局を司る）などの職はみなが嫌っていたが、（作今は）奉行になると急に裕福になると聞く。このように不義の富を求め、義理を忘れ、利欲を追い求める者が役人になるならば、藩の利益は二の次にして、自分の利欲追及を先に考えると思われる」

このような風潮を改めようと、藩士の意識改革を図るための方策が考えられた。不正の取り締まりにも、特産品の奨励においても、政策の弾力性が感じられるのは重賢の人間力のゆえであろうと思われる。

名門、時習館

こうして重賢の宝暦改革の一環として計画された藩校は、宝暦五年（一七五五）に熊本城二の丸の一角に完成した。学寮を時習館と名付けたのは、『論語』の一節、「子曰く、学びて時に之を習う、亦説《よろこ》ばしからずや」から取ったものだ。

学寮を時習館、武芸道場を東榭（とうしゃ）、西榭（せいしゃ）とし、翌年の正月、藩主・重賢も出席して、開校式が挙行された。総教（校長）には藩の重臣・長岡内膳、初代教授には医師で儒学者の秋山玉山（一七〇二〜六三）が就任した。秋山玉山は、四代藩主・宣紀（のぶのり、一六七六〜一七三二）に見いだされ、儒学を学ぶため、江戸の昌平黌に派遣されていた。十年間昌平黌で研鑽を積み、熊本に帰って五代・宗孝、六代・重賢に仕えた。

玉山はもともとは朱子学者だが、荻生徂徠にも学んで学問の幅を広げ、一学派にとらわれない柔軟さを持ち、学風は折衷学派とされる。時習館の教育に関して重賢は玉山に、「お前は国の大工だ。若者どもを指導するには、一カ所に橋を架けぬようにして、向こう岸に渡してくれよ」といったと伝えられる。多彩な人材を幅広く育てよとの意味であろう。

実際、時習館は藩士の子弟ほか、士分以下の軽輩、陪臣の子弟も入学することができた。さらには農商の子弟も、成績優秀な者は推薦で入学が認められた。時習館の教育は学問中心のようだが、藩校では学問関係の師が二十名に対し、武芸の師は四、五十名にのぼった。文と武は車の両輪のように考えられて教育が行われた。

七、八歳になった藩士の子弟は、句読師の門人となり、その師について時習館に出席した。このような生徒は句読斎と呼ばれ、『孝経』、四書五経の素読に取り組む。

十五、六歳になり『左伝』を一人で読めるようになると、より程度の高い蒙養斎（もうようさい）に昇格して、その中で進歩が著しい者は『文選』『史記』『漢書』などを読ませた。この生徒を講堂生と呼んだ。そして講堂生のうち成績優秀な者を菁莪斎（せいがさい）として入寮させ、三年を一期として勉強させた。これが藩から扶持米が支給される居寮生である。

試験は月次と定期があった。月次は月に一回、定期は一年おきに春と秋に試験を行った。月次試験には教授、助教、学校目付、訓導が列席して、居寮生二名と外生には輪講、句読斎には読書、習書生には席書を課した。

文芸の試験は教授、助教が担当し、講堂生には儒学の一部分を選んでその解釈を述べさせた。習書生は半切紙に五字、七字または全紙に二十三字、五七言や三十字ほどが課せられ、できる者は総教の求めに応じ五七絶句などを書いた。算術は総教の前で師範から算題を与えられ、すぐに解答することに決められていた。

武芸は学校目付が担当し、馬術は追廻馬場で、その他は東榭で試験が行われた。

こうした試験で学業優秀と認められた者は、居寮生には毎年銀五枚または米十俵、士分で留学が七年に及ぶ者は藩主から紋付きの麻裃が贈られた。居寮生の大きな名誉は江戸などへの遊学だったが、これは滅多にないことでのちに横井小楠（しょうなん、一八〇九～六九）のほか数名しか認められなかった。とはいえ、皆の大きな励みになったことだろう。

軽輩、陪臣、農商の子弟からも句読斎から講堂生に進んで、居寮生に選ばれる者も出た。その典型が、杉島御総庄屋の倅と、百姓・奥七、そして木葉町（玉名市木葉）の農民・庄助が、居寮生に選ばれたことであろう。苗字のない者が居寮生に選ばれると、苗字を許され、知行取りの儒者の支配下に入ることになる。この庄助はのちに上京を命じられ、四年間の遊学までしている。その後熊本に帰り、母校時習館で和学および詩学の指南にあたった。他に郡代の下級役人・原甚吉は算学指南、木下宇太郎と栃原助之進は訓導に登用された。

初級の句読斎は創立当初は四百名程度だったが、のちに五百名にまで拡大した。また、講堂生は三百七十名程度、居寮生ははじめ十七名だったが、幕末には二十七名になった。算学の生徒も百名以上にのぼった。そして武術を学ぶ者は、一人の師範のところに五、六百名も押しかける光景も見られた。

特筆すべき再春館

もうひとつ藩校の特筆すべき特徴は、時習館が開校した翌々年の宝暦七年（一七五七）、医学寮を創設したことである。

すでに私塾を持ち、重賢をも診察した盲目の医師・村井見朴（けんぼく、一七〇二～六〇）に、「幼児を失う悲しみや不治の病の苦しみから人々を救うのが急務」だとして、医学寮「再春館」を開設させたのである。時習館総教・長岡内膳が開講式に出席、藩主・重賢の教育方針を示した「壁書」を館内に掲示した。

それには、①医の道は、仁術を基本とする。身分の高下、貧富の差、謝礼の多少を問題とせず、もっぱら医師の本分を守るべきこと、②学問を第一に考え、これを治療の基準とすべきこと、③寮生は師の教えに従い、漢籍のようなものは時習館で学び、ここでは本業の医学に専心すべきこと、が掲げられた。

再春館開校の際に応募した生徒は二百三十九名、すでに職に就いている官医や経験を積んだ医師を加えると、二百六十九名に達した。見朴の息子の椿寿（ちんじゅ、一七三二～一八一五）も入学し、盲目の父の手を引いて講壇に上げ、講義の手伝いをしたと伝えられる。

再春館開校と同時に薬園が創設された。現在の熊本市薬園町に五百坪（のちに増設）の薬草園を作り、蕃滋園と名付けた。明治になってこの薬園は第五高等学校、そして熊本大学薬学部に引き継がれた。

教育内容は本道（内科）、外科、眼科、小児科、産科、口科、鍼科、按摩科の八つ。外科は金創科（外創科）、そう瘍科（腫瘍や腫れものと皮膚科）、整骨科（整形外科）などを含んでいた。このほかに引経科（解剖学）、物産科（薬物の性能）があった。

医学は進歩するものだからと、講義録ものちに教科書として使われた。内科、外科ともに試験があり、手術や鍼の試験も行われた。大医、上医、良医、名医、功医などと判定された。時期は下るがのちに西洋医学も取り入れられ、西洋原書を翻訳し、和文を洋文に訳すこともあったという。

再春館は漢方医学の本山として熊本藩の医療を支配しつづけ、西洋医学の公式導入を抑える役割をしてきた。明治三年（一八七〇）になって、十二代藩主・護久（もりひさ、一八三九～九三）は、横井小楠の門下を次々と登用するなど藩政の大改革に着手した。医学の面でも再春館を閉鎖、新たに洋式医学校を設立した。こうして再春館は時習館とともに、百十五年の歴史を閉じたのだった。

幕末熊本藩は、藩論が統一できず、勤王党、実学党、時習館党の三つに割れた。実学党の中心は横井小楠で、公武合体を主張し藩政改革を図ったが失脚。安政五年（一八五八）福井藩主・松平慶永（よしなが）に誘われて政治顧問として福井藩に赴いた。しかし、文久二年（一八六二）、江戸留守居役らと酒席をともにしているところを刺客に襲われ、一人逃亡した罪に問われ、翌年熊本藩籍を剥奪された。勤王党の中心人物、宮部鼎蔵（ていぞう）もまた池田屋事件で死亡。この結果、門閥や家老らが中心の時習館党が藩政の実権を握ったかに見えたが、藩論を統一するまでには至らなかった。

熊本の人材発掘と人づくりの基盤となった時習館はいま、熊本城二の丸広場に史跡を示す標柱を残すのみである。

三　仙台藩校養賢堂――宮城県

宮城県域の近世は、奥州の独眼竜正宗こと、伊達政宗（一五六七～一六三六）によって切り開かれた。奥州伊達氏は鎌倉時代初期に始祖の朝宗が、源頼朝によって伊達郡を与えられて以来、十七代の正宗に至る四百年以上の歴史を持つ名家である。

戦国時代、足利将軍家をはじめ、大内、土岐、山名、斯波など鎌倉時代から続く名家が次々と没落していく中で、時に天下を狙う位置にまで顔を出し、織田、豊臣、徳川の世を通じて、みちのくの大大名の地位を守りつづけた。これはひとえに正宗の時代を見る目の確かさと、卓抜した指導力による実行力に依拠していた。

関ヶ原の戦のあと、確定した伊達家の所領は、宮城県全域、岩手県域南側の胆沢、江刺、気仙、磐井の四郡合わせて約六十万石、それに福島、茨城、滋賀各県域に散在する二万石余りを合わせて六十二万石にのぼる。

これは同時期、幕府直轄領の四百余万石を除けば、加賀前田家の百二万石、薩摩島津家の七十七万石に次ぐ、第三位の超大藩ということになる。しかもその後の新田開発により幕府も認めた内高は百万石を超え、実際の石高はさらにそれを大きく上回って、全国一の大藩であった。

米どころの藩経営

江戸時代前期は各地で新田開発による増産が図られた。仙台藩領でとくに目立つのはそれだけの理由があった。

第一に膨大な家臣団を養っていくための必要性だ。仙台藩は直属の家臣が約一万名、これに仕える陪臣が約二万四千名、計三万四千名もの武士がいて、これらを養うための知行高だけで、表高を超える六十二万百五十九石にのぼった。米以外にめぼしい産物がなかった仙台藩は、新田開発による領地の拡大こそが唯一の方策だった。

第二に、江戸時代初期の仙台領地には、水田化が可能な広大な未耕地があったことである。仙台平野はかつて北上川、迫川、迫波川などが氾濫するたびに流路を変える氾濫原で、野谷地と呼ばれる原野と大小の沼が広がっていた。藩は水害防止と用水の確保のための河川改修を積極的に進める一方、開墾した新田には数年間年貢を免除するなどの奨励策を採った結果、表高の六割弱にあたる新田開発に成功したのである。

第三には、こうして増産された米を、大消費地の江戸に送って、集荷から販売に至るまでのシステムと流通ルートが整備されたことだ。米の集荷に大きな役割を果たしたのが、正宗によって考案された専売システム「買米仕法」である。

これは端境期に農家に無利子で貸し付け、収穫期に時価で、貸付金相当量の米を収納する方法だ。取り入れまでの農家の生活費と営農資金を無利子で提供するこの制度は、「御恵金」と称して農民も歓迎した。

こうして藩によって一括集荷された米は、舟運で北上川を下り、河口の石巻から千石船で東廻り航路を経由して江戸深川佐賀町（東京都江東区）の仙台藩深川屋敷まで運ばれ、競り売りされた。江戸には毎年二十万石の仙台米が運ばれ、これらの米は「本石米」「本穀米」と呼ばれて、江戸で流通する米の実に約半分を占めていた。

仙台藩の藩内統治は、他の藩とは大きく異なっていた。その著しい特徴は、俗に伊達四十八館といわれる上級家臣による分割支配である。

伊達家には一門、一家、準一家、一族、宿老、着座、太刀上、召出といった家臣団の厳重な身分序列があり、うち着座以上は領内の要所に城、要害、在所、所などと呼ばれる館と知行地が与えられて、独自の経済力と軍事力を持っていた。

亘理の伊達（二万三千八百石）、角田の石川（二万三千三百石）、白石の片倉（一万八千石）など一万石以上の大名クラスが七家、総体としては四十八館どころか、約二倍の九十館もあったのである。

こうした分割支配は、領内経済の活性化などでは振興を競い合うという利点も生まれた。そして分割された地域では独特の文化や産業を生んだ。たとえば、領主・片倉氏の奨励で発展した白石の紙、これから触れる藩校・養賢堂よりも四十五年も早く設けられた岩出山の有備館をはじめとする各地の郷学校はその典型といえよう。

しかし、いったん藩主の統率力が衰えたときには、それぞれが強力な地盤を持つ重臣たちの間での主義主張や利害の対立は収拾がつかなくなるおそれがある。それが現実のものとなったのが、伊達騒動で有名な、寛文事件である。

この事件は三代藩主・綱宗（つなむね、一六四〇〜一七一一）が遊蕩に耽って隠居逼塞の身となり、まだ二歳の亀千代（のちの四代藩主・綱村）があとを継ぐという藩政の求心力が著しく失われた時期に起こった。御家の乗っ取りを企む伊達兵部と原田甲斐らと、それを阻もうとする伊達安芸らとの争いに焦点が当てられて、『伽羅先代萩』など歌舞伎や講談では語られる。

しかし、紛争の本質は藩政の在り方に対する主張の相違から生まれた重臣間の派閥抗争で、伊達兵部派の強圧手段が自ら墓穴を掘ったものだった。このようなまとまりの悪さは、仙台藩政にはこのあとも付きまとい、幕末維新の変革期にも藩論の統一が容易になされず、結局、内部の対立抗争によって、勤王・佐幕両派ともに多くの犠牲者を出す結果となった。

これから論述する藩校建設の進め方にもそうした内部対立が色濃く反映されることとなる。にもかかわらず、好学な藩主やそれを推進する学者たちの熱意で、大藩に相応しい藩校教育が実現する。先走っていうならば、藩校養賢堂の精神は後裔の東北大学、宮城県仙台第一高等学校に流れているともいえよう。

学問所から養賢堂へ

伊達家の当主は代々、学問への熱意にかけては他藩主にひけはとらない。

初代の正宗は幼時、臨済宗学僧・虎哉（こさい）に育てられた。江戸では林羅山と付き合いがあり、儒学への関心を示したという。二代藩主・忠宗（ただむね、一六〇〇〜五八）は儒官を初めて登用した。また、三代藩主・綱宗でさえ、隠居後の日々は文学や芸術に親しんだという。四代藩主・綱村（つなむら、一六五九〜一七一九）はもともと学問愛好家で、儒官らとともに『伊達治家記録』を編纂し、文化発展を全領に行き渡らせるべく努力した。

しかし、綱村自身が伊達一族の諫言を押し切って、財政を顧みなかったことから押し込めの身となって隠居。ようやく五代藩主・吉村（よしむら、一六八〇〜一七五二）の代になって、綱宗、綱村二代にわたって蓄積した藩財政の赤字解消に積極的に乗り出して危機を脱する。

吉村が改革に着手したとき藩財政は単年度十二万両以上の赤字を出していた。これを吉村は藩の役職を整理縮小するなど機構改革を行い、さらに幕府に願って藩領内生産の銅を使用することを条件に、銅銭（寛永通宝）を石巻で鋳造し、それを流通させることで利益を生み出した。そして「買米仕法」を再編強化して、大半の米を江戸へ廻漕して換金した。

享保十七年（一七三二）、西日本は享保の大飢饉に襲われた。しかしこの年奥州は大豊作だったため、大量の米を江戸へ送って売り捌き、仙台藩は五十万両を超える収益を上げた。こうして藩財政は好転し、単年度で黒字になるところまで回復したのだった。

吉村は藩政改革の一環として、人心一新を図るための学校建設を提案した。

享保六年（一七二一）、同十三年、同二十年と相次いで学校創立について儒官の芦東山（あしとうざん、一六九六〜一七七六）が建言を行ったが、聞き入れられなかった。

しかし、それより少し遅れて財政再建の目処が立った元文元年（一七三六）、藩の儒官・高橋玉斎がより具体的な藩士の子弟のための学校建設を提案、藩主・吉村はこれを受け入れ、この年北三番丁に学校を建設したのである。学問所と呼ばれたこの学校が、のちの藩校・養賢堂の前身となる。

翌年、学問所で講釈、読書指南を務めていた儒官の芦東山は、学問所における学生の席順と講師、監督官の座席に関する改革案を提出した。

主な趣旨は、「学生の席順は家柄によらず年齢順とする、講師、監督官の席順に家筋、役目、俸禄の高下をなくする、藩の重役が臨席しても当日の講釈を担当する講師が最上位につく」というものだったが、当時としては急進的な意見だったため、藩重役の批判を浴び、翌年処罰を受け、それから二十四年間幽閉されてしまう。

このことは学校を取り巻く藩内外の環境をよく表している。そして学問所はこのことをきっかけに、衰退してしまう。出席者が誰もいないため、休講する日がたびたび重なり、藩は「諸士の学問への志が低く、父兄の教えもないため」と原因を分析したが、学問所の規模が小さく、教師たち、とくに高橋玉斎と芦東山が対立したため、休講が続いたという事実もあったようだ。

学問所は宝暦年間（一七五一～六四）には講学を中止するなど、まったく衰えてしまったが、七代藩主・重村（しげむら、一七四二～九六）が学校改革に乗り出す。

まず北一番丁勾当台（こうとうだい）通に学舎を移し、安永元年（一七七二）重村は学問所を「養賢堂」と改め、同九年に初めて学頭職を置き、儒者の田辺楽斎を指名した。しかし、期待されて三十年もの長い間その職にあり、藩主のアドバイスなどもあって数々の施策を打ったにもかかわらず、教育の実態は低迷を続け、各方面から厳しい批判を受けることになる。

そこで藩が白羽の矢を立てたのが、江戸昌平黌出身の大槻平泉だった。平泉は磐井郡中里村の生まれで、のち昌平黌の舎長となった人物で、儒学を修め、学校の仕組みをここで学んだのだった。青年期には大槻玄沢の息子・玄幹とともに長崎や紀州など全国を歴遊、見聞を広めている。

文化三年（一八〇六）、仙台藩儒員となった平泉は、藩校・養賢堂の改革案を提出する。「規模を拡大すること、学頭職に権力を集中させ強化すること、歴史、文章、天文、地理、律暦、法律、書数の教授、武芸の稽古、開墾による独立採算、城下の三、四カ所に学校を建設する」などの平泉十八条の提案だった。

これが藩によって受け入れられると、平泉自ら学頭に就任、学制刷新に乗り出していく。領内の荒廃地を開墾して三万石を獲得、その収入を学校経営に充てた。

仙台藩校養賢堂正門（泰心院山門）
（仙台市教育委員会提供）

学問は主に『孝経』『小学本註』『四書集註』などを教材として学んだ。

対象は八歳からで、三度落第したら退学という決まりだった。藩内各地の郷学校から成績優秀者が養賢堂に集うようになった。大槻平泉が養賢堂の学頭に就任して間もなく、大槻玄沢らによって、洋学（蘭学、露学）が教授されるようになる。これは平泉の息子・大槻習斎（一八一一～六五）や親族にも引き継がれ、仙台藩は他藩に比べきわめて高い教育水準をこののち保ちつづけることになる。いわば、大槻平泉は学都仙台の中興の祖、といっていい。

幕末の「仙台年中行事絵巻」によると、「（養賢堂）構内には孔子の聖廟を置き、春秋に釈菜（せきさい、孔子を祀る儀式）を一日と十五日には小祭を行った。教科は文武礼楽書数であり、教員百有余名が分掌して勧誘・訓導した。歳末の試験の優秀者には賞品を授与するなどし、月一回、藩主自ら優劣を付けた。また遠隔地の者には寄宿寮に入れて授業した」という。

習斎は平泉没後、四十歳のときから学頭職を継ぎ、十三代藩主・慶邦（よしくに、一八二五～七四）は養賢堂にたびたび足を運び、試験に立ち会うなど学生たちの学問への士気を高めた。また安政四年（一八五七）、仙台藩は海防充実のため軍艦建造を行ったが、これを養賢堂に任せた。完成した洋式軍艦は「開成丸」と名付けられた。この軍艦はわが国洋式軍艦の始まりとされる。

また、庶民のための日講所を養賢堂内に設け、全国でも例のないロシア語科を開設した。全国の藩校を調べて参考にしようとした鍋島藩主・鍋島閑叟（かんそう）は、「全国的に隆盛を誇り、数学や洋楽を含めて教授しているのは仙台の養賢堂である」と讃えている。

養賢堂の学頭に平泉が就任して、教育改革を推進したときに真っ先に手を付けたもののひとつに、医学校の分離がある。それまでも宝暦十年（一七六〇）、医員の別所玄季や常磐玄安が医学講師に任じられて、医学講釈を行っていた。この二人は一カ月十五日交替で医学書の講義を行い、藩医だけでなく、町医も参加させていた。平泉は養賢堂医学講師だった渡部道可の意見を入れ、藩主に建議し、蘭学者で仙台藩医であった大槻玄沢の後押しも加わって、医学校独立に動いた。

早速、百騎丁（現在の仙台中央警察署内）に医学館が設立され、初代学頭には渡部道可が就任した。学頭の下に副学頭、助教、句読師などの職制が整えられ、内科、外科、小児科、婦人科、眼科の講義が行われた。さらに医学校には施薬所が設けられ、一般の人々を診療するとともに、医学生のための臨床実習の場となった。施薬所はいまでいう付属病院にあたる。施薬所で調合した薬種、軟膏、油薬などを藩内の御用薬種商に販売させたり、一般に販売されている売薬の検査を行って、売薬税を徴収して、医学校の経費に充てていた。文政二年（一八一九）には、付属薬園を設け、薬用植物を栽培し、施薬所で使う原料を供給した。

当時、医師になるには八、九歳頃に医学校に入学した。藩医の子弟以外でも士分の資格があれば入学が許された。侍の二三男、庶民の子弟でも志ある者はいったん寺侍になり、士分の資格を得て入学することができた。

医学校には寄宿舎も設けられており、領内遠方の者を住まわせていた。寄宿舎は三十名ほどの収容人数があり、食費は藩費で賄われた。年末に勤怠が試験され、優等生には翌年正月に金や医書が褒美として支給された。

医学校初代学頭に就任した渡部道可は、医学校の整備拡充に努め文政五年（一八二二）、蘭科を開設した。これは医学校としては日本最初の西洋医学講座である。

三月には、佐々木中沢（ちゅうたく）を医学校助教に迎えた。中沢は大槻玄沢の高弟で和蘭医学を学び、蘭方外科の第一人者といわれた人物である。医学校では外科を教授した。翌年、中沢の推薦で蘭方内科に精通した小関三英（さんえい）を迎えた。

ところが、渡部道可が文政七年に急逝すると、漢方医で藩の奥医師の重鎮が学頭に就任。時代の先頭を走っていた先進的な学風は影を潜めてしまった。

仙台出身の商人で、蔵書家でもあった青柳文蔵は天保二年（一八三一）、長年江戸で集めた書籍を藩に寄付、医学校敷地内に書庫を建造して、維持のための資金も寄付した。青柳文庫と呼ばれるこれらの蔵書は二万五千巻に及んだ。これらの書物は一般に公開され、わが国公立図書館の嚆矢といわれている。

また養賢堂にも一万七千冊の蔵書があったといわれ、この中には関孝和の弟子が算術の講師をしていたこともあって、珍しい和算の書籍が数多く含まれていた。だが明治維新に際し、青柳文庫の書籍は散逸、わずかに三千三百冊余りになったという。養賢堂文庫本も、第二次世界大戦の仙台空襲で大部分が焼失してしまった。現在、養賢堂の正門が、仙台市若林区の泰心院正門として、その名残りをとどめている。

加賀藩校明倫堂――石川県

加賀、能登、越中の大半を領地とした大名中随一の百二万石を領した加賀藩は、外様大名だったが、歴代、文化学問への関心が高い人物が藩主となった。

徳川家とは姻戚関係が強く、準親藩の地位が与えられてもいた。幕府内では他大名より官位も高く、伺候席も御三家や御家門が詰める大廊下であることなどから、御三家に準ずる待遇を受けていた。また、徳川将軍家にとっては陪臣である加賀八家にも武家官位が与えられるなど、他の外様大名とは別格の扱いを受けたのである。

加賀八家というのは、本多氏（筆頭家老、五万石）、長氏（穴水城主、三万三千石）、横山氏（富山城代、三万石）、前田対馬守家（越中守山城代、一万八千石、藩主一門）、奥村河内守家（末森城代、一万七千石）、村井家（松根城代、一万六千五百石）、奥村内膳家（一万二千石）、前田土佐守家（小松城代、一

万一千石、藩主一門）の八家を指す。こうした支配体制は先に仙台藩で見たように、意思決定に時間がかかる。さらには藩主の権力が衰えたときには、お家騒動にまで発展する危険が常に伴った。

加賀藩は初代・利家（一五三八〜九九）、三代藩主・利常（一五九四〜一六五八）が名君としてつとに知られている。利常は夫人同士が姉妹であることから、後水尾天皇との関係が深く、皇室とさまざまな連携で知られる。

後水尾天皇は修学院離宮の創設や和歌・連歌の会、茶会などの造詣が深く、皇室を介して利常は京文化を積極的に加賀の地へ導入した。そして金沢を単なる地方都市として終わらせることなく、大坂、京、江戸に並ぶ文化都市へと発展させようとした。こうした利常の努力が今日、加賀友禅や加賀蒔絵、加賀象眼など加賀を冠した工芸がこの地に根付くきっかけとなった。ここではテーマが違うのでこれ以上触れないが、こうした利常の努力は歴代の藩主に引き継がれることになる。

歴代藩主のもと、直臣は人持組頭、人持組、平士、足軽に大別される。人持組頭は、先述したが別名を加賀八家あるいは前田八家といい、いずれも一万石以上の禄高を持ち、藩の重臣として藩政運営に携わった。人持組は高禄の者は一万石以上、少ない者でも千石程度の禄高で約七十家が存在し、この中から時に家老などに就く者も出た。広大な領地と百万石以上の石高を円滑に維持管理するには、こうした分割支配をする以外には不可能だろう。

書物奉行と金沢文庫

五代藩主・綱紀（つなのり、一六四三～一七二四）は学問の奨励こそ、藩政の刷新と人材登用の有力な手段と考え、実践した人物だった。儒学者の林鳳岡（ほうこう、一六四四～一七三二）、木下順庵（一六二一～九八）、室鳩巣（一六五八～一七三四）に加え、神道と国学の田中一閑（いっかん、一六二五～一七〇〇）、本草学者の稲生若水（いのうじゃくすい、一六五五～一七一五）らに、禄を与えて召し抱えた。

それだけではなかった。自ら学ぶ一方、熱心に進めたのが書物の収集だった。数人の書物奉行を置き、各地に書物調べ奉行を派遣して良書を求めた。当初、書物の選択は木下順庵が中心になって行っていたが、次第に綱紀自身も乗り出し、必ず目を通して書物の取捨を行っていたという。

収集範囲は朝廷、幕府、公卿、大名、古社寺、個人の蔵書家にまで及び、対象はわが国の文書、典籍はもとより、中国、朝鮮、遠くは西洋にまで及んだ。このようにして収集された図書は綱紀自身が、「尊経閣文庫」と名付けて保存した。

これに祖父・利常が収集した「小松蔵書」、父・光高（一六一六～四五）が集めた「金沢文庫」を合わせ、現在は一括「尊経閣文庫」として公益財団法人前田育徳会が管理している。綱紀の時には収集した図書が数十万点にのぼったといわれるが、その後幕府へ献上したもの、流失したものなどもあるが、現在でも国宝や重要文化財に指定されているものが七十点以上にのぼる。

こうした学問・芸術に深く関心を寄せた歴代藩主が指し示した道と、数十万点にも及ぶ書籍の累積が、のちの藩校設立に寄与したことはいうまでもない。綱紀は元禄四年（一六九一）、四十九歳のとき「大願十事」というこれから果たしたい願い事をまとめたが、その九番目に学校の建設を挙げている。

実際に加賀藩が藩校を開校したのは、寛政四年（一七九二）三月のことで、現在の兼六園の南側に学問をする明倫堂と武術を鍛える経武館という二つの建物を建設、正式に藩校をスタートさせた。

十一代藩主・治脩（はるなが、一七四五〜一八一〇）の時のことで、治脩は開校に先立って、「四民教導のため、文武学校を開くよう申しつけた。侍はもちろんのこと、町や村に住む者まで、志がありしだい学校へ出て、習学するように」というお触れを出している。

藩校は普通、藩士の子弟を教育する目的で設立され、修学する者は藩士およびその子弟に限定されていた。加賀藩校のように、「士農工商の四民を教導し、武士も庶民もともに学ぶ」という開かれた制度を掲げた藩校は稀だった。加賀藩校以前では広島藩など数藩を数えるに過ぎなかった。

こうした開かれた藩校になった背景には、初代学頭（校長）として京都から招かれた儒者の新井白蛾（はくが、一七一五〜九二）の考え方が影響していると考えられる。すなわち、幕府による封建体制の擁護派であった荻生徂徠の学派とは、一線を画していた室鳩巣学派の一大拠点が加賀藩であって、白蛾はその思想の忠実な実践者だったからだ。

さらに治脩は五代藩主・前田吉徳（よしのり、一六九〇〜一七四五）の十男として生まれ、幼くして寺に預けられた。後継の序列は低く、とても藩主を継ぐことは考えられない立場にあった。十七歳のときには得度して闡真（せんしん）と称した。

ところが兄たちは次々と早世し、七男の重教（しげみち、一七四一〜八六）が十代藩主に就任した頃には、九男の利実（としざね）も没してしまった。重教にも他の兄たちにも男子がなかったため、闔真は重教の命により還俗した。明和九年（一七七二）、重教の隠居により家督を相続、藩主に就任した治脩は、翌年、金沢に入ったが、このときの道中記『治脩日記』は、非常に優れた日記としていまも評価が高い。このように治脩は、経歴からくるのか、非常に理想主義的な側面があり、その考え方もまた「四民広く」という教育方針を後押しした要因となったと考えられる。

ある近世研究家は、加賀藩の藩校を称して、明倫堂が総合大学的性格を持つ文学校で、経武館は士官学校的性格を持つ武学校と表現した。明倫堂の教師群はそれに相応しく、学頭のほかに都講一名、助教五名、読師（句読師とも）八名、皇学、歌学、天文学、算術、易学、医学、礼法各一名計二十二名という堂々たる陣容だった。

この教師陣の約半数は、藩主直属の直臣ではなく、直臣の家臣である陪臣の出だった。学頭の新井白蛾は加賀八家の奥村尚寛の推薦があったといわれ、助教筆頭の長谷川準右衛門はこの時期、藩の儒者として直臣に取り立てられてはいるが、もともとは八家のひとつ村井家の家臣だった。

身分制の厳しい時代、陪臣から教師になるのは非常に難しく、それだけにこういう事例からはこうして直臣になる道があったということを示しているということにもなろう。

藩校開設時に「四民教導」「士庶共学」というスローガンを打ち立てたためか、入学を希望した者は三千名に及んだといわれる。しかし、全員を受け入れるわけにはもちろんいかず、直臣では歩並（かちなみ＝歩兵、これ以上士分）、陪臣では人持組の家来で士分以上の者が通学を許された。その他の下級武士や庶民は、月一回の「講書」の日だけ出席する、聴講の形が認められた。

男子は八歳になると入学を許され、素読生となった。十五歳からは生徒と呼ばれ、二十三歳まで学んだ。就学を望めばもう一年だけ延長が認められた。素読生に対する授業は月のうち一日、十五日と祝日を除く毎朝行われた。先生には読師があたった。二名の先生が教科書を載せた机に向かって並び、馬蹄形に座っている素読生の中から一人ずつ順番に先生の前に出て、先生が教科書を読むのに合わせて音読する。はじめは先生が一字一字、字突という棒で指すが、うまく読めるようになると字突は使用しない。

素読に用いた教科書は、儒教経典である四書五経が中心だった。その読み方も朱子学によるもので、これを厳格に守った。

加賀藩校明倫堂が開かれた寛政年間（一七八九〜一八〇一）は、幕府老中首座・松平定信が「寛政異学の禁」を発布、幕府直轄の昌平坂学問所を設けるとともに、学問の全国的統制を図った年であった。全国の諸藩はこれに刺激されて、競って学校を開設する。そして幕府におもねるように朱子学を正統な学問として教えた。すでに藩校のある藩は、それまでの儒学の系統を朱子学に改め、幕府の思想統制に従った。

しかし、藩校明倫堂の教えた学科は、儒学にとどまらず、和学（国学、皇学）、医学、本草学、天文、暦学、算術、歴史、法律、習礼、筆道などに及んだ。儒学を教えるだけの藩校が多い中で、加賀藩校明倫堂の学科の多彩さは群を抜いていた。

これらの学科は「講書」と「会読」という方法で教えられた。講書というのは助教が教科書の一部分を読む。そしてその部分の大意、字句の読みと解釈、余論という順序で講義する。会読というのは輪講と呼ばれるもので、助教が会頭となり訓導が付き添い、くじで当たった学生が教科書のある部分を読み下してから、内容の解釈を行う。それについて他の学生が問題点を指摘し、討論をする。

こうした基本的な形は、明治維新まで変わらず続けられた。明倫堂の生徒数も、毎年二、三百名を数え、この数も明治維新まで変わらなかったという。講書が行われるのは月のうち二と七の付く日の朝と夕方で、学生が属する階級別にそれぞれの一時間が割り当てられていた。ここに出席することを「講書聴聞」といい、庶民の割り当ては二十七日夕方だった。会読は学生に対しては五と十の付く日を除く毎日、朝と夕に行われた。会読は学生だけでなく、教師のうちの読師にも行われた。

経武館は武士として当然身につけなければならない武術訓練の場として設けられた。

開校当時は歩並以上とその子弟が対象だったが、のちに足軽や陪臣とその子弟も登校を許された。しかし天保十年（一八三九）からは人数が多すぎるため、再び歩並以上となり、年齢も三十九歳以下と制限された。

弓、馬、剣、長刀、槍、居合、組打、柔術、鉄砲、軍螺（ぐんら＝戦場における法螺貝による合図法）などを修練したが、幕末になると砲術や洋式鉄砲の扱い方なども教えた。安政元年（一八五四）、壮猶館（そうゆうかん）と命名された洋式武学校が開校し、経武館と二本立てとなった。

経武館は学生たちをそこに集めて訓練をする場所ではない。各流派の師範人はそれぞれ自分の道場を持っており、そこで学生たちを教えている。毎月あるいはひと月おきの決められた日にだけ、自分の門弟を引き連れて経武館へ行き、ここで稽古をする形をとっていた。学生たちは武術のすべてを修行したわけではない。たとえば四百五十石以上の武士は馬を持つことを義務づけられていたから、馬術は必修であった。このように剣や槍などのほかは階級によって必要なものを選んで修行したのである。

明治になって閉校するものの、四高（旧制）にその教育精神は受け継がれたのだろう。四高開校にあたり前田家が寄附をしており、東京の一高、京都の三高に次いで三番目に開校している。

薩摩藩校造士館――鹿児島県

薩摩藩主島津氏は、鎌倉時代初期、源頼朝に島津家初代・忠久（ただひさ、生年不詳～一二二七）が薩摩・大隅・日向三国の守護大名に任じられて以来、近世初めまでおよそ五百年にわたってこの地を支配した名門の一族である。関ヶ原の戦いでは西軍についたが、徳川四天王の一人井伊直政の取りなしで本領を安堵された。

島津家十七代・島津義弘（一五三五～一六一九）の三男・家久（一五七六～一六三八）が当主と認められ、幕藩体制の中で薩摩藩が正式に成立した。ほどなく薩摩藩は琉球王国に出兵、これを服属させ、琉球の石高十二万石を加え、総石高は七十七万石に達した。この石高は加賀藩の百二万石に次いで、全国二番目の大きさで、西国雄藩最大の石高を誇った。

薩摩藩は藩内に多くの郷士を抱え、全人口の四割を士分の者が占め、この石高ではこれら全士分の者を十分に養っていけるものではなかった。そして藩内の土壌の多くは水持ちが悪く、稲作に適さないシラス台地であったために土地が貧しく、表高の七十七万石は実質三十五万石ほどの収量しかなかった、といわれる。さらに西南諸島ほどではないが、台風や火山噴火などの自然災害を受けやすい立地であったため、藩政は初期から財政難に襲われつづけた。

一方で旧来の支配者から転封を経ずして近世大名に移行した薩摩藩は、旧来からの支配体制をそのまま温存して藩政運営を進めた。外城制や門割という支配体制である。

外城（とじょう）制（天明四年＝一七八四、呼称を郷と改めた）というのは、武士たちを鹿児島城下に集住させず、領内に分散している外城と呼ばれる拠点に居住させる制度である。この外城の郷とは、藩の行政単位であり、「方限（ほうぎり）」とも呼ばれた。地頭所とも呼ばれ、藩の直轄地九十二カ所、島津一門や重臣の私領二十一カ所からなっていた。

また、門割（かどわり）というのは農民を数戸ごとに門というグループに分け、門ごとに土地を所有させるという、独特の制度だ。

この支配体制は幕末まで維持され、薩摩藩の支配の中核となった。とくにこの郷における青少年教育システムは、薩摩藩士の思想形成に多大な影響を与えた。

明治維新に活躍した西郷隆盛、大久保利通、日露戦争の英雄・東郷平八郎など薩摩出身の多くの人々の精神的支柱は、この社会教育システムの中で形作られたといわれており、薩摩の教育を語るとき、外せない要所でもある。のちに「私学校」の暴発を抑えられなくなった西郷隆盛が、西南戦争開戦に踏み切ったが、この私学校もこの社会教育システムが基礎になっている。

地域教育システム「郷中教育」

この社会教育システムは、「郷中（ごじゅう）教育」と呼ばれ、郷中は方限の意味で、同じ郷中に住む武士の子どもたちがお互いに共通意思を持ち、心身の鍛練と学習に励み、地域の年長者が指導者となって年下の者を教育するという仕組みになっていた。薩摩から約一万名の兵士が出兵した豊臣秀吉の朝鮮出兵の頃に始まったとされる。多くの青年が戦場に赴いたあと、藩内各地で、残された青少年の風紀が著しく乱れたという。留守を預かる新納忠元（にいろただもと、大口地頭、一五二六～一六一〇）ら重臣たちはこれを憂い、郷中にこれを正すため、自由に話し合い、切磋琢磨し合う二才（にせ=青少年）の集団を作った。

慶長元年（一五九六）に忠元が作った「二才咄格式定目」には「武芸に励み、山坂達者を心掛け、忠孝の道に背かないように」といった武士の心得が説かれ、のちの郷中教育の基準となった。

江戸時代を通じて郷中組織は整備されてきた。鹿児島城下でも武士の居住地域を方限に分けて、各方限ごとに郷中があった。鹿児島城の北を上方限、南を下方限といった。この上下方限はさらに小方限に分かれており、江戸時代末期城下には小方限ごとに三十三の郷中があったという。

郷中は年齢によって区別されていた。メンバーは六歳から二十四、五歳までの男子。六、七歳から十歳までを小稚児、十一歳から十四、五歳を長（おさ）稚児、稚児の上を二才（にせ）、といった。二才は元服を済ませた十四、五歳から二十四、五歳までをいった。

郷中では二才が長稚児を、長稚児が小稚児を指導した。二才の中で文武に優れ、人望の篤い者が二才頭に選ばれた。多くは最年長者から選ばれたが、なかには年齢に関係なく優れた者が選ばれるケースもあったという。

二才は二十四、五歳になったら郷中を離れ、結婚して所帯を持ったり、藩の役職に就くようになる。彼らは「長老（おせんし）」と呼ばれ、二才を指導したり、郷中で起こった揉め事などを二才頭とともに解決、処理した。郷中の稚児、二才の数は、その時代の世帯数の変化などによって一定ではないが、高見馬場郷中（鹿児島市）出身の海軍大将・樺山資紀（すけのり、一八三七〜一九二二）の証言によれば、江戸時代末期の弘化、嘉永年間（一八四四〜五四）の郷中の稚児の数は三十〜四十名だったという。また、『大久保利通伝』によれば、鹿児島城下の下方限地区の下加治屋町郷中全戸数は七十六戸、稚児は三十〜四十名と記述されている。

稚児の一日を振り返ってみる。稚児はこの地方の決まりで、明け六つ（午前六時）から暮れ六つ（午後六時）までしか外出できなかった。このため朝起きて明け六つになるのを待って家を飛び出し、郷中の先輩の家に書物を習いに駆けつける。朝食を済ませたあと、郷中の決められた場所に移動する。そこで稚児頭の命令に従って、大将防ぎ（二組に分かれ互いの大将の身体に触れようとして競う）、走り比べ、降参（敵と味方に分かれ取っ組み合い）などを行って、身体の鍛練をする。

四つ（午前十時）になると、長稚児のいる座元に行き、長稚児の指導で朝食前に学んだことを復習し、『いろは歌』『歴代歌』『虎狩物語』などを読む。七つ（午後四時）になると、稽古場に行き薩摩示現流などの武芸の練習を行う。そして暮れ六つには帰宅する。

長稚児になると、二才衆が集まっている夜話の座元に出掛ける。午後八時になると二才がそれぞれ長稚児を自宅まで送り届ける。二才はこれより前、勤めている藩庁から戻るか、藩校・造士館から戻って午後四時過ぎ、稽古場に行って稚児の稽古を付け、お互い同士の稽古をする。夜は長稚児の教育指導をしたり、詮議（討論）を見学させたのち、長稚児を送り届ける。そのあと再び座元に集まり、『真田三代記』『三国志』『漢楚軍談』などの軍書を輪読した。

こうした郷中教育の日課は、厳しく守られ、座元や稽古場には「星帳」が備えられ、出欠が記録された。郷中教育の中でもっとも重視されたのは、武士としての心得やとっさの場合に適切に対処できる能力を身につけることだった。このため特定の日に詮議と称する討論、話し合いが行われ、稚児、二才、長老が出席した。

詮議とは別に稚児や二才の日常生活に関する文字どおり〝詮議〟も行われた。嘘をついたり、不審な行動をとった者に対して、理由を正し、軽い者には訓戒、重い者には制裁が加えられた。長稚児や二才が監督して、三日から一週間、正座して本を読まされるという制裁もあったという。また、もっとも重い制裁は〝郷中放し〟。これは郷中のすべての交際が禁じられる制裁で、〝義絶〟とも呼ばれて怖れられた。

この郷中教育は明治維新によって消滅したが、今日もその面影を残す年中行事が残っている。毎年五月二十八日には稚児や二才が集まり、『曽我物語』を輪読し、川の畔や海岸などで傘を焼き、曽我兄弟を偲ぶ祭が行われる。また、九月十四日には妙円寺（日置市伊集院町）に集まり、二才は鎧兜を着け、大小の刀を腰に差し、稚児は陣羽織を着て夕方、祭に参加する。これは関ヶ原の戦いで敗れた島津義弘の霊を慰めるために行っているとされる。祭に参加する道中では、「チェスト行け」という叫び声を上げ、薩摩藩士の意気を示した。十二月十四日には夕方には稚児、二才たちが集まり、夜を徹して『赤穂義士伝』の輪読会が開かれ、夜半には「栗なっとう」という栗ぜんざいをみなで食べるのだという。これらの行事は今日も行われ、わずかに郷中教育の名残りを残している。

さてこうした分厚い社会教育が広範に行われていた藩内で、藩校建設の声は起こりにくかったのは事実である。藩校は二代藩主・島津光久（みつひさ、一六一六〜九五）の代に検討されたが藩財政の窮迫で見送られ、代々の藩主も財政的理由で設立を見送らざるをえなかった。

長く放置されてきた藩校建設に手を付けたのは、八代藩主・重豪（しげひで、一七四五〜一八三三）だった。島津重豪はそれまで幕府との関係に慎重に対してきた歴代薩摩藩主に比し、娘を将軍や幕閣の有力者に嫁がせたり、九州の諸大名と縁戚を結んだり、積極的な姿勢で臨んだ。さらに和蘭好きの〝蘭癖（らんぺき）〟大名といわれるくらい、オランダ人と交流を重ね、さまざまな文物を大量に購入した。こうした諸政策は巨額な資金を必要とし、〝浪費藩主〟と藩内外で呼ばれた。

造士館設立

ところがこうした藩財政の窮迫にもかかわらず、開明的な藩主は文化や教育にも熱心で、安永二年（一七七三）、鹿児島城二の丸御門前に約三四〇〇坪の敷地を確保し、儒教の聖堂である「宣成（きせい）殿」、講堂、学寮、文庫を建設した。これが藩校・造士館の始まりであった。

のちに聖堂は「人を育成する」という意味の「造士」を付けて造士館と呼ばれるようになる。またこの年、隣接する四一三九坪の敷地に弓道場、剣道や柔術などの道場が設けられ、「演武館」と名付けられた。また翌年には漢方を教える「医学院」が、五年後の安永八年（一七七九）には、医学館に付属する「吉野薬園」（鹿児島市吉野町）を開き、さまざまな薬草を栽培した。

またこの年、天体を観測する施設、「明時館（天文館）」を設けた。今日、鹿児島市繁華街の天文館といわれる辺りは、往時この明時館があった場所である。高い天文台があったため、この建物を人々は天文館と呼んだ。

重豪は日本列島の南端にあって、ともすれば閉鎖的な社会を形作っていた当時の薩摩藩を、江戸や大坂に少しでも近づけたいと考え、さまざまな政策を実行した。そのひとつが藩校の設立で、郷中教育などで地域ごとに違った教え方をしていた教育方針を改め、統一された教育を藩士とその子弟に施すことを目指した。

当時幕府から木曽川治水工事を命じられてさらに藩財政が逼迫している中、重豪は個人の資産から銀二百四十貫を拠出して、その利息を造士館の運営費用に充てた。こうして造士館はさまざまな変遷を重ねながらも、明治四年（一八七一）の廃藩置県まで存続した。その後も島津家の援助によって、明治十七年に鹿児島県立中学造士館が創設され、鹿児島高等中学造士館、県立中学造士館、第七高等学校造士館と、明治三十八年国の負担に切り替えられるまで、学校運営経費は島津家の寄付によって賄われた。そして第七高等学校造士館が鹿児島大学文理学部に編入されるまで、造士館の名は維持されたのである。

十代藩主・斉興（なりおき、一七九一〜一八五九）が儒学者の五代秀尭や橋口兼柄らに命じて編纂させた、『三国名勝図会』には造士館が描かれている場面も登場する。これによれば外側には仰高（ぎょうこう）門という門があり、清国の高官が書いたとされる「仰高」という二字の額が掛かっている。門を入って右側には講堂と学寮があったことがわかる。さまざまな講義が行われた講堂は数百畳もある広大なものだった。

学寮は天明元年（一七八一）に建てられたもので、学生の寄宿舎として使われ、その中の直月（ちょくげつ）寮では宿直の儒官が学生に指導した。仰高門の左側には半月形の池があり、池の両側には石の龍が置かれていた。そのひとつは水を吐き、もうひとつは水を飲むように作られていた。池には朱の欄干の橋が架かっており、橋を渡ると入徳門があり、門をくぐると孔子や孟子を祀った宣成殿があって、側には文庫も作られていた。

造士館最初の学頭（校長）には、山本正誼（まさよし）が選ばれた。山本正誼は室鳩巣の流れを汲む朱子学者に儒学を学び、重豪に従って江戸へのぼり、さまざまな学者と交遊して見聞を広めた儒学者だ。またのちに島津家の歴史を綴った『島津国史』を編纂、長く造士館教授として藩士教育を続けた。

造士館の学生は八歳で入学、二十一、二歳までとされた。藩士子弟は和学、漢学、書道の三科を学び、演武館で武道を学んだ。講読には四書五経、『近思録』（朱子の書物）などが使われた。注釈には「程朱の説」（程顥〔ていこう〕、程頤〔ていい〕と朱子の説）を採り、字句の解釈にこだわらず、物事の本義までを追究するよう指導した。つまり、テキスト至上主義ではなく、本質を問うことを重んじたのである。知識のみならず、人づくりを開校の精神としたのであろう。

藩主の重豪も藩校の教授らを藩邸に招いて講義を聴いたり、造士館を訪れて運営に気を配った。とくに優秀な学生は藩庁の役人に登用したが、とりわけ記録所や唐学方に積極的に登用した。

造士館の講義の決まりや学生の心得は次のように決められていた。

一、講書は四書五経、『小学』『近思録』などの書を用い、注解は程朱の説を主として、みだりに異説を交え論じてはならない。読書は経伝より歴史、百家の書に至ること。もっとも不正の書を読んではならない。
一、もっぱら礼儀を正しく学業を進め、みだりに戯言戯動（ぎげんぎどう）してはならない。
一、疑いは互いに問難すること。もっぱらその言をゆずり、我意を捨て、人に従うこと。
一、古道を論じ古人を議して、当時のことを是非してはならない。
一、才学長ずる者がいればほめ進むこと。忌み憎むことがあってはならない。
一、末々の者たりとも、学丈（がくもん）に志厚き者は講義の席に加わること。
一、入学した者は字紙惜しみ火燭を慎むこと。

こうして造士館教育は順調に進んだかに見えたが、九代藩主・斉宣（なりのぶ、一七七四〜一八四一）の時に起きた藩政改革の波に、造士館も洗われることになる。

文化二年（一八〇五）、斉宣は『鶴亀問答集』を出版して、これまでの重豪の開化政策を批判、藩政改革に乗り出した。

批判の矛先は造士館に及び、藩主の意を受けた近思録党と呼ばれる者たちが、山本正誼の著書を批判の対象とし、藩主を説き伏せ正誼を免職処分にさせた。そして毎年春秋に行われていた釈義を廃止させるなど、造士館の学風を厳しく批判する改革の風が吹き荒れたのである。

こうした動きに隠居していた重豪が激怒、斉宣を隠居させ、改革の首謀者たちに切腹を命じて造反を封じた。だが、一度勢いを失った造士館の教育は、漢文の読み方や解釈を中心とした形式的なものになっていった。

造士館の勢いを再び取り戻そうと乗り出したのが、十一代藩主・斉彬（なりあきら、一八〇九～五八）だった。斉彬は安政四年、「修身、斉家、治国、平天下の道理を究め、日本国の本義を明らかにし、国威を海外に発揚すること」との告諭を発して、造士館の教育方針を明らかにした。

そして緊迫する内外情勢に備えて、現実に対応できる人材の育成を急いだ。桜島に造船所、仙巌園に西洋科学研究所および製作所の「集成館」を建設、火薬、ガラス、塩酸などの試作を行い、電信線を開通させた。また、大砲、軍艦建造にも乗り出し、大きな成果を上げた。

斉彬の死後、引き続き造士館の教育内容の強化が図られ、万延元年（一八六〇）には中国語研究のための「達士館」、元治元年（一八六四）には西洋式軍学と技術を学ぶ「開成所」が設けられた。

造士館の名と、そこに込められた薩摩人の誇りは、旧制七高の名に「造士館」の名が入っていることからもうかがえよう。

彦根藩校稽古館　　滋賀県

彦根藩は徳川四天王といわれた井伊直政（一五六一～一六〇二）が、関ヶ原の戦いののち、彦根山に新城を建設、二代藩主・直継（一五九〇～一六六二）の時に入城して以来、弟の直孝（一五九〇～一六五九）が三代藩主になる頃には、加増を重ねて禄高は三十五万石になり、徳川幕府譜代大名随一の大藩となった。

井伊家の伝統といえば、戦乱の中での初代の活躍とは裏腹に、文化的な香りが高い。その典型的なものは能と茶道だ。しかし、それらは戦国武将の名残りであるともいえよう（藩主歴代の数え方について。二代直継が初代安中藩主に転じたため数えないほか、直治や直定のように再封の形をとった藩主もいたため、代数の数え方がさまざまあり、ここでは藩主に就いた順番に代数を付けることにする）。

たとえば初代藩主・井伊直政はまだ彦根藩成立前、駿府の私邸に徳川家康を招いて能の会を催している。同様に三代藩主・直孝が江戸上屋敷に将軍の世子・家綱を招いて能を催した記録が残っている。五代藩主・直興（一六五六～一七一七）は一度に五十五名もの能役者を召し抱え、十三代藩主・直幸（なおひで、一七三一～八九）は喜多流宗家・八世親能と師弟関係を結んで、能の稽古に励んだ。

十四代藩主・直中（なおなか、一七六六～一八三一）は寛政十一年（一七九九）、喜多流分家・喜多織衛をはじめとする七名の能役者を藩に召し抱える。こののちも藩の能役者は増員され、文化九年（一八一二）には十七家に達した。

こうした彦根藩の能への傾倒に拍車をかけたのは、隠居後の直中だった。

直中は隠居後国元へ帰り、槻（けやき）御殿に能舞台を新設した。当時彦根藩庁のある表御殿にも能舞台があり、これら二つの舞台において直中主催で盛んに能舞台が演じられた。

直中は能面や能装束の収集家としても知られている。これらの収集品は井伊家全体で数百点に及ぶといわれるが、この中のかなりの部分が直中の収集と伝えられている。

こうした能役者の召し抱えや能好きの藩主は、十五代藩主・直亮（なおあき、一七九四～一八五〇）、十六代藩主・直弼（なおすけ、一八一五～六〇）に引き継がれていく。

井伊家はまた、茶の湯に関しても名高い。そのひとつは、茶道に関する古文書が沢山残されていることである。歴代藩主の茶道との関わりはあまりわかっていないが、豊富な茶道具のコレクションからは、譜代大名最大の石高を誇る家柄に相応しいものであることがわかる。

一方で井伊家の茶道は、江戸時代前期の大茶人・片桐石州が提唱した石州流茶道と縁が深いといわれる。侘び茶の千利休に対し、武士には武士の侘び茶、〝武辺の侘び〟を標榜した。井伊家に残された茶道具や茶書にはこの石州流を反映したものが多く、井伊家は石州流を基礎とした茶道を実践していたことがわかる。

とりわけ十六代藩主・直弼は茶道に精進し、一派を創出するほどのこの時代を代表する茶人であった。

直弼は十四代藩主・直中の十四男として生まれた。父親がまだ健在だった十三歳のとき、井伊家歴代の菩提寺であった清凉寺に通い、手習いのほか禅学の修行をした。井伊家では嫡子以外の部屋住の子は、他家へ養子に出るか家臣として養われるかだったが、直弼も例に漏れず宛がい扶持を受けて、御殿を出て中流と思える武家屋敷で暮らすようになる。

ここを彼は「埋木舎（うもれぎのや）」と名付けた。ここへ移ってからも菩提寺へ通うことをやめず、仙英禅師から印可証明（悟りの証明）を受けている。直弼が埋木舎時代に精進したのは、禅、歌道、国学、武芸そして茶道だった。

こうした地道な修養を重ねた直弼が、世子の突然の死によって嘉永三年（一八五〇）、家督を継ぐことになる。安政五年（一八五八）、幕府大老職に就任して、万延元年（一八六〇）に桜田門外で〝花の生涯〟を閉じるまでも、重職の繁忙の中、茶道の精進は続けている。

この頃は十一代将軍・家斉の時代で、茶の湯は遊芸的なものになっていた。直弼はこうした遊芸的な茶を「世間茶」といって否定し、もっと精神的な世界を求めるものとしての茶道を提唱した。

直弼は石州流の片桐宗猿と書面をやりとりして考えを交換して、思索を深めていった。こうした茶道に関する研鑽をまとめた直弼の著書が多数残されている。『入門記』『閑夜茶話』『茶湯を里を里草』などだが、何といっても代表作は『茶湯一会集』だろう。書名となった一期一会の考え方が詳細に語られている。

能好きの藩主が藩校建設を決意

こうした歴代藩主の文化的な活動と実践の中で、学問への関わりもまた深いものがあった。

幕府の儒官・林羅山を藩邸に招いて儒学を学んだ三代藩主・直孝、朱子学者の佐藤直方を彦根に呼んで藩士たちに講義させた九代藩主・直惟（なおのぶ、一七〇〇～三六）。十代藩主・直定（一七〇二～六〇）は、宝暦七年（一七五七）、当時全国的に有名だった儒学者で国学者の龍草廬（一七一四～九二）を彦根に招いて、長く藩士たちを指導させた。

藩校建設の気運は、能好きの十四代、直中の時に高まった。藩内には時期尚早という意見も強かったが、直中が押し切った。全国的な藩校建設に後れをとるまいとの直中の強い意志があったものと思われる。直中の背中を強く押したのは、寛政六年（一七九四）、藩士の中村千次郎が死去する際、藩主宛に書き残した建言書だった。そこには藩校建設の重要性が切々と説かれていたのだ。

直中は僧・海量に命じて中国、九州地方の藩校を視察させた。海量は視察の途中、長崎に立ち寄り多くの外国関連の書物を購入、藩校開校に備えた。視察の結果、直中と相談したうえで熊本藩時習館を手本に藩校を建設することになった。

こうして彦根藩校・稽古館は寛政十一年（一七九九）開校した。稽古館は寛政十年に完成したが、実際の開校は翌年にずれ込んだ。この頃に開校した多くの藩の藩校は、幕府の「寛政異学の禁」を守り、朱子学を中心に据えて教えたが、彦根藩は従来から荻生徂徠の古文辞学派を学ぶ者が多く、その影響を多分に受けてきた。

そのため幕府の文教政策を尊重しつつも、稽古館には聖堂は設けず、講堂の中央には八幡宮の神号と孔子の諡号を掲げただけの簡素なものだった。こうした佇まいの背景には、朱子学だけを正統な学問とする幕府の文教政策に対する抵抗姿勢を見ることができる。

稽古館は敷地二千三百六十三坪（約七八〇〇平方メートル）、建坪七百七十七坪（約二五七〇平方メートル）の大規模なものだった。入学年齢は十五歳。三十歳まで在籍した。登校の際には質素な衣服を着用するなどの規則が設けられた。授業は午前九時に始まり午前十一時までは学問を学び、正午から午後三時まで武芸の鍛錬を行った。

稽古館の教育は、大きく分けて素読科と習字科に分けられる。さらに科の中を習熟度合い別に上、中、下と分けるというふうに、細かい等級に分けて教えられた。学生たちは習熟度合いに応じて、一之寮から六つの寮に分けて収容された。一之寮と二之寮は初等教育場で、習字生、読書生と呼ばれ、それぞれ六之席から一之席まで六等級に分けられた。中等教育場である三之寮は孝経席、大学席、中庸席、論語席、孟子席の五等級があり、二之席以上に進級すると素読のほかに会読が付け加えられた。最後の四之寮は高等教育場で、入徳舎、敬業舎、博習舎、進学舎、日新舎の五等級に分かれていた。こうした等級分けは、きめ細かい学習を目指したものといえ、注目に値しよう。各寮内での進級や寮の移行に際しては、稽古奉行（校長）や教師による試験が行われ、合格したものが上へと進んだ。

稽古館では設立当初から和学方が設けられ、和歌や『古事記』などの国学教育が行われたのも、大きな特徴のひとつだ。寛政五年（一七九三）、国学者の本居宣長（一七三〇〜一八〇一）が門人とともに彦根を訪れ、彦根からも多くの門人が生まれたことによる。これら門人からはのちに稽古館の頭取になった人物も生まれた。

彦根藩校弘道館
（彦根観光協会提供）

幕末の荒波の中で

天保元年（一八三〇）、校名が稽古館から弘道館に改名される。さらに嘉永三年（一八五〇）、井伊直弼が藩主に就任すると、「告諭十カ条」を出して、弘道館では「国家に役立つ人物を育成せよ」と号令を発し、自らの右腕で国学者でもある長野主膳（しゅぜん、一八一五～六二）を教師にあて、一層の教育振興を図った。安政四年（一八五七）にはそれまでの古文辞学中心を改めて、幕府と同じ朱子学を中心に据えるよう弘道館頭取に命じている。

しかし、井伊直弼は万延元年（一八六〇）、桜田門外で暗殺され、彦根藩は大混乱に陥る。文久二年（一八六二）、藩は藩主・井伊直弼の「士道不覚」を理由に十万石を減封される事態となった。これに慌てた藩主・直憲（一八四八～一九〇四）は弘道館をこの年の七月、突如閉鎖してしまう。ところが翌月には再開するという醜態ぶりであった。

元治元年（一八六四）、藩は禁門の変の功績によって旧領のうち三万石を回復する。また、天誅組の変、天狗党の乱、長州征伐にも参戦、幕府の軍事作戦に協力した。

しかし、大政奉還後は譜代筆頭にもかかわらず、藩校教授らを中心に藩論を統一、新政府側に転向した。鳥羽伏見の戦いでは、家老は旧幕府軍が籠る大坂城に詰めたが、藩校教授らの支持を受けた藩兵の主力は東寺近くで薩長の後方支援を担った。続く戊辰戦争では明治新政府軍に加わって各地を転戦、近藤勇の捕縛にもあたった。これらの戦功により賞典禄二万石を朝廷から拝領している。

幕末の弘道館は、医学、数学、西洋兵学、天文学、地理学などが新たに教授項目に加わり、懸命に新しい時代への対応を模索した。明治二年（一八六九）、校名を文武館と改称したが、同五年、廃藩置県ののちに閉鎖された。

しかし、藩校は明治九年（一八七六）、「第三大学区第十一番中学区彦根学校」に受け継がれ、数々の変遷を経て旧制中学校からこの学校を前身とする県立彦根東高等学校に引き継がれている。学校は彦根城内堀と中堀に挟まれた彦根藩家老屋敷跡にある。建学の精神は「赤鬼魂」という。これは井伊氏の軍装、「赤備え」に由来する。

第五節　特色ある藩校

ここでは全国の藩校の中でもとくにユニークな藩校を取り上げる。

福岡藩

藩校設立に際して、修猷館と甘棠館という二つの藩校が並立することになった。儒者の竹田定良を推す重臣たちと、古学派（徂徠学）の亀井南冥を推す圧倒的多数の藩士たちの意見がまとまらなかったためである。どちらに通うかは藩士の自主判断に任され、一時は甘棠館が修猷館を圧倒したが、今日に名が残るのは修猷館ということになった。その間に何があったのか。

白河藩

この藩は、老中首座・松平定信のお膝元である。定信は「寛政の改革」を実行し、「寛政異学の禁」を発して全国の教育を朱子学一本に統一して、思想統制を試みた人物である。その人物の地元での藩運営はどうだったのか、とりわけ藩校はどう運営されたのか。さぞや窮屈だったと思われがちだが、案に相違して地元では気さくに領民と接し、藩校ものびのびと個性を伸ばす教育を推進したという。

阿波藩

現在の徳島県に置かれていた藩だが、当時は淡路島も阿波藩の領有するところだった（現在は兵庫県）。そこは阿波藩家老・稲田氏が代々支配していた。藩庁の出先は洲本に置かれていた。が、そこには藩直轄の学問所と稲田家の子弟が通う益習館が並立していた。幕末藩論が二分され意見対立が先鋭化すると、徳島の稲田家関連の建物や洲本の益習館などが焼き討ちにされ、多数の犠牲者を出した。そのことが影響して淡路島の行政区分は兵庫県に移されたのだった。

佐賀藩

鍋島氏が領有する三十五万七千石の西国の雄藩だが、藩校はあちらこちらの藩校を視察した挙げ句、熊本藩校時習館を手本に創立した。しかし、その教育はユニークで、幕末には多くの人材を輩出し、先端的技術を積極的に導入し、近代的な教育体制をつくりあげた。

福井藩

もともと医学研究が盛んで、藩校を創立したときも医学校として発足した。幕末には藩主の松平慶永（よしなが）が日本政治の表舞台に躍り出て辣腕を振るったが、その藩校経営はどうだったのか。

以上、それぞれ具体的に見ていくことにする。

福岡藩校修猷館と甘棠館 —— 福岡県

福岡藩は大河ドラマなどでお馴染みの黒田孝高（よしたか、官兵衛、如水、一五四六～一六〇四）の子・黒田長政（一五六八～一六二三）が関ヶ原の戦いの戦功で、肥前国一円五十二万三千石を与えられて成立した藩である。

以来黒田家の支配は、幕末まで続く。長政は入府以来六年の歳月をかけて、広大な福岡城（別名舞鶴城）を築城、さらに福岡藩と小倉藩との境界に、筑前六端城（益富城、鷹取城、左右良城、黒崎城、若松城、小石原城）を築き、筆頭重臣の栗山利安、井上之房はじめとする黒田八虎の精鋭たちを城主にあてた。

直政は父・黒田如水の教えを守り、質素倹約を旨とし、藩内に豪壮な邸宅や大名庭園などは造らなかった。こうした長政の気風は、その後の藩主にも引き継がれていくことになる。

黒田騒動

ところが、藩が開かれて二十年余りしか経たないうちに、お家騒動が勃発する。

この騒動は伊達騒動、加賀騒動あるいは仙石騒動（兵庫県豊岡市にあった出石藩で起こったお家騒動）とともに、江戸時代に起こった三大お家騒動と呼ばれる。

黒田騒動は江戸時代後期、これを題材として瀬川如皐（じょこう）が外題『御伽譚博多新織（おとぎばなしはかたのいまおり）』、河竹黙阿弥が狂言『黒白論織分博多（こくびゃくろんおりわけはかた）』を書き、江戸・中村座などで上演、この他の歌舞伎演目もたくさん上演され人気を博した。さらに明治に入って森鷗外がこの事件を『栗山大膳』として小説化した。他の騒動では処分者に死者が出ているが、黒田騒動では死者は出なかった。

お家騒動は、二代藩主の忠之（一六〇二～五四）の器量が狭く器が小さく、粗暴な性格だったことを憂いた長政が、三男・長興に家督を譲ろうとしたことが発端だった。

忠之の後見役だった栗山大膳は、六百石以上二千石以下の家の嫡男たちを集め、忠之の廃嫡を取りやめなければ全員切腹するという血判状を取り、長政に提出する。

長政は考えを改め廃嫡を取りやめるとともに、大膳に忠之の後見を改めて依頼、間もなく死去する。

大膳は長政の気持ちを汲み、藩主となった忠之に諫書を送った。その内容に腹を立てた忠之と、筆頭家老の大膳はじめ宿老たち藩政幹部との間に軋轢が生ずる。忠之は小姓から仕えていた倉八十太夫を寵愛、一万石の大身としたうえに、十太夫に命じて豪華な大船・鳳凰丸を建造、さらに足軽二百名を新規に召し抱えた。元和偃武といわれる平和の時代にあってそれに逆行する政策は、幕府の咎めるところとなる。

手に負えなくなった大膳はついに寛永九年（一六三二）、忠之が幕府転覆を狙っていると幕府に上訴する。翌年、裁定に乗り出した将軍家光は、藩側の主張を認め、所領安堵の触を出した。こうして十年に及ぶ抗争は幕を閉じた。

大膳は騒動の責を負って、陸奥盛岡藩預かりとなり、倉八十太夫も高野山に追放された。十太夫は島原の乱に際して、鎮圧軍に参戦したと伝えられるが、さしたる戦功を挙げられずに、のちに大坂で孤独死したと伝えられている。栗山大膳は盛岡藩に赴くときに藩祖・黒田如水が使った兜を持参したとされ、それは現在、もりおか歴史文化館に所蔵されている。大膳は御家が改易されるのを怖れて、尋問の場で忠之の所業を一身に被り、黒田家を守ったともいわれている。

こうした経緯を受けて、三代藩主となった光之（一六二八～一七〇七）は、のちに『養生訓』を著して有名になった藩儒の貝原益軒（一六三〇～一七一四）に命じて、黒田家の正史、『黒田家譜』を編纂させた。同時にそれまでの保守的な重臣を遠ざけ、新参の鎌田昌勝や立花実山を家老として登用、藩士の序列統制や政治体制を整えた。その体制は長く維持され、それによって福岡藩は明治維新まで長く命脈を保ったといわれている。実際、四代藩主・綱政（一六五九～一七一一）の時に、再びお家騒動が起きる。よほど血の気の多い家臣たちが多いらしい。藩主を巻き込んだ権力闘争は、第二の黒田騒動と呼ばれているほどだが、運よくお取り潰しには至らなかった。

貝原益軒の父親はもともと福岡藩の祐筆役であったが、医薬の心得もあり、一時藩を離れたときには福岡の街で医者をして生計を立てていた。益軒が八歳のとき、父は再度福岡藩に召し抱えられた。

十四歳で父から医書を学び、京都遊学から帰った次兄に儒学の基礎的な経典である四書を学んだ。十九歳で出仕、二代目藩主・忠之に仕えたが、一年後に謹慎、さらにはその一年後に藩主の怒りに触れ、浪人ということになる。

七年後、藩主の光之から出仕を命じられ、藩に復帰する。翌年春から京都への遊学を命じられ、木下順庵（一六二一〜九八）、中村惕斎（てきさい、一六二九〜一七〇二）らの高名な儒学者、本草学者の向井元升（一六〇九〜七七）と親しく交わった。また、福岡の郊外に住む殖産家で、のちに日本農業の父と呼ばれる宮崎安貞（一六二三〜九七）を案内して、薬園や名所を廻っている。その後も長く二人の交際は続き、安貞のライフワーク、『農業全書』の刊行に尽力した。

遊学を終えたあと益軒は、福岡藩藩主・家老の侍読として藩政のブレーンを務めるようになる。その間、『黒田家譜』『黒田家系図』などを編纂、『筑前国続風土記』などを編纂する。

益軒がさらに立派だったのは、老齢で致仕してから、本格的に研究を始めたことであろう。七十九歳で『大和本草』を完成したのをはじめ、『文武訓』『君子訓』を著し、前者では忠孝、義勇を、後者では為政者は領民を大切にすべきことを説いた。そして『大和俗訓』を著して、中国古代の聖賢が説いた道徳作法をわかりやすく説いた。それに続き『和俗童子訓』を著す。これはわが国初の教育論を説いた本と目されている。

早期教育が是非とも必要と説き、年齢に応じての教育目標、方法を詳細に解き明かしている。そして最後に「女子ニ教ウル法」を書いている。これは親が心掛けるべき結婚前の女子教育論である。

いずれにしても貝原益軒は、わが国初の教育学者ということができ、その考え方はのちの福岡藩士教育に大きな影響を与えつづけた。

難航する藩校設立

藩校設立の気運が生まれたのは、七代藩主・治之（はるゆき、一七五三〜八一）の時のことだった。治之は御三卿のひとつ一橋徳川家の初代当主・宗尹（むねただ、一七二一〜六五）の五男として生まれた。治之は八代将軍・吉宗の孫にあたる。藩主は黒田家一門、重臣たちと協議の末、福岡藩の将来のため徳川家との結びつきを強くするため、治之を養子に迎えることにしたという。これで黒田家の血脈は途絶えたが、福岡藩は大藩として命脈を保った。治之は、六代藩主・継高（つぐたか、一七〇三〜七五）の隠居により家督を相続した。そして国内を巡見し、さまざまな藩政のための考え方を固めたといわれる。

家督を継いで約十年。亀井南冥（なんめい、一七四三〜一八一四）を藩の儒医に抜擢、取り立てる。これがその後の藩校を巡る〝混乱〟のもととなるのである。

亀井南冥は城下で民間の開業医だった父の元に生まれ、少年の頃には荻生徂徠派・肥前の禅僧・大潮律師に漢詩を学んだという。青年期には長門国出身の古医方の大家・永富独嘯庵（どくしょうあん、一七三二〜六六）に師事した。

独嘯庵のお供をして長崎に遊学。その後大坂で開業した独嘯庵を慕って大坂へ行き、徂徠学と古医方を深く修得、福岡へ帰国する。二十一歳のとき、朝鮮通信使と藍島（北九州市若松区）で詩文の応答をして、それをまとめた『泱泱餘響（おうおうよきょう）』を著し、注目を集めた。

亀井南冥は父親の開業医院をともに経営し、医院内に「蜚英（ひえい）館」を設け、儒学生と医学生を育てた。南冥は豪放磊落な性格で、明るく物事にこだわらない人で、地域の人々からは「儒侠」と呼ばれていたという。つまり任侠肌で、地元民の面倒をよくみたということで、まるで侠客のようだ、というわけである。

この南冥が儒医になってから、『半夜話（はんやわ）』という書物を書いて、家老に献上している。この中で南冥は、「藩役人の綱紀粛正、人材抜擢の方法、司法権の独立、捨て子養育仕法、長崎警備の集団戦のための軍備、藩校設置の必要性」を力説している。とくに藩校設立には「言葉に尽くしがたい最大の利益がある」と説いている。

熊本藩をたびたび訪ねた南冥は、同じ規模を持つ熊本藩主・重賢の改革に注目した。重賢が、堀平太左衛門を用いて、質素倹約の励行、法律の整備、徹底した検地の実施、殖産工業の振興、藩校・時習館の開校など、「宝暦の改革」を実施して、大きな成果を上げたことを高く評価したのである。この熊本藩の改革の詳細を、南冥は『肥後物語』として著述、家老へ献上した。同時に同書は写本が各地に伝わり、沢山の人に読まれることになった。

七代藩主・治之は家老たちから渡されたこれら南冥の書を読んで感銘を受け、何とか福岡藩においても藩政改革を断行したいと考えていた。ところが天明元年（一七八一）、治之は城内で突如死去した。三十歳であった。嗣子がなかったためその死はしばらく隠されたが、治高（はるたか、一七五四〜八二）を末期養子として迎え八代藩主とすることに決する。その際、明らかにされた治之の遺言の中に、学問所の建設が含まれていた。しかし、治高は藩主に就任して福岡入りすると間もなく死去しためた、これら治之の遺言の実行は、九代藩主・斉隆（なりたか、一七七七〜九五）に委ねられることになった。

斉隆は御三卿・一橋徳川家からの婿養子で、十一代将軍・徳川家斉（いえなり、一七七三〜一八四一）の同母の実弟にあたる。当時七歳で、藩政は宿老や重臣たちに任された。この前年（天明三年）南冥は御納戸組儒医に抜擢されていた。

当時藩庁が出した藩校開設の通達には、次のように記してあった。

「目下御幼君には江戸滞在中に付き、早世された先々代以来の御意志を継ぎ、学問稽古所を二カ所に設けるので、上下ともに自分の考えに基づきどちらかの藩校を選び、一身の修養、藩への忠勤に努めよ」

治之の遺言により藩校を二カ所に開くとあるが、これは藩内に学問上の対立が激しく、重臣たちの間でも話し合いがつかず、やむをえず二カ所にしたものであった。

一カ所は亀井南冥をはじめとする徂徠学を信奉する古学派で、もう一方は幕府が勧める朱子学を奉じる藩儒の竹田定良（一七三八〜九八）を学頭に担ぎ上げる勢力だった。

竹田定良は代々藩儒筆頭、三百石の家柄の生まれである。藩儒初代の竹田定直の父と二代藩主・忠之の正室とは従兄弟の間柄で、京都から福岡に来て三代藩主・光之に仕えた。しかも、定直は貝原益軒の高弟で代々藩儒を務め、益軒が『筑前国続風土記』を編纂するときには積極的に助力した。いってみれば、堂々たる学者エリートといっていい。その定直の曾孫にあたる定良が一方の学頭になることは、幅広い重臣たちの支持があった。

対して、民間医の生まれである南冥は、藩内改革派の支持を受けた。代々エリートと国外遊学帰りの両者は、相譲らない強硬姿勢で臨んだ。これによって両者の妥協の産物として二カ所の藩校という、誠に妙な結論を出すに至ったのである。

南冥が儒医に抜擢されたとき、定良は京都へ遊学中だったが、その留守宅に南冥が挨拶に訪れたことを知った定良は、漢文で書簡を認め、「藩儒となった以上は藩士に幕府の学問たる道学（朱子学）を説くべきこと」を説いた。これに対し、南冥も漢文で返事を出し、「道学はすでに世襲的な藩儒が揃っているから、私は不足した面を指導するつもりだ」とはっきり定良の申し出を拒否した。他の藩儒たちは二人の間に立ち、「相提携して藩学の興隆を図ってください」と懇願したが、定良はこれを拒否。一方の南冥も受け入れなかった。

それでも藩校設立当初は、重臣たちの手前もあって二人はさまざまに相談をしたようだ。こうして天明四年（一七八四）、二月一日に西学（「甘棠館」）、同月六日に東学（「修猷館」）が開校した。西学の学頭には亀井南冥が、東学の学頭には竹田定良が就任した。

二つの藩校

西学の「甘棠（かんとう）館」の甘棠は、『詩経』に人民が召伯の徳を讃える歌、甘棠詩がある。その中に「蔽芾甘棠勿剪勿刈」（蔽芾《へいふつ》たる甘棠剪《き》る勿《なか》れ刈る勿れ＝小さなやまなしの木を剪ってはいけない）という文言があり、そこから取ったとされる。南冥は前々藩主・治之の園中から甘棠一株を学館

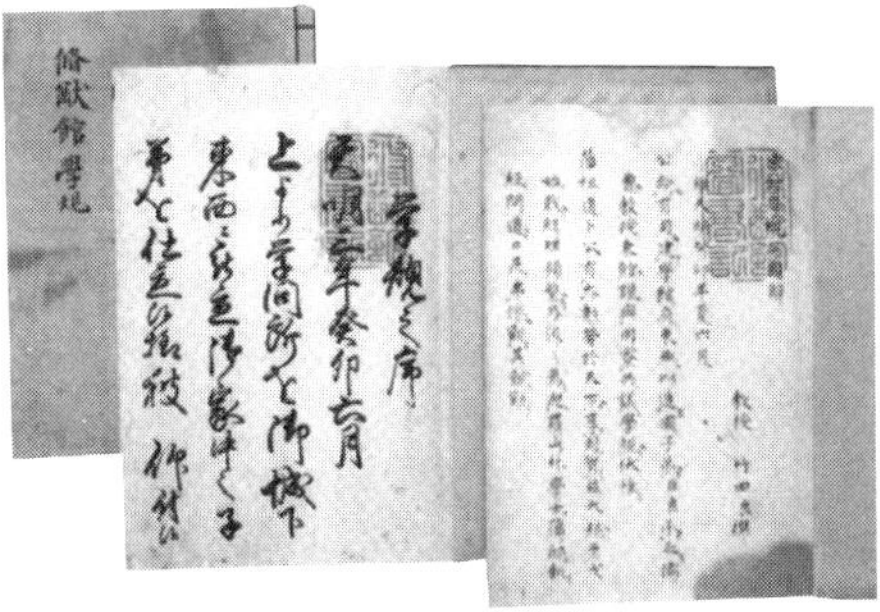

修猷館学規

修猷館学規は修猷館開館式に講堂に掲げられた。漢文体の原本のほか、初学者向けに国文に訳されたものも残されている。序文は初代館長竹田定良の撰で、館創立の趣旨が述べられ、本文は修猷館生としての心得が19条にわたって記されている。

（福岡県立修猷館高等学校所蔵・提供）

に移植し、これを校名とした。

南冥は当時の退廃した士風を矯正し、かつ藩社会における忠実有能な官僚養成を主眼に置いた。南冥が書いた「学問稽古所御壁書第一条」には、「忠孝の道を宗とし、礼儀廉恥を弁え、身持ち覚悟宜しく、先々相応に御用に相立候様弟子の輩を相導可申事」とある。

これに対し、「修猷（しゅうゆう）館」は中国最古の歴史書『尚書』の「厥《そ》の猷《みち》を践《ふ》み脩《おさ》む」から、その道を実践し身につけるという意味で名付けられた。

竹田定良は、「藩の先学・貝原益軒の藩校設置健策より数十年を経た今日、その教えに基づいて学規を定め」と書き、朱子学を中心に教えることを強調している。

教官は教授一名、訓導（教師）三名、句読師三名だったが、三年後には句読師を増員、九人体勢になった。一方の「甘棠館」の教授は一名、訓導三名、句読師五名だった。開校当初の学生数は「修猷館」が六百名余りに対し、「甘棠館」は二百名余りだった。やはり幕府公認の学問である朱子学を教えることが、「修猷館」の優位性を証明することになった。

「修猷館」は四書五経、漢詩の素読から始まって、上級に進むにつれ学生自らが講義する会読や輪講が毎月決まった日に行われた。とくに藩主黒田家の歴史や筑前国の地理書などを読ませたことが特徴になっていた。「甘棠館」には学科の中でもっとも特徴的なものに「会講」があった。これは学生たちに経典の解釈について論争させ、訓導がその優劣を判定した。訓導は優れた者に○、劣った者に×を付け、三度続けて○を得た学生を上席につけた。

この方法はのちに亀井塾に学んだ日田・咸宜（かんぎ）園の広瀬淡窓（たんそう、一七八二〜一八五六）が自らの塾で、細かい規定を設けて実施し、奪席（だっせき）会と呼んでいたといわれる。

両藩校が開校した月の二十三日、志賀島から「漢委奴國王」と刻印された金印が発掘された。歴史の教科書でも習う、あの金印である。この歴史的発見が、劣勢に甘んじていた「甘棠館」逆転の引き金となった。

金印の鑑定を依頼された南冥は、『後漢書』東夷伝を引用し、金印の由来を明らかにした。次いで『金印辨』を著して、金印の研究をさらに深めた。「修猷館」の学頭・竹田定良も『金印議』を著してこれに対抗したが、内容は南冥に遠く及ばず、結果として南冥の名を高めることとなったのである。南冥は金印発見と印文ならびに鑑定書を、全国の学者と知人に送って、これをもとに上田秋成や藤貞幹なども金印研究を行った。

かくして南冥の名は藩内外に高まった。「関西無双」と評されるようになり、それに従って「甘棠館」に学生が集まるようになった。当初の勢いは逆転して、西学の勢いは東学を圧倒するようになる。この頃の学生は東西藩校を自由に選んでいいことになっていた。このため「修猷館」は城下の上級家臣が住む屋敷町の一角にあり、「甘棠館」は中下家臣の住む地域にあったが、上級家臣の子弟がわざわざ遠くの「甘棠館」に学びにくるようになっていた。

南冥はその勢いのままに学生を指導するほか、社会のさまざまな面にも活動を広めた。この隆盛を見ていた藩の重役たちは不快感を示し、南冥のいくつかの提案を拒否した。たとえば南冥は太宰府政庁の跡地に「太宰府旧址碑」を建立しようと志し、碑文を作って藩に許可を求めたが、「いまさら藩の費用で作る必要はない」と拒否されている。碑文の内容が尊皇思想に傾いているのを藩に咎められた、という説もある。

さらに寛政二年（一七九〇）、幕府老中・松平定信によって、「寛政異学の禁」が布告され、各藩に影響を及ぼしていく。福岡藩では南冥が標的にされた。

その結果、寛政四年、南冥は学頭の職を解かれ、閑居を申し付けられる。代わりに訓導・江上苓州が館長代理を務め、南冥の長男・亀井昭陽（一七七三〜一八三六）が藩儒として家督を継ぐことになる。悪いことは重なるもので、城下が大火に見舞われ、折からの強風にあおられて「甘棠館」も運悪く全焼してしまう。

そしてこれを機に上（幕府）のご機嫌ばかりをうかがう宿老・重臣たちによって「甘棠館」は廃校となってしまう。昭陽は儒官を免ぜられて平士に落とされる。かくして福岡藩では藩学から徂徠学派は閉め出され、益軒の流れを汲む朱子学一辺倒になった。

これで「甘棠館」の十四年の歴史に終止符が打たれたわけだが、一時的にせよ学派の異なる藩校が学問の成果を競った現象は非常に珍しいケースといえよう。似たようなケースは先に少し触れたが、広島藩学問所（のち修道館）で天明二年（一七八二）から寛政二年（一七九〇）まで、頼春水が西堂で闇斎派朱子学を、香川南浜が東堂で徂徠学を講じ、学生は東堂に多く集まり古学派が優勢だったことがある程度である。

このあと亀井南冥、昭陽親子は私塾・百道（ももぢ）社を開き、これは明治維新まで百年間維持し、多くの人材を輩出した。福岡藩の支藩・秋月藩（五万石）藩主らから、南冥昭陽親子は厚遇された。南冥の主著『論語語由』が、秋月藩から公刊されたのもそれゆえである。南冥、その弟の僧・曇栄、長男昭陽、二男大荘、三男大年は仲睦まじく、地域の人々は親しみを込めて「五亀」と呼んだという。昭陽の長女・少琹は才媛だったたし、二男の暘州は幕末の激動期を乗り切って亀井塾を守り切ったという（この項、福田殖「『甘棠館』扁額と亀井昭陽肖像」九州大学教養部報、一九八〇年一〇月号による）。

南冥は門人の特質を活かすことに優れ、亀井塾は多くの人材を輩出した。

牧野茅山（ぼうざん）は柳河藩の儒者に、永富允国は肥前・五島藩の儒者に、梯箕嶺（かけはしきれい）は久留米藩の督学になった。門人中随一の漢詩人といわれた原古処（こしょ）は、秋月藩校稽古館の館長にまでなった。「甘棠館」廃校後、句読師だった青木興勝は長崎に勤務のあと、藩の蘭学師範となり、海防論『答問十策』を著した。蜚英館に学んだ医師・武谷元立は藩の御目見得医に昇進する。亀井昭陽に学んだ女医・高場乱（おさむ）が開いた興志塾からは箱田六輔、頭山満らの民権・

国権論者が出ている。亀井南冥が地域に与えた大きな影響が感じられる。

一方、「甘棠館」が閉鎖されたあとの「修猷館」は、甘棠館に通っていた学生を受け入れるため大幅な増築が行われた。敷地内の一角に武榭（ぶしゃ、武芸稽古所）が新設され、藩士たちの兵学講義、武術鍛錬の場となった。

藩主たちの力の入れ方も違ってきて、十代藩主・斉清（なりきよ、一七九五〜一八五一）は学館見学を重ね、御殿内での会読を始めた。また、十一代藩主・長溥（ながひろ、一八一一〜八七）の時にはその回数も格段に増えたといわれる。安政の改革では「修猷館」に和学局が設けられた。

慶応三年（一八六七）には城下土手町に医学校「賛生館」を新設、漢洋両学科を設けて地域医療に取り組んだ。版籍奉還のあと、「修猷館」は英学と仏学両科を新設するに至る。しかし、明治四年（一八七一）廃藩となり、「修猷館」は八十八年に及ぶ藩校の歴史を閉じたのだった。

こののち明治十八年、藩校「修猷館」は県立中学修猷館として再興され、さらに曲折を経て現在の県立修猷館高等学校に引き継がれている。

白河藩校立教館 ―― 福島県

はるか古代より、この地には「白河の関」が設けられ、要衝の地となっていた。江戸時代に入っても奥羽地方の外様大名の抑えとして、重要な地であることに変わりはなかった。白河藩は、奥羽地方への出入り口である陸奥国白河郡（福島県白河市）一帯を領有した藩である。

ところが重要な藩のわりには、肝心の領主が次々と交代し、藩政も落ち着かなかった。

江戸時代初めの寛永四年（一六二七）、丹羽長重（一五七一～一六三七）が十万石で入って、白河藩が成立したものの、丹羽氏は二代で交代し、そのあとは榊原家一代、本多家二代、松平（奥平松平）家一代、松平（越前松平）家三代、松平（久松松平）家四代と代わり、最後に阿部家が一八二三年から明治維新まで八代にわたって支配した。

これらを通じて石高はほぼ十～十五万石だったたし、山間の領地だったため、実収入が少なく、財政難に苦しんだ。

領主が頻繁に交代して定まらず、藩士たちの意気も上がらず、領民の暮らしも楽にならないという澱んだ空気を一変させたのは、久松松平家出身の松平定信（一七五九～一八二九）だった。

定信は御三卿の田安宗武（一七一五～七一）の子として生まれ、荷田春満（かだのあずままろ、一六六九～一七三六）や賀茂真淵に国学を学んだ父の影響を受け、十二歳のときに『自教鑑（じきょうかがみ）』を著したほどの天才と謳われた。安永三年（一七七四）、十七歳のとき十代将軍・家治の命で白河藩主・松平定邦（さだくに、一七二八～九〇）の養子となり、このときから定信と名乗った。実は幼くして聡明だった定信は、徳川家治の後継、十一代将軍として有力視されていたのである。

しかし、定信は老中・田沼意次（一七一九～八八）の賄賂政治を批判したため存在を疎まれ、意次の権勢を怖れた一橋家当主・治済によって、久松松平家庶流の陸奥白河藩主・松平定邦の養子に出されたのだった。

存亡の危機を切り抜けた松平定信

定信が家督を継いだのは、天明の大飢饉が始まった天明三年（一七八三）、二十五歳のとき。白河藩十一万石のうち、大半の十万八千石が損耗するという飢饉に直面し、窮民の一揆や打ち壊しが城下で起こるという最悪の時期だった。

「こういうときこそ人心は一新するものだから、むしろ不幸中の幸いだ」と定信はいって、矢継ぎ早に対策を打った。米や麦をはじめとする食料を窮民に与え、土木工事に雇うことで窮民の救済を図る。一方、家臣や領民に対して徹底した倹約を命じ、飢饉対策と藩政改革に乗り出したのである。

この時期、定信は家臣に対して十三カ条の訓戒を与えている。この訓戒は「白河家訓」といわれ、定信の藩運営の指針となるものだった。のちに定信が幕府老中首座となって行った寛政の改革の考え方は、この藩政の指針がその中核をなすものと見られる。

定信は藩政の主眼を農村人口の維持と、その生産性の向上に置き、間引きを禁じ、赤子の養育を奨励し、殖産に励んだ。他にも、馬産を奨励し、蕎麦づくりを勧めた。いまでは「白河そば」として有名になった。また、職人にだるまを作らせて売らせたのも定信である。白河だるまはいまでは白河の特産物で、毎年二月十一日には「白河だるま市」が開かれる。

定信は天明七年、二十九歳の若さで老中首座となり、寛政の改革に取り組む。寛政二年（一七九〇）、「寛政異学の禁」の通達を大学頭・林信敬（のぶたか）に与え、朱子学を正学とする旨を徹底し、他の学派を禁止、朱子学の興隆を図った。

白河藩は定信の前藩主・定邦が教授職を置いて藩士に学問を奨励したが、まだ学校の施設はなかった。そこで、定信は藩の学問所、立教館を創立する（寛政三年）。立教館の名前は、『小学』立教篇に由来し、白河小峰城の郭外会津町に侍屋敷二軒分の土地を合わせて造られた。広さは四十間（約七二メートル）四方だった。その中央に学館を建て、館の東側に句読、習書、容儀、算数、習学を学ぶ学舎が、その後方に教授、学頭らの庁舎、西北部に寄宿生徒のための諸生寮があった。外側は弓、砲、剣、槍などの道場が巡らされていた。

立教館創立時の職員は、学校奉行一名、教授一名、学頭二名、学校目付二名、句読師七名の構成だった。初代教授は朱子学者の本田東陵（とうりょう、一七二五～九六）だが、二代教授は広瀬蒙斎（もうさい、一七六八～一八二九）で、蒙斎は定信の命を受けて江戸の昌平黌に入学、朱子学を修めて白河へ帰り、学頭になったのち、三十一歳で教授になり、十七年間在任した。その間、藩主・定信の侍講となり、藩政の諮問にも預かり、禄高は百三十石にまでなった。

三代教授の南郷蘭室（なんごうらんしつ、生年不詳～一八二五）は学館創設の際には学頭だったが、郡代に抜擢され、城南の大沼付近の荒れ地の開拓に着手した。城下町人三名に開拓を請け負わせ、新田開発に成功、三名は新百姓に取り立てられた。この新田からは百七十七石の収穫を確保し、そこから納入される年貢収入を立教館経営に充てたことから、ここは学田新田と命名された。

こののち松平家から代わった阿部家の藩校・修道館においても、同様に学校経営の基金になった。文政六年（一八二三）、藩主・定永（さだなが、一七九一～一八三八）の時、松平家は伊勢国桑名に転封になったが、立教館も一緒に移転し桑名藩校になった。こののち明治四年まで存続した。

学問は人の人たる道を学ぶこと

藩士の子弟は十一歳になると、全員が立教館に入学する。当時の藩士は士分格（上士）と舞台格（平士）は厳重に区別されていた。しかし学校内では上士、平士の区別なく取り扱われた。生徒はまず句読所で四書五経の素読を行う。素読から何人かで話し合う会読、書物の内容を熟考しながら読む看書へと進む。十三、四歳で対独科へ進み、『春秋左氏伝』『史記』『十八史略』などの教科書を使い、十六、七歳で独看科へと進んで『日本外史』『日本政記』などを読んだ。

立教館は文学部に和学、漢学のほかに、数学や医学、天文学などの理系、習字学、画学、音律および雅楽などの芸術系、儀式学、蘭書学があった。武術部には剣術、槍術はもとより、長刀術、弓術、馬術、柔術、棒術、居合術などを網羅し、鉄砲および火矢術、遊泳術および漕舟術まであった。

藩士の子弟は文武偏りなく、必ず文学部の普通科（漢文）と武術部の一科は兼修することとなっていた。定信はしばしば直々に立教館に出向き、教授たちの講義を聴いたり、考試に臨席して成績優秀者に恩賞を与えるなど学問への奨励を続けた。

定信は老中引退後の寛政九年（一七九七）、幼少の生徒たちに対して立教館童蒙訓を発表する。そこで、「学問は人の人たる道を学ぶことで、しかも見聞を広めることであるから、人たるもの学ばずして一日片時も立ちがたいもの」と述べ、人が尊いのは五倫五常を持つからだと説いている。

五倫五常は儒教で人の守るべき五つの道を意味する。五倫とは「君臣の義」「父子の親」「夫婦の別」「長幼の序」「朋友の信」をいう。五常の意味は五倫と同じだが、仁、義、礼、智、信を表す。定信はこれらの事柄を具体的な例を挙げて詳述している。

文化六年（一八〇九）、白河城下は大火に見舞われる。立教館はもとより、小峰城二の丸三の丸も類焼してしまう。当時江戸にいた定信のもとに、白河城下の役人が火災の状況を報告した。国元の惨事を知った定信はまず、藩祖・定勝を祀る鎮国神社の再建を命じた。そして、次に学校の再建を命じたのである。定信が傑出したリーダーであったことが、この一事からもうかがえる。役人たちは城郭などの再建を先にしたいと言上したが、

「学問は一日も廃してはならぬ。人々がよく文武の道に励めば、櫓（やぐら）はなくとも憂えることはない」

と述べ、学校再建を急がせたという。そのときから九カ月後、学校は旧にも増して立派な校舎が完成した。再建にあたって定信は、立教館に安置するものとして、「中央に大神宮御祓、左方に東照宮御遺訓、右方に四書五経、次に勧学家訓（藩祖定綱の定めた学問奨励の教え）」と定めている（「立教館令条」）。当時の藩校では多くのところでは、幕府の昌平黌に倣って中央に聖像（孔子の像）を安置し、孔子を祀る儀式である釈奠（せきてん）を行っていた。定信は「聖像は安置しないので、釈奠などは永久にしないこと」と述べていることは注目に値する。

大神宮御祓とは伊勢神宮から頒布されるお札のことで、定信が朝廷に対して篤い崇敬の念を持っていたことがわかる。

松平定信は自ら多くの著書を残した。代表的なものは、『花月草紙』『宇下人言（うげのひとこと）』『集古十種』などで、合わせて百以上の著書が残っている。『宇下人言』は定信の字を分解して付けた

（定→宀下、信→人言）ことが知られている。また、文献を分析、白河神社が建つ位置が「白河の関」の場所である、という考証を行ったことでも知られる。のちの近代の発掘調査でこのことが再確認され、「白河の関跡」として国の史跡に指定されている。

また、定信は大名ながら起倒流柔術・鈴木邦教（清兵衛）の高弟で、三千名といわれる弟子のうち、三本の指に入る実力の持ち主だったといわれる。藩祖・松平定綱が家臣の山本助之進とともに編み出したという甲乙流剣術が廃れていたのを、山本家に残っていた伝書をもとに復元、起倒流柔術と合わせて工夫を加え、甲乙流を剣・柔を融合させた内容に改めた。藩校・立教館で教えられていた山本流居合術に、定信が編み出した技を加え、流派の改良も行ったと伝えられる。定信が加えた技は、立教館では「御工夫の剣」と呼ばれたという。

定信は謹厳実直な殿様に見られがちだが、白河で立教館に立ち寄ったときなどは気さくに藩士と談笑し、剣術などの稽古に打ち込んだといわれている。こうした多芸多才な藩主を持った藩士たちの明るく闊達な表情が、立教館の歴史を通して見えるようである。

阿波藩校洲本学問所および益習館 ―― 徳島県・兵庫県

襲撃された藩校

明治三年（一八七〇）五月十三日、阿波藩（徳島県域を支配する蜂須賀氏の藩）に属する藩士たちおよび脱藩者を含めて、完全武装した決起部隊の者たちが洲本城下（兵庫県洲本市）の城代・稲田屋敷や、藩校・益習（えきしゅう）館、稲田家家臣幹部邸、さらには主だった家臣屋敷を一斉に襲撃した。その前日には徳島でも稲田屋敷を焼き討ちし、脇町（徳島県美馬市）周辺の稲田家の配地にも進軍した。

洲本で決起部隊が最初に襲撃したのは益習館だった。校舎全棟を焼き討ちし、教材、図書、記録類は灰燼に帰した。この襲撃を受けた益習館側は無抵抗で、経学教授・藤本蕉陰、武道教授・藤井市郎、三宅達太郎は自刃した。この事件による稲田家側の被害は、自決二、即死十五、重傷六、軽傷十四、他に投獄監禁された者三百名余りに達した。焼き払われた屋敷は二十五棟にのぼった。

〝庚午（こうご）事変（稲田騒動）〟と呼ばれるこの事件は、明治新政府が厳重に調査した。阿波藩内の一部過激派が暴発しただけなのか、藩庁が裏で過激派を扇動して事件を起こさせたのかが、調査の焦点だった。少なくとも洲本他で暴発を知りながら、緊急措置をとらずに意図的に見逃したのではないか。こうした事実が一つでもあれば、藩知事であった十四代阿波藩主・蜂須賀茂韶（もちあき、一八四六〜一九一八）を罷免するつもりだったと伝えられる。

当時のわが国は版籍奉還後もかつての藩主が藩知事になっているだけで、旧体制と何ら変わらない状態だった。新政府にとって、中央集権化していくなかで克服していかなければならない課題で、問題の処理を誤れば各地で反政府武装蜂起を呼び起こしかねない危険性を孕んでいた。

結局、政府の処分は阿波藩側の首謀者、小倉富三郎、新居水竹ら十名が斬首（のちに藩主らの嘆願で切腹）になり、わが国法制史上初の切腹刑となった。他に八丈島への終身流刑二十七名、禁固は八十一名、謹慎は多数の藩士に及んだ。藩知事ら藩庁幹部も処分を受けた。そして本来、洲本など淡路島は徳島県へ編入するはずだったが、この事件を理由に明治四年兵庫県へ編入されることが決まって、現在に至っている。

一方の当事者である稲田家側も、北海道静内（北海道日高郡新ひだか町）と色丹（しこたん、北方領土）島に新しい配地を与えるという名目で、移封を命じられた。稲田家十六代当主・稲田邦植（くにたね、一八五五～一九三一）をはじめ多くの家臣が、遠く北海道開拓のため旅立っていった。この静内移住については、船山馨の小説『お登勢』、映画『北の零年』にも詳細が描かれている。

この事件で真っ先に襲撃された藩校・益習館は、本来の洲本にあった藩校・洲本学問所とは別に十一代当主・稲田敏植（としたね、一七六七～一八一一）の頃、大坂から儒学者の篠崎三島、小竹らをたびたび招いて講座を持ったことに始まる。

幕府の正学・朱子学以外にも大坂の実学が学ばれた。実学というのは益習館では、時務論といわれる時事問題の議論や政治・経済を主とした学問、自然科学、兵学などだった。

敏植の三男・植美（たねよし）はとくに学問を愛し、自分の邸宅全部を学問所に開放し、ここを益習館と名付けた。植美は兄の十三代当主・芸植（すけたね、一八〇二～四七）の諒解を取って、稲田家の給地の村々の在郷の奉公人、村役人にも入学を認めた。植美が死去したあと、益習館は武道場、射場、寄宿舎を備えた堂々たる学舎を構えた学校となった。国外からも多くの学者が訪れた。安政年間（一八五四～六〇）には、大坂から篠崎訥堂、京都から頼三樹三郎（らいみきさぶろう）、国学者の大国隆正などが来校し、尊皇攘夷思想を説いた。

このあと、稲田家十五代当主・植誠（たねとも）は家臣らを率いて自ら京都へ出て、諸国の藩士と交流した。また、幕末戊辰戦争の際には、家内の意見を尊皇攘夷に統一し、阿波本藩を差し置いて、新政府軍に従軍を繰り返した。阿波本藩は佐幕派であったため、こうした稲田家の討幕運動への参加は、阿波本藩との対立を深めることになった。

この確執は、明治維新後、蜂須賀家の家臣が氏族とされたのに対し、稲田家の家臣は陪臣と位置づけられ、卒族に振り分けられたことでより深まった。稲田家家臣は納得がいかず、自分たちを氏族へ編入するよう阿波藩に働きかけたが、叶えられなかった。それではと稲田氏を藩知事とする稲田藩（淡路洲本藩）を立藩するよう明治政府に働きかけていく。稲田家側は戊辰戦争への従軍など、幕末の活躍によって、要求はすぐに認められるものとみていた。その矢先の「庚午事変」だった。

阿波藩家老・稲田家に任されていた淡路島は、全体の所領が一万四千石。ここにはもともと阿波本藩が認めた学問所があった。阿波藩洲本学問所といった。寛政十年（一七九八）、洲本に勤める藩士とその子弟たちのための学問所がつくられた。稲田家十一代当主・敏植の時のことだった。この学問所の校長に任命されたのが儒学者の中田謙斎だった。謙斎は尾張に遊学し、藩校・明倫堂で細井平洲の教えを受けた。そして藩校は藩士のための学校だが、学問は内外に門戸を開くべきだと考え、自宅に庶民も学べる履堂学塾という私塾を開設したほか、藩校教授に下級武士の藤江石亭を採用して、開かれた学校運営に努めた。

その後、謙斎が亡くなり、二代目の校長・那波網川（なばもうせん）も文化九年（一八一二）に急死したので、藩は江戸から横野鏡山を派遣する。鏡山は昌平黌の儒官・柴野栗山がもっとも信頼した高弟で、彼の蔵書一切の管理を任せていたほどの人物だった。鏡山は師の遺志を継ぎ蔵書の一切を江戸深川藩邸に移し、そこに萬巻楼（ばんかんろう）という文庫をつくって収蔵し、その管理を引き受けていた。

鏡山は文化十二年、藩命によって洲本へ赴任、洲本学問所の督学を務めた。鏡山は当時の洲本学問所の所蔵図書があまりに貧弱なため、これでは学問教授に支障があるため、江戸萬巻楼の書物の一部を洲本へ運ばせた。これが現在伝来している栗山の蔵書群ではないかと考えられている。鏡山は朱子学を中心に教え、藩校洲本学問所はこの学風をしばらく守ったのである。しかし、のちに鏡山は再び江戸勤務を命じられ、初代督学の二男、中田南洋がその後任にあてられた。南洋は岡田鴨里（おうり）、牛尾桃林など幕末の学者を育て上げ、督学として手腕を発揮した。

しかし、安政六年（一八五九）、時勢に押されて経学とともに海防、練兵が重要視され、設備も撃剣場や射場、練兵場などがつくられ、海防のための藩士の勤務地も由良（洲本市）や岩屋（淡路市）に多くが配されるようになった。そこで由良と岩屋にも学問所の教授を派遣、分校を開設した。由良の分校は「進脩（しんしゅう）館」と名付けられ、岩屋の分校は「学性（がくしょう）館」といった。

現在、洲本市立図書館には約四千冊に及ぶ江戸時代の古書が残されている。この古書は「淡路国文庫」と呼ばれ、阿波藩洲本学問所が所蔵していたものだ。なかには寛政の三博士の一人といわれた柴野栗山（他は古賀精里と尾藤二洲）が所蔵していた図書、千四百三十七冊も含まれている。

佐賀藩校弘道館――佐賀県

佐賀藩は肥前国佐賀郡にあった外様大名の藩である。鍋島氏が藩主であったことから鍋島藩とも呼ばれている。戦国時代、この地域は龍造寺家が支配しており、鍋島氏はその家臣だった。

天正十二年（一五八四）、島原半島で島津・有馬連合軍と戦って、当主の龍造寺隆信（一五二九～八四）が戦死する。そのとき隆信の遺児である政家（まさいえ、一五五六～一六〇七）の補佐役として、頭角を現し実権を握ったのが、鍋島直茂（なおしげ、一五三八～一六一八）であった。直茂は龍造寺政家を廃し、その子高房を後見。ところが間もなく高房も死去。鍋島直茂に実権を握られたままなのに失望して、憤死したともいわれている。

こうして佐賀藩を支配することになった鍋島氏は、旧主を没落させて自らが権力を握った「下克上」の代表格のようにいわれ続けることになる。

佐賀藩の苦悩

慶長十八年（一六一三）、幕府から直茂の子・勝茂（一五八〇～一六五七）に領地安堵の沙汰が出たことで、三十五万七千石の佐賀藩が発足することになる。これだけの大大名でありながら実情は、三支藩（蓮池、小城、鹿島）、鍋島四庶流家（白石、川久保、村田、久保田）、龍造寺四分家（多久、武雄、諫早、須古）の自治領があったため、藩主の実質所領は六万石程度でしかなかった。このため藩は幕府への普請役への出費などを理由に、次第に直轄領拡大を図る。

主なターゲットは龍造寺四分家で、次々と養子を送り込むなどして直轄領を増やしていった。龍造寺家との摩擦が拡大し、やがてこれが「化け猫騒動」を生む下地となった。高房の遺児・龍造寺伯庵（はくあん）はたびたび幕府へ御家再興を訴えるが、藩の体勢は鍋島氏で固まっており、幕府もそういう雰囲気を察し、伯庵の訴えを取り上げることはなかった。佐賀藩は長崎に近いため、幕府から福岡藩と一年交替で長崎の警備を命じられていた。その負担も藩財政に重くのしかかっていた。

藩成立の過程で確執を内包していたわけだが、二代藩主・光茂（みつしげ、一六三二～一七〇〇）に仕えた山本常朝の口述をまとめた、『葉隠聞書』は、このあと長く佐賀藩藩士の精神的支柱となった。すなわち、「武士道といふは死ぬことと見つけたり」である。

その佐賀藩が藩校を設けたのは、八代藩主・治茂（はるしげ、一七四五～一八〇五）の時だった。治茂は学校設立を前に、儒学者の石井鶴山（かくざん、一七四四～九〇）を熊本藩に派遣する。熊本藩における「宝暦の改革」の成功の秘訣を探らせたのである。とりわけ、改革と藩校「時習館」との関係を詳らかにしようとした。その結果、改革成功の鍵は、「改革の担い手になる人材育成」が肝心、との結論を得る。鶴山は治茂の許可を得て、幕臣の大田南畝（なんぽ、蜀山人、一七四九～一八二三）、広島藩の頼春水らと交流するとともに全国を飛び回って、藩政改革と藩校の設立の意味について事例を収集した。

かくして佐賀藩校は天明元年（一七八一）、佐賀城下松原小路に創設された。

初代教授には藩の儒学者・古賀精里（一七五〇～一八一七）が、副学頭には石井鶴山が就任した。もともと佐賀藩では元禄四年（一六九一）、二代藩主・光茂の時に城内二の丸に聖堂が設けられ、孔子を祀って学問をする講堂も設けられていた。三代藩主・綱茂（つなしげ、一六五二～一七〇七）の時、人々の参詣の便を考えて城南の鬼丸に移された。

古賀精里の学問は正統的な朱子学で、聖堂などの参詣や儒学を学ぶのは、当然のことと考えられていた。弘道館の学習も藩士たちに受け入れられた。古賀は弘道館の学規を定め、学習の基礎を固めたあとの寛政八年（一七九六）、幕府の儒官となり昌平黌で教授を務めることとなる。

教育復興の提言

弘道館の教育体制は寛政年間（一七八九～一八〇一）にほぼ固まったが、文化・文政年間（一八〇四～三〇）になると、弘道館で学ぶのは年少者や二三男、貧しい武家の子弟、陪臣の子弟などばかりになって、藩校は形だけのものになってしまっていた。

古賀精里の長男・穀堂（こくどう、一七七七～一八三六）はこれを憂いて文化八年（一八一一）、九代藩主・斉直（なりなお、一七八〇～一八三九）に対して、意見書「学政管見」を提出した。

この意見書には「教育予算は削らずに、逆に三倍に増やすべき」と提言し、藩校の衰退は藩の姿勢にも問題があると指摘した。さらに天保二年（一八三一）、「済急封事」という文書を、新しく藩主に就任した十代藩主・直正（なおまさ、閑叟〈かんそう〉、一八一五～七一）に提出した。この中で穀堂は「弘道館改革が緊急かつ重要だ」と訴えた。

「いま藩内は怠惰、贅沢、嫉妬、優柔不断、負け惜しみといった好ましくない精神状態に覆われている。これが藩を窮地に陥らせ、改革を阻んでいる要因だ。学問を本気で学ぶ人が少ないこと、学ぶ意欲が低いことからきている。その解決のためには藩士一統を学館に就学させるよう学館改革を急がなければならない。学館は単に個人を教育する場ではなく、藩内一統の士風刷新を図り、藩士相互の連帯意識と政治意識を形成する場である。学館改革はすなわち藩政改革である。学館で文武に精励して良い成績をあげ、道徳性を身につけ、行状を正しく、才能ある者を家格にとらわれずに積極的に登用すれば、学館は盛んになり藩士の意識を変えていくことになる。教育内容はまず、漢学を共通基礎教養とするが、そこにとどまらず、佐賀のこと、日本のこと、世界のこと、算術、医学など、多種多様な学問をすることが必要である。とくに蘭学を通して西洋の新知識を摂取することは、長崎警備を課せられている佐賀藩にとっては緊急かつ重要である」

この穀堂の二つの意見書は、江戸時代の教育論として飛び抜けて先進的で、評価が高い。直正はこれらの意見書を受けて天保元年（一八三〇）に十代藩主を襲封すると、早速藩政改革に乗り出した。しかし、当初は隠居した父親の前藩主とその取り巻きの保守勢力に阻まれてなかなか進展しなかった。そうはいっても当時の佐賀藩は、フェートン号事件以来の長崎警備の負担が重く、前代藩主による贅沢のつけ、シーボルト台風（一八二八）の甚大な被害もあって、財政は破綻状態だった。六年後、佐賀城二の丸が全焼するという事態が起こり、これを機に直正は一気に攻勢に出る。荒廃していた佐賀城本丸に御殿を新築して再建した。前藩主らの反対を押し切っての強行だった。

これを皮切りに役人を五分の一に削減するリストラを実行して歳出を大幅に減らした。また借金の八割の放棄と残り二割を五十年割賦にすることを大商人に認めさせた。農村に対しては小作料の免除など新たな農村復興の政策を次々と打ち出した。

藩校・弘道館に関しては、この改革と同時に充実させることを指示した。天保十一年（一八四〇）、直正は弘道館を北堀端に移転拡充した。これまでの約三倍の広さの五千四百坪（約一万八千平方メートル）の校地に講堂、諸局、蒙養舎（もうようしゃ）、内生寮、外生寮、武芸場、馬場などを備えた文武両道の壮大な教育施設が完成した。蒙養舎というのは六、七歳から十六歳以下の藩士の子弟を教育するところで、これで藩士で学齢期にある者は家格の上下を問わず就学できるようになった。教育予算はそれまで百七十石だったが、直正の指示によって同じ年には約千石に増加した。

これより先、天保五年には医学寮が、同十一年には蘭学寮が設置されていた。直正自身もたびたび弘道館へ足を運び、成績優秀な生徒には京都への遊学を許し、褒賞などを与えて優遇した。そして見込みのある者を藩役人に登用するなどの教育改革も行われた。機構改革による役人の削減で空いたポストには、出自にかかわらず有能な家臣たちを政務の中枢へ登用したのである。

天保の後半から嘉永期（一八五〇年前後）にかけて、弘道館には西洋科学、西洋軍事技術の導入が開始された。嘉永二年（一八四九）には直正の世子・直大（なおひろ、十一代藩主、一八四六～一九二一）に対し、オランダから牛痘ワクチンを輸入して投与するなど試験をしたのち、大坂の緒方洪庵に分け与えている。このことがわが国の天然痘根絶に繋がった。

また、長崎警備の強化を幕府に訴えた直正は、訴えが聞き入れられなかったことから、自力で西洋軍事技術の導入を図り、嘉永五年、国産方の中に精錬方を設置、反射炉の築造をするなど科学技術の導入と展開に努めた。その結果、アームストロング砲など最新式の大砲や鉄砲の自藩製造に成功した。また、蒸気船や西洋式帆船の基地として三重津海軍所を設置、蒸気機関、蒸気船（凌風丸）を完成させた。このように佐賀藩は近代科学技術の最先端を進むことになる。

弘道館教育の実際

弘道館では十六歳くらいまでの生徒が学ぶ初等教育段階と、それより年長者の中・高等教育段階に分かれて授業がなされていた。初等段階は蒙養舎で行われた。中・高等は通学制の拡充局（外生寮）と寄宿制の内生寮があった。内生寮には将来有望な学生が入り、学問に専念した。学校管理者や教職者には弘道館を管理する頭人が一名いた。この役は白石家、多久家のような藩の家老家の当主が担当した。

教職は教授が一名で、古賀精里、古賀穀堂、草場佩川（はいせん、一七八七〜一八六七）などが務めた。次に助教、教諭、都検、教導職、指南役、師範役など十数名。蒙養舎の下級生の素読は、内生寮の上級生が指導した。

入学に際しては白麻（はくま、白色の麻の紙）一折りの束脩（そくしゅう、入学金）を納める。入学には教授と頭人の許可が必要だった。入学手続き、試験、藩主お目通り、講釈のときの席順などさまざまな処遇については藩士としての家格、直臣あるいは陪臣、長男か二男以下かなどによってランクが細かに決められていた。

佐賀藩校弘道館教科書
（佐賀県立佐賀西高等学校所蔵、県立博物館寄託、佐賀新聞社提供）

授業は年の初め正月六日から始められた。授業のはじめに先立って、朱子学の象徴である「白鹿洞書院掲示」を教官が講義した。白鹿洞書院は中国唐の時代、江西省廬山の麓に創建された書院で、宋の時代に朱子が再興、ここで学問を講義し、学規を作って学生に守らせた。これが白鹿洞書院掲示で、幕府の昌平黌はじめ全国の藩校などで、年始開講、式日などで講義に用いられた。

教科内容は四書五経の素読、会読を主に進められた。

ところが直正は、

「講義や講釈を受けただけでは、自己の知恵と徳を伸ばすことはできない。それよりもわからないことを先生にどんどん質問して答えてもらったことを自ら考え、他の人と議論し、工夫して実行に移していく。こうした問答、談話、議論の方法が良いのだ」

と、話して教職員を指導したという。

これは弘道館独自の考え方で、「江戸昌平黌に遊学したもので佐賀弘道館の出身者は、議論すれば、いつも他藩の者には負けなかったといわれているが、会津日新館の出身者だけは、この弘道館の好敵手であったそうだ」（奈良本辰也編『日本の藩校』淡交社、一九七〇年）。

見事に直正の考え方が結実した証だと考えられる。

弘道館の生徒数は安政二年（一八五五）頃、内生寮寄宿生約四百五十名、年長者通学の拡充局が約三百名、東西の蒙養舎が七百名程度だった。試験は内試、会試、御試の三種類があった。内試は月二回行う校内試験、会試は毎月一回、重臣たちが出席して行う試験だった。御試は藩主が出席して行う試験で、出席者は礼服を着用した。


幕末佐賀藩は直正の方針で、幕府とほどよい距離感でつかず離れずの関係を保った。このため、藩論は統一され、分裂することはなかった。鳥羽・伏見の戦いで薩長が勝利すると上京した佐賀藩も新政府軍に加わり、戊辰戦争を戦った。自ら造船所を持つ海軍力、そして最新式兵器を装備した佐賀藩の兵力は、他藩に比べて圧倒的な強さを持っていたと見られる（『歴史を紀行する』司馬遼太郎、二〇一〇年、文芸春秋）。

弘道館からは、江藤新平をはじめ、大隈重信、佐野常民、島義勇（よしたけ）、副島種臣（そえじまたねおみ）、大木喬任（たかとう）、中牟田倉之助、久米邦武ら、幕末から明治維新にかけて活躍した人材を輩出した。だが、大隈重信は弘道館の教育に疑念を持ち、のちに自らの理念に添った大学を創設した。早稲田大学である。

江藤新平と島義勇は明治七年（一八七四）、佐賀の乱を起こし処刑された。こう見ると、総じて佐賀藩校・弘道館出身者はなにものにも拘束されない強い意志と、最後までやり通す行動力を持った人物が目立つ。

弘道館の教育理念は、蒙養舎を継承して開校した勧興小学校（現在の佐賀市立勧興小学校）に受け継がれた。校舎の二階にはいまも資料室「懐古堂」がある。さらに弘道館跡に建設された旧制佐賀中学校（県立佐賀西高等学校）は弘道館の教育理念を受け継いだといわれている。

福井藩校明道館　——　福井県

福井藩の初代藩主は徳川家康の二男で、二代将軍・秀忠の実兄にあたる結城秀康（一五七四～一六〇七）である。本来であれば家康の後継者になるべきはずだった。しかし、小牧・長久手の合戦ののち、両者の和睦の印として秀康は秀吉の養子となり、その後小田原攻めののち、下総の名族・結城晴朝（はるとも）の娘婿となって結城姓となった。

こうした経過から家康は秀忠を将軍に指名、秀康に対しては越前六十八万石の大大名の地位を与えた。秀康が死んだあとは長男の松平忠直（ただなお、一五九五～一六五〇）が二代藩主となる。忠直は大坂の陣では一番乗りの武功を挙げ、内政面では鳥羽野（福井県鯖江市神明）の開発など優れた業績を残した。

しかし、忠直は狂気乱心の行状ありとして、家康没後の元和九年（一六二三）、改易、配流されてしまう。忠直の乱心は、菊池寛『忠直卿行状記』で知られるが、忠直には幕府の処遇に憤懣があり、その結果自制心を失い、改易の口実を与えてしまったものと考えられる。幸い家督は実弟の忠昌（ただまさ、一五九八～一六四五）の相続が許されるが、所領は大幅に削られることになる。さらに貞享三年（一六八六）、六代藩主・綱昌（つなまさ、一六六一～九九）が発狂を理由に強制隠居させられ、所領没収の処分を受けた。

そして改めて前藩主だった昌親（まさちか、吉品〔よしのり〕と改名、五代藩主が七代藩主を再襲、一六四〇～一七一二）に二十五万石が与えられた。のちに藩領は三十二万石にまで回復するが、藩祖・秀康の時の六十八万石に比べれば半分以下になり、これ以降越前福井藩が財政難に苦しむ大きな要因になった。

医学校から始まる

幕末の動乱期になると、福井藩は、十六代藩主・松平慶永（よしなが、春嶽〔しゅんがく〕、一八二八～九〇）を先頭に親藩としての節度を守りながらも、幕政の根本的改革と新時代への対応を巡って奮闘した。その底流には、この地方の開明的な風土と、本来ならば御三家以上の家格を主張できたはずの越前松平家に対して、幕府がとってきた冷たい処遇への反発があったのかもしれない。

この藩で藩校ができたのは意外に遅く、文化二年（一八〇五）のことだった。越前・若狭地方でも開校は遅いほうだった。すでにこのときには小浜藩順造館が安永三年（一七七四）に、文化元年（一八〇四）には丸岡藩平章館が開かれていた。福井藩は藩の石高が当初の四割に削減されるなど、長い年月にわたり藩内が落ち着かなかったせいもあるかもしれない。

福井藩はもともと医学研究が盛んなところで、人体解剖が行われたのも明和六年（一七六九）と早く、それは日本で最初の解剖書『蔵志』（山脇東洋著）の出版のあと十年足らずだった。そのためか、最初にできた藩校も医学校だった。この藩校は「済世館」と名付けられ、藩医の浅野道有（一七六四～一八三〇）宅が仮校舎となり、同僚の妻木英輔（一七六八～一八四二）と二人が教官になって教えた。

医学校の経営が軌道に乗った頃、福井藩でも他藩と同様、儒学を基本とする藩校設立の気運が盛り上がってきた。米穀商の内藤喜右衛門の請願と寄付によって、文政二年（一八一九）城下桜ノ馬場に藩校・正義堂が開校された。藩儒の前田雲洞（うんどう、一七四六～一八三二）を総監に、教官の句読師数人が置かれ、生徒は希望すれば武士や庶民、身分や年齢を問わず誰でもが学べた。

このとき十二歳の吉田東篁（とうこう）がいた。吉田東篁は軽輩の子だったが、正義堂で熱心に学び、山崎闇斎の崎門学に傾倒して、教養主義を排し、政治的実践を求めた。のちに正義堂の句読師になり、吉田東篁門下からは、幕末の藩政改革を藩主の慶永とともに尽くした、橋本左内（一八三四～五九）、鈴木主税（ちから、一八一四～五六）、浅井政昭（一八一三～四九）、由利公正（一八二九～一九〇九）らの藩士を輩出した。

福井藩の藩校がユニークなのは、ひとえに十六代藩主・松平慶永（春嶽）の藩政改革、藩校改革によるところが大きい。松平慶永は田安徳川家三代当主・徳川斉匡（なりただ）の八男で、将軍徳川家慶の従弟にあたる。天保九年（一八三八）、福井藩十五代藩主・斉善（なりさわ、一八二〇～三八）が若年で突然死去したあと、養子に入り家督を相続した。まだわずか十一歳の若殿であった。

藩はこの頃から財政改革の真っ只中で、改革派が主導権を握り、旧主派の家老を罷免、全藩士の俸禄を三年間半減、藩主自身の出費五年削減を打ち出した。いずれも改革派の中江雪江が由利公正、橋本左内などの補佐を受けて実行したものである。慶永は安政二年（一八五五）、人材育成を図るため、それまでの教学を思い切って一新した。藩校の名も明道館と改め、建学の理念「文武不岐」「学政一致」を掲げた。「文武不岐」は水戸藩改革派の藤田東湖（一八〇六〜五五）が唱えたもので、福井藩校にも建学理念として掲げられた。

「学政一致」は福井藩に招かれた横井小楠（しょうなん、一八〇九〜六九）が唱えたものだ。熊本藩士だった横井小楠は、福井藩の慶永の諮問に答えて、『学校問答書』を提出、答申した。その中で、教育の目的は「政事に役立つ人材の育成」と記述した。これに添って明道館では、藩政改革の役に立つ、実用の学を中心に教育していくことを決めたのである。

藩校・明道館は二十代の慶永指導のもと、経書科、兵書武技科、国史和書科、歴史諸子科、典令科、詠歌詩文科、習書算術暦学科、医学科、蘭学科の九科に分かれていた。医学科はそのまま済世館が担当した。藩校は慶永の側近の鈴木主税が中心になって、運営されていた。藤田東湖が「今真に豪傑と称すべきは天下唯鈴木主税、西郷吉之助あるのみ」と讃えた人物だった。

ところが鈴木が重い病にかかり、後事は橋本左内に託された。橋本は藩医という低い地位から、事実上の藩校責任者にあたる学監同様心得に抜擢された。橋本は空理空論を排し、実学を重んじて学校運営を推進した。安政四年（一八五七）、左内の指示で惣武芸所、洋書習学所、算科局が設立された。

明道館の入学資格は、士分の者に限られ、それ以下の者は出願後審査を受けて合格すれば入学が許された。年齢は十五歳から四十歳まで。十五歳未満は福井城下四カ所の外塾で基礎教育を受けることとされた。明道館の学生は、学力に応じて段階を踏み、試験を経て上の学級へ進んだ。

第一段階の学生は登校生といわれ、上達すると弁志生に進級する。弁志生が試験を受けて合格すると敬業生となり、さらに上の伝習生を目指す。伝習生になると、その中から教官になる者も出る。教官は教授一名、助教三名、訓導師三名がいた。その教官の中には先の吉田東篁もいた。軽輩の東篁を抜擢したのは鈴木主税だった。慶永は、著書『真雪草紙』の中で、東篁をこう讃えている。

「吉田悌蔵（東篁）という者がいる。非常に身分は低く、桜ノ馬場に住んでいる竹藪の番人の子であった。この人は学問を好んで、日夜勉強した。これが福井に学問が興った始まりである」

学問の世界では身分の上下はなく、優れた人材はすぐに登用されることを示したのだ。福井の学問の始まりが、竹藪の番人の子だと藩主自らが記すところに、きわめて柔軟で公平な気風が現れていよう。

この頃から福井藩は、藩政改革の中に洋学振興を掲げており、安政三年（一八五六）には藩医に従来の漢方医術に加えて、蘭法医学を学ばせた。

先述したが、この翌年橋本左内が明道館内に洋書習字所を開設したのも趣旨は同じである。左内は欧米の自然科学研究や兵学が優れていることを深く認識していた。

反面、洋学の安易な導入への弊害も心得ており、彼が記した覚え書き「館務私記」の中で、「万一にも洋学にかこつけて、新しいものや変わったものを好み、正しい道理をないがしろにして、大衆を惑わすことのないように」と警告している。友人への書簡には、「仁義の道や忠孝の教えはわが国古来の学問で自ら解明するが、科学技術は外国から学ぶ」と書き、「和魂洋才」を唱えていた。

明道館はこのあと、急速に洋学を取り入れ、蘭方医が中心となって研究が進んだ。翻訳機関洋学所の設置や軍制改革などは横井小楠を顧問に、橋本左内らによって推進された。洋学館の中からは岩佐純（一八三五～一九一二）、増田宗三、橋本綱常らが再三長崎に派遣され、最先端の洋学導入が図られた。

のちに岩佐純は明治政府の医学取り調べ御用掛として、医学教育制度の確立に務め、橋本左内の弟である綱常（一八四五～一九〇九）は、陸軍軍医総監を経て初代日本赤十字病院長に就任した。

松平慶永は文久二年（一八六二）、新設の政事総裁職に就任、徳川慶喜とともに京都守護職を設置、会津藩主・松平容保（かたもり）を就任させ、将軍・徳川家茂の上洛など公武合体政策を進めた。

これより前、徳川家定の将軍後嗣問題では橋本左内を京都に送り運動させたが、思うような結果が得られず、かえって橋本左内が斬首される結果を招いた。さらには文久二年、政治顧問だった横井小楠が暗殺されるなど、不幸が続いた。

政治的な挫折があっても、慶永の知的好奇心は衰えることがなかった。

明道館を生き返らせた慶永は、西洋リンゴを初めて日本に導入したことで知られ（アメリカ産の苗木を入手、巣鴨の福井藩下屋敷に植えた)、「元治」と「明治」という元号は慶永が幕府と朝廷を説得して決めさせたとも伝えられる。さらには幕末に鋳造された貨幣「文久永宝」の文字は、慶永の手になるものという。そのため島津斉彬（鹿児島藩主)、山内豊信（土佐藩主)、伊達宗城（宇和島藩主）とともに幕末の四賢侯と称された。見てきたように慶永は好奇心旺盛で、学問ばかりでなく万事新しいものに関心を示す藩主だった。明道館も慶永の性格が如実に反映された藩校だったといえよう。

明道館は明治二年（一八六九)、校名が「明新館」と改められ、事実上明道館は廃された。曲折を経て、藩校の歴史は、のちの旧制福井中学校、現在の福井県立藤島高等学校へと引き継がれた。

第六節　今日に名を残す藩校

「今日に名を残す藩校」は数多くある。たとえば「藩校サミット」に結集する藩校でも明らかなように、そのいずれもが名藩校に相応しい歴史と伝統を持っている。

ここではその中から誰もが知っている三つの藩校を取り上げる。

米沢藩校興譲館

九代藩主・上杉治憲（鷹山）が折衷学者・細井平洲の教え「知教一致」の考え方のもと、創設した藩校である。米沢藩主・上杉治憲といえばアメリカ大統領・ジョン・F・ケネディが演説でたびたび引用したという「伝国の辞」があまりに有名で、それ以外のことはあまり知られていない。そこで藩校・興譲館ができるまでの経緯、興譲館の教育内容などに詳しく触れる。

長州藩校明倫館

比較的早く開校されたが、当初は儒学者の山田原欽、山県周南らによって厳格な儒学教育が行われていたことはあまり知られていない。というのも明治維新での長州藩の活躍で吉田松陰の松下村塾が格別注目され、幕末の明倫館は松下村塾へ入るための過程の存在と受け取られたからである。しかし、そこでは多くの葛藤を経て、教育内容やシステムについて厳しい試行錯誤が繰り返されてきた。その過程を知る者は多くない。幕末に若い志士たちが大きく飛躍する土台が形作られたのは、藩校教育が刻んだ多様な積み重ねの結果であった。その内容を見ていく。

會津藩校日新館

儒学教育に加えて藩祖・保科正之の定めた「家訓十五条」と正之の著書三部作を学ぶことを義務づけていた。そしてこの地方独特の「遊びの什」「学びの什」という社会教育システムとが相俟って、独特の教育理念を確立し「会津士魂」として藩士に徹底的に叩き込んだ。

幕末、藩主松平容保が京都守護職に就き佐幕派の立場を鮮明にしたのもやむをえない時代の流れがあったとはいえ、会津藩憲法ともいうべき「家訓十五条」をもとに愚直に突進した結果かもしれない。そして壮絶な東北戊辰戦争へと進んで「日新館」で残ったのは「天文台」だけとなった。

そうした会津藩において藩校は、どんな役割を果たしたのか。そして、司馬遼太郎にいみじくも「会津藩士の教育水準が最も高い」（『歴史を紀行する』文春文庫、二〇一〇年）といわしめた源泉はどこにあるのかを探っていく。

米沢藩校興譲館――山形県

五月雨を集めて早し最上川

芭蕉が『奥の細道』で詠んだ最上川の源流は、現在の福島県と山形県の県境にある吾妻山に発する。この川は全長約二百三十キロメートルの大河川（長さ全国七位）だが、山形県だけを流れ下って日本海へ注ぐ。一府県だけを流れ下る大河は最上川しかない。

山形県域は新庄を中心とする最上、鶴岡・酒田を中心とする庄内、山形を中核とする村山、米沢を中心とする置賜（おきたま）、この四地域に分かれる。置賜はこの四つに分けた内陸の南側にあたり、海のない山間部、米沢盆地に置かれたのが米沢藩である。

戦国武将で関東管領職にあった上杉謙信（一五三〇～七八）を藩祖とする米沢藩は、もともと謙信の甥で養子の上杉景勝（かげかつ、一五五六～一六二三）が関ヶ原の戦いの前、会津地域と出羽庄内地域、それに佐渡を加えた百二十万石を領有していた。当時これは徳川家康、毛利輝元に次ぐ、全国三位の石高であった。

それが景勝とその補佐役・直江兼続（かねつぐ、一五六〇～一六二〇）が家康に縁切り状を送って石田三成に味方したため、関ヶ原戦後の徳川家康の仕置きで米沢三十万石へ閉じ込められることになってしまった。

初代藩主・景勝は関ヶ原の戦いに備えて雇った兵や浪人などは解雇したが、所領が四分の一になっても、越後春日山城主だった頃から付き添ってきた譜代家臣、武田家、小笠原家、蘆名家旧臣はそのまま抱えたため、六千名といわれる家臣団を維持した。居城、米沢城は三階櫓の平城であったが前に住んでいた伊達家の時代から拡張を行っていなかった。だから一度に多数の上杉家の家臣たちと、その家族が移り住むと大混乱に陥った。やむなく下級武士たちを城下町の外に住まわせ、半農半士の生活を送らせた。このような下級武士を原方衆と呼んだ。

それでも二代藩主・定勝（一六〇四〜四五）は、大幅な新田開発を進め、表高三十万石に対し実高五十一万石といわれるまでになった。ところが三代藩主・綱勝（一六三九〜六四）は藩士に対しては倹約を命じつつ、自らは大好きな能楽にのめり込んだ。明暦三年（一六五七）、城下の六百戸が火事で焼失したにもかかわらず、六千名の家臣を動員して狩を行い、それに要した費用を商人から借り受けることで賄った。このときから米沢藩の借金生活が始まった。そして綱勝は寛文四年（一六六四）、嗣子がないまま急死してしまう。

本来ならば無嗣断絶で、改易されるべきところ綱勝の岳父だった保科正之（会津藩主）の仲介で、高家肝煎・吉良義央（よしなか、上野介、一六四一〜一七〇三）の長男・三之助（のち上杉綱憲〔つなのり〕）を末期養子とすることで、藩の存続が図られた。この相続の代償として、信夫郡と伊達郡が削られ、藩領は置賜郡だけとなって十五万石に半減されてしまった。これにより、大規模な新田開発の努力も空しく、藩財政は慢性的な逼迫に悩まされつづけることとなった。

「忠臣蔵」の時代

四代藩主・綱憲（一六六三〜一七〇四）は二歳で上杉家の当主になるが、延宝三年（一六七五）将軍・家綱の前で元服する。綱憲は幼少期から親思いの学問好きな藩主として、傅役の竹俣充綱（みつつな）らに大事に育てられた。竹俣は上杉家の家史編纂を進言し、元禄九年（一六九六）に「謙信公御年譜」が、元禄十六年には「景勝公御年譜」が完成した。

綱憲は役職の整備、藩中の風紀取締を厳重にし、紀律の徹底を求めた。そして、歴史編纂、教学振興に熱心に取り組んだ。元禄十年（一六九七）、米沢藩学館のはじめとなる聖堂・学問所を藩儒兼藩医の矢尾板三印の自宅を改造して設けた。聖堂の扁額に「感麟殿」と揮毫した。これらの施設が、のちの藩校・興譲館に繋がる。

ところが、どうしたことか、綱憲は、塩谷毘沙門堂や禅林寺の文殊堂などの社寺の大修理、米沢城本丸書院、二の丸舞台、麻布中屋敷新築などの建設事業を次々と決定。参勤交代も華美にし、豪華な能遊びをしたりするなど、所領半減後とは思えぬ出費を重ねていく。挙句に、藩の軍用資金を一般財政に流用するに至って、批判を浴びることになる。

さらに批判をものともせず、綱憲は実父・吉良義央の夫妻の浪費による負債二千七百八十両を立替え、毎年六千両の援助金を送ったのである。吉良屋敷が火事で類焼にあったときは、呉服橋に新邸を新築する費用として八千両を援助したほか、大工五十名を米沢から派遣した。

その吉良義央が、播州赤穂藩主・浅野長矩に城内で斬りつけられる事件が起こった。元禄十四年（一七〇一）三月のことである。心配した綱憲は事件後、生母・富子を吉良屋敷から上杉家へ引き取っている。そして翌年の十二月、赤穂浪士によって吉良邸討ち入り事件が起きる。

『忠臣蔵』という題名で有名なドラマでは、父のために吉良邸に援軍を送ろうとする綱憲に対して、家老の色部安長あるいは千坂高房が身を挺してこれを諫める場面が描かれている。しかし、この日安長は実父の忌日で上杉家におらず、千坂高房に至っては事件の二年前にすでに他界している。この日綱憲を止めたのは、幕府老中からの出兵差し止め命令を綱憲に伝えるべく、上杉邸に赴いた遠縁筋の高家・畠山義寧（よしやす）だった。

こうした事情を知らない一般庶民は、米沢藩の態度を不甲斐ないものとみなし、「影虎（謙信）もいまや猫にや成りにけん、長尾（謙信の実家）を引いて出もやらねば」などという落首が大量に江戸の市中に出回った。

藩士たちは藩を断絶に追い込む行動には誰も賛成せず、幕府の出兵差し止めを当然のこととして受け止めていたといわれる。熱くなったのは実父が討ち取られた綱憲だけで、藩士たちは他家の不始末に過ぎないと、冷静に受け止める向きが大半だった。

綱憲は事件の二年後、病気を理由に長男の吉憲（一六八四～一七二二）に家督を譲った。六代藩主は吉憲の長男で宗憲（一七一四～二四）だったが若くして死去し、七代藩主・宗房（一七一八～四六）も早世するなど、病弱な藩主が相次いで短期間に藩主がめまぐるしく代わった。八代藩主には宗房の弟の重定（一七二〇～九八）が就く。重定は先代までのように病弱ではなかったが、暗愚で藩政を顧みず遊興に耽って借財だけを増やした。

宗房の代には領内農村の荒廃が凄まじく、年貢未納も目立ったため元文三年（一七三八）、当年分完納を条件に、それ以前七カ月分の未納分の延納を認める有様だった。重定の代になると彼の贅沢三昧に加え、寛永寺普請手伝いによる五万七千両の工事費や宝暦五年（一七五五）の凶作損耗高七万六千石の被害も重なって、借財が莫大な額にのぼり、幕府に十五万石の返上を願い出ることを親族の尾張藩に相談して、きつく諭されるひと幕もあった。重定の時、下級武士ながら藩主の寵愛を利用して出世し、実権を握った人物がいる。郡代・森平右衛門利直である。森は租税の増収を図り、郷村の統制機構を整備して年貢の増徴を図った。しかし、自らの親類を側近に取り立て、人事や賞罰を独断で行うなど、独断専行が目立つようになった。このため藩政は腐敗し、やがて森は家老の竹俣当綱（まさつね）に誅殺された。

このように米沢藩の経済的困窮ぶりはとどまるところを知らず、どん底にまで落ち込んだ。当時江戸市中では、「上杉」と書いた札を鍋や釜に入れておくと錆びない、と冗談めかしていわれていた。上杉家には金（金気）がないから、錆びようがないというわけだ。

このようなときの宝暦八年（一七五八）、日向国高鍋藩主・秋月種美（たねみつ）の二男・松三郎が重定の養子に内定する。この幼名・松三郎こそが九代藩主・上杉治憲（はるのり、鷹山、一七五一〜一八二二）であった。

上杉治憲（鷹山）登場

治憲の母は筑前秋月藩主・黒田長貞の娘春姫。母方の祖母・豊姫が米沢藩四代藩主・綱憲の娘だった。このことが縁で、治憲十歳のときに重定の養子となったのである。

養嗣子となった治憲は、桜田にあった米沢藩邸に移り住む。そして宝暦十三年（一七六三）、江戸市中で辻説法をしていた尾張出身の折衷学者・細井平洲（一七二八〜一八〇一）の話を藩医の藁科松伯（わらしなしょうはく）が聴き、すぐに面会を申し込んだ。平洲の人柄と学識に感服した松伯は、家老の竹俣当綱に報告する。

当綱も早速平洲に面会し、養子の師範に最適な人物と確信し、藩主の重定に推薦する。こうして平洲は治憲の賓師として迎えられることになったのである。このとき治憲は十三歳、以来平洲の薫陶を受けることになり、平洲は将来にわたって治憲の学問ばかりか人生の師となる。

治憲は明和三年（一七六六）に元服、幕府十代将軍・家治の偏諱を授かり、このときから治憲と名乗るようになる。そして翌年、家督を継ぐ。

藩主の座に就いた治憲はまず、民政や産業に明るい竹俣当綱を首席家老に、財政に通じていた莅戸善政（のぞきよしまさ、一七三五〜一八〇三）を奉行（家老格）に取り立て重用したため、先代任命家老らと厳しく対立した。それまでの藩主が江戸仕切り料（江戸での生活費）を千五百両としていたのを一気に二百九両に減額、奥女中も五十名から九名に減らすなど、大幅なリストラと倹約を行った。ところがそのために幕臣への運動費が捻出できず、明和六年（一七六九）に江戸城西の丸の普請手伝いを命じられ、多額の出費を強いられて藩財政再生は遅れざるをえなかった。それでも治憲は再生への歩みを止めなかった。

治憲は細井平洲の教え、「知教一致」（学問と政治は切り離せないもの）を実践していく。そうはいっても前述のように貧しくては、藩士も領民も「礼節」を忘れる。礼節は豊かさの中から生まれると考えた治憲は、首席家老に抜擢した竹俣当綱に富国政策の実行を急がせる。

まず、当綱は治憲と相談して、蠟を採るための漆、養蚕のための桑、和紙を作るための楮（こうぞ）をそれぞれ領内に百万本植樹することにする。このうち木蠟の原料にしようとした漆は、西南諸地方の櫨の実蠟との競走に敗れ成果が上がらなかった。これがのちの当綱の失脚に繋がる。

しかし、それまで原材料を奈良と越後に提供していた青苧（あおそ）を、領内で加工することによって付加価値を高めようとする政策は、当綱が越後から縮布の技術者を招くことによって軌道に乗った。縮布の生産は、中・下級藩士の婦女子を織工とする藩営工場・縮役場で進められ、やがて縦糸を絹、横糸を麻で織った裃地などの新商品も生まれ、中央市場の評価も高まった。

仙台から技術者を招いて染料の藍の栽培と製塩法を学び、和紙の製造には伊達藩から職人を招いて指導を受け、墨の製法は南部藩から、京都からは筆の製法、相馬からは製陶術を習い、福島から舟大工を招いて、米などの物資輸送に小鵜飼舟（こうかいぶね、河川用の小型舟）の大量生産と、他国からの技術導入を大胆に進めた。

この結果、それまで他領からの移入に頼っていた必需品が国産できるようになった。治憲から命じられて改革を実行した莅戸善政のやり方が軌道に乗った頃には、領内で豊富に採れる燧石（すいせき）、青苧、紅花のような原料だけでなく、織物、絹糸、真綿などの製品を他国に販売して、多額の売り上げを上げられるようになった。このことによって、城下の屋代町に御国産所、つまり藩営の総合商社が誕生し、特産品流通の中心となった。とくに基幹商品であった織物（のちの米沢織）は、信用を守るため厳重な品質管理が行われた。

こうして改革が軌道に乗ってきた頃、治憲の信任を得て改革を進めてきた竹俣当綱に対する妬みから、七人の重臣たちが改革の中止と推進者の竹俣当綱一派の罷免を、すでに隠居していたがまだ影響力を持っていた前藩主・重定に強訴したのだ。

治憲は事の真相を藩の大目付や監察職の代表らに調査させた。すると当綱らに対する非難は根拠のないものと判明、首謀者らを斬首、切腹に処し、加わった重臣には家名の断絶など断固たる裁断を下した（七家騒動）。

こうした藩内のごたごたが続いたあとの安永五年（一七七六）、治憲は学館再興を正式に発表する。吉江輔長を頭取に、莅戸義政を御用掛に任命。学館の建物も前年から急ピッチで進められ、深い雪を除雪しながら建設された。藩校の名は治憲の師・細井平洲によって、「興譲館」と命名された。中国の『大学』の中に「一家仁なれば一国仁興り、一家譲なれば一国譲興る」という一節から取られたものだ。

治憲の諮問に答えて平洲は、興譲館開校にあたり、「学則」を送って考え方の基本を示した。「先生は教えを授け、弟子は素直にその教えに従う。温和で慎み深く、わだかまりのないさっぱりした気持ちで、教わったことを最後までやり遂げる。良い行いを見たならばそれを見習うようにし、正しいことを聴いたならばそれを実行する。優しく素直で、父母につくし兄には逆らわず従い、自分の力を信頼しすぎてはいけない……」と続き、最後はこう結ばれている。読み下し文で紹介する。

「顔色整斉にして、中心必ず式《つつし》み、夙《つと》に興《お》き夜《よわ》に寝《い》ね、衣帯必ず飾《ととの》ふ。朝《あした》に益《えき》し暮に習ひ、小心翼々、此に一にして解《おこた》らず。是れを学則と謂《い》ふ」

この年米沢を訪れた平洲は、興譲館のために『管子』弟子職の一節「学則」を揮毫して贈った。興譲館ではこれを扁額にして、生徒の教訓として掲げてきた。とくに「先生教えを施し、弟子是則る」という一句は、子弟の在り方としていかなる時代にも通じる学校教育の基本となるものとして、大切にされてきた原理である。

この扁額は藩校時代からずっと現在に至るまで二百数十年掲げつづけられ、現在では県立米沢興譲館高等学校に掲げられ、そのあるべき姿が、「興譲精神」として受け継がれてきた。

治憲は、「知教一致」という平洲の考え方を、藩政にも取り入れた。したがって興譲館の運営責任者には、それに相応しい待遇を用意した。

平洲と治憲の連絡役だった神保綱忠（一七四三〜一八二六）を最高責任者の督学に任命したのも、その一例である。地位は大目付の上で禄高は三百七十五石で重臣並みだった。その下の総監（藩校時代を通して四人が就任）は大目付の下、禄高は二百五十石、提学（同九名）は地位は町奉行の下、百二十石だった。提学補佐役が助教で、通学生の指導をするのが諸生と称される、三年間学館常詰め生（寄宿生）だった。

学館で学ぶ生徒は十歳前後の通学生が「素読生」と呼ばれ、十五、六歳以上の通学生は、『史記』『歴史綱鑑補』『易知録』などを習い、会読には『論語』『孟子』『国語』『左伝』『史記』などを教科書に使った。「諸生」は提学、助教から教えを受け、通学生の指導も担当した。

自費で学館に寄宿する生徒を「寄塾生」と称したが、授業は寄塾生も諸生とともに『前漢書』『後漢書』『易知録』を学んだ。会読には『論語』『孟子』『群書治要』『貞観政要』などを教科書とした。

諸生、寄塾生の試験は藩主、家老以下の重役が臨席して行われた。通学生に対する試験は内試、本試、秀逸試業の三種があった。このうち秀逸試業は、藩主、家老が臨席して行われ、秀逸、進業、出精、孝悌、篤志の優良者が決められ、顕彰された。これら秀逸生には樽酒三升が贈られた。

賞として酒を贈る習慣は、のちの米沢興譲館小学校にも受け継がれ、明治十六年（一八八三）、成績優秀な卒業生四名に酒と塩鮭、それに真綿などが贈られた記録が残っている。

興譲館が特徴的なのは武士、庶民の別なく誰にでも開かれた学館だったことだろう。そして藩校の席次は身分ではなく長幼の序で定められていたことである。さらに貧しい家の生徒には寄宿寮を無料にする制度もあり、加えてこうした家の生徒で優秀な子には年一両の手当金（奨学金）を支給した。治憲は藩校に優秀な指導者となるべき人材の育成という役割を求め、ここで学んだ生徒が将来藩の中枢で活躍することを期待していたのである。

興譲館で優秀な生徒は、平洲が江戸で開いていた私塾・嚶鳴（おうめい）館に遊学させる制度があった。平洲没後は、古賀塾に代わる。古賀塾は幕府の儒官・古賀精里が開いた塾である。

この遊学制度は儒学の他に医学にも広げられ、それからは蘭学研究も盛んになった。

寛政四年（一七九二）、江戸の本草学者・佐藤平三郎を招いて薬草や製薬法を学び、翌年、興譲館付属医学校・好生堂が設立される。薬草園も整備され、杉田玄白の世話でオランダ製の外科医療器具も揃えられた。

内村鑑三は『代表的日本人』の中で、こう書いている。

「どんな愛の政治も、医療の道を備えるまでは完全ではない。しかし慈悲深い上杉鷹山は、この点においても申し分ない藩侯であった」

治憲の痔疾を治した高橋玄勝が十代藩主・治広（はるひろ、一七六四〜一八二二）の御側医に抜擢されると、長崎へ遊学して蘭法を学ぶ者が増えてきた。さらに十一代藩主・斉定（なりさだ、一七八八〜一八三九）の難病が、シーボルトの弟子・湊長安の投薬で治ると、好生堂は蘭法が主流となっていった。

天明五年（一七八五）、藩政改革の前半が終了したところで治憲は隠居して、家督を治広に譲る。治憲の本意は、藩政改革が道半ばであることから参勤交代で二年に一度、国許を留主にしなければならないことで改革が頓挫することを怖れたためだといわれている。参勤交代や江戸での活動は重定の二男・治広に任せ、自分は米沢にあって改革を続ける決意だったと思われる。

このとき治憲が治広に贈ったのが世に有名な「伝国の辞」である。封建領主とは思えぬ民主精神に溢れたこの文言は、アメリカ合衆国第三十五代大統領J・F・ケネディが、たびたび演説に引用したことでも知られている。

「伝国の辞」

一、国家は先祖より子孫へ伝え候国家にして我私すべき物にはこれ無く候

一、人民は国家に属したる人民にして我私すべき物にはこれ無く候
一、国家人民の為に立たる君にて君の為に立たる国家人民にはこれ無く候
　右三条御遺念有間敷候事
　　天明五巳年二月七日　　　　　　治憲　花押
　　治広殿　机前

意訳すれば以下のようになる。

「一、国（藩）は先祖から子孫へ伝えられるものであり、我（藩主）の私物ではない。一、領民は国（藩）に属しているものであり、我（藩主）の私物ではない。一、国（藩）、国民（領民）のために存在・行動するのが君主（藩主）であり、君主のために存在・行動する国（藩）、人民（領民）ではない。この三カ条を心に留め忘れることのなきように」

　この「伝国の辞」は上杉家が明治の版籍奉還に至るまで、家督相続時に代々の相続者に家訓として伝承された。

　隠居した治憲は寛政三年（一七九一）、莅戸義政に再勤を命じ、改めて藩政改革が始まる（寛三の改革）。義政は農業振興のために生産者人口の増加、殖産興業を徹底し国産の増産、借金解消による藩財政の安定、財政支出の半減、農民教導による物心両面の農村復興を目指して、綿密な長期計画を立案した。こうして治憲が家督を継いだときにあったおよそ二十余万両の借金は、ほぼ返済されるまで

に財政は立ち直ったのだった。

莅戸義政は七十九種類の山野草、木の実について食べ方や注意を書き記した『かてもの』を出版、領内すべての町村に配り、飢饉対策とした。この書はその後近隣の藩からも求められ、類似の本も多数出版されるほど評判を呼んだ。この本の印刷に使われた版木は現在、米沢市立図書館に保管されている。

享和二年（一八〇二）、治憲は剃髪し、鷹山と号した。これは米沢藩領北部にあった白鷹山から採ったといわれている。

鷹山は「知教一致」を目指した実学の人だったが、財政再建が一段落した寛政四年（一七九二）から家中・領民を問わず、九十歳以上の老人には生涯一人扶持を与えることとする年金制度を創設したほか、子どもが五人以上いる家庭には、末子が五歳に達するまで一人扶持の手当を支給する子供手当制度を実施した。米沢藩には孝行、善行などを顕彰する制度があったが、鷹山は善行者、とりわけ模範的な人物に対しては、生涯門柱に名前を記して顕彰した。また、寛政七年（一七九五）にはわが国でもっとも早く、公娼制度を廃止する法令を公布した。

鷹山の座右の銘、「成せば成る成さねばならぬ何事も成らぬは人の成さぬ成りけり」も、「伝国の辞」とともに次期藩主に代々伝えられたとされるが、これは戦国武将・武田信玄の「為せば成る、為さねば成らぬ成る業を、成らぬと捨つる人のはかなき」を言い換えたものだと、鷹山自身が語っている（上杉家文書「上杉鷹山書状」より）。鷹山はこういって、興譲館の生徒を励ましたのだった。

こうした数々の伝説とエピソードに彩られた鷹山は文政五年（一八二二）三月、城内三の丸の隠居所・餐霞（さんか）館で七十二年の生涯を閉じた。

幕末になると米沢は、「みちのくの長崎」といわれるくらい蘭学が盛んになる。そして戊辰戦争の直後には洋学所が開設された。明治四年（一八七一）には外国語学校が開校され、英国人を招いて英語の指導が行われた。

鷹山の以前以後でかくも劇的に変貌したのは、まさに「知教一致」の精神が深く根づいたからであろう。政と教育が国の根幹であることを、米沢藩の歴史が教えてくれているようである。

長州藩校明倫館 ―― 山口県

長州藩は〝三本の矢〟のエピソードで有名な毛利元就を祖とする藩である。元就の孫の毛利輝元（一五五三〜一六二五）の時には、備後、安芸（広島県）、因幡、伯耆（鳥取県）、出雲、石見、隠岐（島根県）、周防、長門（山口県）の九カ国、堂々約百十二万石を支配下に置き、豊臣政権の五大老の一人として重きをなしていた。

ところが関ヶ原の戦いで自らは西軍に身を置いたが、一族の吉川広家（きっかわひろいえ、一五六一〜一六二五）が密かに黒田長政を通じて家康と取引を進めていた。しかし、関ヶ原での西軍の敗戦後、家康は輝元の領国を周防・長門二カ国に限って安堵すると通告、これによって領国は一気に四分の一の三十万石に激減したのであった。この事情は前項に記した米沢藩と酷似している。このときの恨みから、萩藩は早くから倒幕が国是となったという話が伝えられている。毎年新年拝賀の儀で家老が、「今年の倒幕の機はいかに」と伺いを立て、藩主が「時期尚早」と答える習わしがあった、とする俗説が広く語られている。

幕末に西南の雄藩として政局の主導権を握った長州藩の実力と気骨の背景には、根強い反徳川の脈々と受け継がれた気風があったものと思われる。

萩の指月山に築いた萩城を本拠とする萩を本藩とし、長府、岩国、徳山の三支藩が支える防長の政治体制が整えられた。禄高が減ってなおかつ多数の藩士を養わなければならなくなった長州藩は、新たな検地によって実質的な増石を図る一方、新田開発、干拓によって実高を上げる工夫を施した。

七代藩主・重就（しげたか、一七二五〜八九）の時には、宝暦検地によって得た四万千六百石余りの増石分を別途会計にして、これを財源とする経済開発局というべき撫育（ぶいく）方を創設する。そして防長四白といわれた米、紙、塩、櫨蠟（はぜろう）などの増産と集荷販売、港湾の建設、他国廻船を相手にする金融・倉庫業の越荷（こしに）方を開設して成功を収めた。

さらに幕末になると長州藩は富国強兵の一環として、有力藩同士の交易に乗り出す。諸藩が産業振興で生み出した産物を、それぞれ不足品を補う形で交易したのである。下関を舞台とする薩長交易では、長州から米、牛馬、綿、塩、紙、石炭など、薩摩からは藍、砂糖、煙草、鰹節、硫黄などが送り出された。さらに長州藩は五島（長崎県）、小倉（福岡県）、越前（福井県）、会津（福島県）、対馬（長崎県）などとも交易を進めている。これによって有力諸藩が交流連携を進め、長州藩は莫大な利益を上げていくのである。

毛利家は代々、学問を大事にしてきた。戦国大名で長州藩の祖である毛利元就（もとなり、一四九七〜一五七一）は、陣中にあっても書物を手放さないほど学問を尊重した。しかし、その元就が仕えていた大内義隆は戦国時代にもかかわらず文芸に偏って、家老の陶晴賢（すえはるかた、一五二一〜五五）の下克上によって滅んだことから、元就は文武両道に務めなければならないことを家訓として伝えた。

長州藩二代藩主・綱広（つなひろ、一六三九〜八九）によって公布され、藩の憲法として代々重んじられてきた「万治制法」にも、冒頭にそのことが定められた。「万治制法」は万治三年（一六六〇）に「当家制法条々」「諸寺法度条々」「社家法度条々」「郡中制法条々」「町方条々」の五篇、その後翌年にかけて出された施行細則を含めると二十九篇の法令からなっている。

「当家制法条々」の第一条にはこの法制を守るべきことが定められ、第二条に、「武士たる者は常に文武両道に務め、主君への忠義、親への孝行を心掛け礼儀作法を乱さず、公の勤めを第一にして朝廷を敬い、法律を守り、職務を怠ってはならない。この法律は当家に古くから伝わるもので、今後もないがしろにしてはならない」

と記されている。

諫死した学者

長州藩校・明倫館ができたのは享保三年（一七一八）、五代藩主・毛利吉元（よしもと、一六七七〜一七三一）の時だった。朱子学者の小倉尚斎（しょうさい、一六七七〜一七三七）が初代学頭に就任した。尚斎は元禄十三年（一七〇〇）、「山田復軒先生行状」の中で、「私は原欽先生の教えを受け、その恩は計り知れない。藩内の人は原欽先生を師と仰ぎ、学問が大いに進展した」と、儒学者・山田原欽（げんきん、一六六六～九三）の貢献を強調している。明倫館ができる前の藩教学を担ったのは山田原欽だった。

山田原欽は防府で生まれ、十一歳のとき京都へ移住する。そこでのちに岩国に儒学を広めることになる宇都宮遯庵（とんあん、一六三三～一七〇七）の教えを受ける。そののち伊藤宗恕（そうじょ、坦庵、生年不詳～一七〇八）を経て、原欽が十四歳のときに二代藩主・綱広（つなひろ、一六三九～八九）に見込まれ、世子の元千代（三代藩主・吉就の幼名）の儒師になり、正式に長州藩士となったのである。

以来、長く君側にあって、藩主吉就（よしなり、一六六八～九四）に必要なアドバイスを続けていく。しかし、吉就は仏教への帰依が日に日に深くなり、藩の借金が、約銀二万二千貫もあるにもかかわらず、お気に入りの僧のために萩に新寺を建立することを決めてしまう。原欽二十五歳のときだった。原欽は藩主・吉就を激しく諫め、寝室にまで立ち入って諫言を繰り返した。

これに腹を立てた吉就は、「お前の命はいつまであると思っているのか」と原欽を怒鳴りつけた。これにただひと言「今夜中に尽きてみせます」といって、原欽は何処ともなく立ち去り、その夜中に切腹して果てた。

藩校・明倫館が開校したのは、原欽が諫死してから二十五年目のことだった。学頭に原欽の弟子の尚斎が就任し、多くの弟子を育てることになる。幕末の志士・吉田松陰（一八三〇～五九）は安政六年（一八五九）、「わが長州藩において山田原欽先生以来諫死するほど公のことを第一に考えた人はいない」と記している。

尚斎は朱子学者だったので、その考えに沿って漢学、算術、筆道、習礼などの学科が教えられた。それに加えて槍術、剣術、武道などが教えられた。これ以降、同校は時勢の推移によってその内容を変化させながらも、長州藩文教の中心的役割を果たしていく。

明倫館が本格的に藩校として形を整えたのは、尚斎が死して二代学頭に山県周南（一六八七～一七五二）が就任してからだった。実は藩校が開校する前、五代藩主・吉元は周南に校名の選定を依頼した。周南は『孟子』の中から、「明人倫（人としてあるべき生き方を明らかにする）」という言葉を選び、藩主に提案した。藩主はこれを容れ、周南に学頭就任を求めた。しかし、周南は尚斎に遠慮して固辞、尚斎が死去してから吉元の子、六代藩主・宗広（一七一七～五一）が改めて学頭就任を命じた。

当時の長州藩は位の高い武士ほど、学問に背を向ける傾向にあった。それを嘆いた宗広は藩内の文書に、「学問を好まれることは先代よりまさっておられた。また、周南への親しみと敬いの気持ちにおいても、先代に倍しておられた」と書かれるほど、周南に傾倒していた。そして藩内が学問を大事にする気風で満たされることを望んだ。

長州藩に山県周南あり

山県周南は藩主（吉広）の侍読（学問を教える学者）をしていた父の二男として生まれた。十九歳のとき江戸へ出て、古文辞学を唱え始めたばかりの荻生徂徠に入門した。

　正徳元年（一七一一）、徳川幕府第六代将軍・家宣（いえのぶ）の就任を祝うため、朝鮮通信使が来日する。通信使が赤間関（下関市）に上陸するため、長州藩は幕府から接待役を仰せつかる。その接待役の一人が山県周南だった。周南は通信使に随行してきた学者と筆談、詩文の応酬を行った。通信使一行には当時対馬藩に仕えていた雨森芳洲（あめのもりほうしゅう、一六六八〜一七五五）がいて、この様子を見ていて周南の学問の深さと人格の高さに仰天していた。

　通信使は江戸からの帰途再度赤間関で周南と面会する。今度は通信使正使の希望だった。このことは長州藩と周南の評価をさらに高めた。

　そして当然のことながら、宗・明の儒学者の解釈にとらわれることなく、古典を直接的に研究することで、その意味を掴もうとする古文辞学の高い評価へと繋がった。周南が学頭に就任してからは、古文辞学を中心としてより自由で実証的な精神風土の形成にいっそう拍車がかかった。

　全国の藩校を見渡すと、総じて幕府の通達どおり朱子学を基本に据えたところより、古文辞学をあえて採用した藩校のほうが、自由闊達な議論が展開されたような感想を持つ。

　しかし、もうひとつ活発にならない明倫館の学問の状況を見て、宗広は周南に学事規則の改正を命じている。そこで周南は、「学館功令」を公布、学生たちの奮起を促す。

「学校というところは人が自分の才能を伸ばし、人徳を形成するところである。武士たる者は藩のお役に立ち、下は庶民の手本となるようでなければならない。庶民を啓発し、この社会を正しく導いていくのでなければ、学問する価値はないのである」

「私の師である荻生徂徠先生は四十歳にして古文辞学を修められ、苦節十年にして『弁道』を書き上げられた。諸君は三年という時間を限って学問をしている。わずかに千日余りである。朝夕しっかり学問すべきである」

これは周南五十二歳のときに書いたものである。この頃の明倫館は周南の努力もあって、城内三の丸の学校敷地九百四十坪（三一〇二平方メートル）に及び、孔子を祀る聖廟、兵学、天文学などの教室、書庫、寄宿舎、剣術道場など十四棟の建物が整備されていた。

元文六年（一七四一）、宗広は周南の手になる「長門国明倫館記」を石碑にして、明倫館門前に掲げた。この石碑と尚斎が学頭だった当時、朱子学者・林鳳岡に依頼して揮毫してもらった「明倫館」の扁額は、現在も萩市立明倫小学校に保管されている。

天保十一年（一八四〇）、十三代藩主・毛利敬親（たかちか、一八一九〜七一）の時、長州藩は医学教育の場を設けることにし、藩主別邸である南苑御茶屋内の建物を利用して、医学稽古場を設けた。約六百坪（一九八〇平方メートル）の敷地に薬園や製薬所、ガラス製作所などが設置され、すでに科学・洋学の研究の場があった。ここは医学に必要な科目のほか、藩の蘭方医・青木周弼（しゅうすけ、一八〇二〜六二）を蘭学教授として採用し、原書の翻訳を講じさせ、組織的に西洋学を勉強させた。この年、萩の豪商、熊谷五右衛門から所蔵するショメールの『家事百科辞書』全冊の寄贈を受け、また吉田軍次が所持していた『エヘイ分理書』九冊を買い取った。次いで翌年、萩の町人、津田六郎、佐藤藤助、津田又四郎、河村七郎兵衛は「医学全鑑」など医学書二百六十巻を寄贈した。こうして蔵書も増えた。

　この医学稽古場はのちに済生堂、好生館と名前を変えたり、明倫館内に移されたり、藩校とは不即不離の関係を持ちつづける。

　長州藩の医学は、これより以前から熱心な先達が道を切り開いてきた。その一人、藩医だった栗山孝庵（一七二八〜九二）は人体解剖で有名である。

　日本初の人体解剖を行った山脇東洋（一七〇五〜六二）に学んだ栗山孝庵は、萩に帰った宝暦八年（一七五八）、斬首の刑にあった盗賊を藩の許可を得て解剖した。そして山脇東洋の解剖所見『蔵志』と照らし合わせて、足らざるところを補った。さらに同年、農民の妻（十七歳）が折檻する夫に逆上して夫を殺害、磔刑にされることになったとき、藩に願い出て解剖の許しを得た。藩はこの申し出を受け、磔刑だと身体が壊れるので、斬首に切り替えて刑を執行し、遺体を孝庵に下げ渡した。孝庵の解剖は主に女性特有の器官である乳房や子宮に対して行われ、その詳細が山脇東洋に報告された。これがわが国で最初の女体解剖であった。

　各種の学問が幅広く求められるようになって、明倫館の敷地が狭くなり、敬親は城下中央に移転することにした。嘉永二年（一八四九）に完成した新明倫館は、敷地一万五千坪（約五〇〇〇〇平方メートル）、実にこれまでの一六倍の広さであった。

　中央に聖廟、その西に講堂、諸生寮などがあり、東には剣、槍、弓などの道場「有備館」、聖廟の後ろには水練用の池、北に練兵場が配置されていた。医学稽古場も好生館と名付けられ、新明倫館の敷地に移された。好生館は藩医から民間の医療まで、医業に関する一切のことを担当した。

長州藩校明倫館（新明倫館）の槍・剣道場であった「有備館」（萩市提供）

そして好生館は寄宿舎も完備され、藩士だけでなく、地方の医師、他国の医学生、陪臣、地下医、他藩士なども入学が許された、広く自由な学問の場であった。

好生館の会頭には青木周弼が就任し、明倫館との関係がこれまでより深くなった。好生館では「漢学」「洋書」「諸科」「専科」の四つのコースが教えられたが、「洋書」科は田原玄周、青木研蔵が西洋原書頭取として教えた。

ペリー来航以来、西洋兵学に対する関心が高まるにつれ、安政二年（一八五五）に台場建造、砲術、諸器械を研究するために、好生館の付属として藩は西洋学所を設置した。この学所は藩内すべての武士に門戸を開放し、学習する機会を与えた。この学所の西洋学師範に能美隆庵、田原玄周、松島瑞益の三名が、西洋学師範掛に田上宇平太と青木研蔵の二名が任命された。

幕末の波浪の中で

激動する内外情勢に対応するため、長州藩も軍制改革に乗り出した。

安政五年（一八五八）、明倫館出身の周布政之助（一八二三〜

六四）が、「朝廷に忠節、幕府に信義、祖宗に孝道」のいわゆる「藩是三大綱」を藩論として打ち出し、安政の軍制改革が本格的に実施された。

周布も八歳から藩校・明倫館に学び、習字、読書に次いで中国の古典を修め、剣と槍を学んだ。十八歳のときそれまで通学していたのを、入館が許され学費を支給される居寮生となった。周布は明倫館在学中に有志を結集して嚶鳴社という研究会を組織し、中国の古典を研究するだけでなく、西洋列強が迫りくる時勢にどう対処するかを議論した。のちにここから藩政で重要な任務を果たす人材を多く輩出した。周布は明倫館を出てから藩の仕事に就き、明倫館の都講になっている。その後、地方祐筆、唐船方添え役などを経て、藩政に深く関わっていく。

周布は農業改革や特産物管理やその流通改革などを進める一方、軍政では西洋銃陣の訓練を進めた。とくに足軽、中間の演習する銃隊区分や西洋陣法について、周布は細かく指示している。軽兵と重兵を区別し、重兵は正面を突破し、軽兵は奇兵の働きをしてゲリラ戦を行う、とされていた。これはのちに高杉晋作（一八三九〜六七）が結成した奇兵隊の発想と同じであった。こうして長州藩は西洋軍制を基本にする軍制改革を行ったのである。

安政五年、周布は、オランダ教師団へ陸軍二十二名、海軍十三名の総勢三十五名を派遣し、軍事技術の吸収と士官の養成を目指した。丙辰丸（藩造船、安政四年竣工）に続く二隻目の洋式軍艦・庚申丸を竣工させ、さらに新式ゲベール銃千丁を購入。西洋銃陣修業規則を定めて、萩の明倫館、三田尻の越氏塾、山口の講習堂ですべての藩士に、西洋銃陣を練習することを命じた。

周布はこれらの施策と並行して西洋学所を医学所・好生館から分離し、西洋兵学を研究するためだけの教育機関・博習堂を設立した。博習堂は西洋諸国の陸海兵制や政治との繋がりを調べて海防に役立てることを目的にした。科目は兵学、理学、分析学、度学（測量）、数学、天文学、地学の七科。オランダ語は必修だった。

こうした軍制改革の過程で、長州藩はヘッドハンティングを試みる。当時宇和島藩士のまま「鳩居堂」という蘭学塾を主宰し、幕府の蕃書調所、講武所の助教授を務めるなど、洋式兵学に造詣の深かった村田蔵六（のち大村益次郎、一八二四～六九）を幕府と宇和島藩の同意を得て、招いたのである。こののち博習堂は蔵六の指導のもと、陸軍兵学科、海軍科、砲術科（海陸兼用）の各科を教育機関として充実させていく。

文久三年（一八六三）、攘夷を実行した長州藩は、アメリカ・フランス両国に大敗した。これより以前、藩主・敬親が萩城から山口御茶屋に移り、戦況が不利になってからは軍務役所も萩から山口に移した。これよりは山口講習堂を教育の中心機関とし、山口明倫館と改称、文学寮と兵学寮を設けた。いずれにしても長州藩は激しく動く時代の潮流に応じて、藩校・明倫館での教育を儒学から洋学、洋学の中でも医学、そして兵学、軍制の改革と短期間の間に驚異的な軍事力を我がものにする、奇跡的な発展を遂げ、これが明治維新での躍進に繋がった。

長州藩の藩校教育についてはもうひとつ、明倫館で学んでさらに吉田松陰の松下村塾で思索を深め、明治維新の動乱に臨んでいった多くの人材に触れなければならない。

吉田松陰は萩藩士・杉百合之助の二男として長門国萩松本村（萩市椿東）で生まれ、五歳のとき叔父で藩校・明倫館山鹿流兵学師範・吉田大助の養子となった。

藩校・明倫館で学んだあと、嘉永四年（一八五一）、二十一歳のとき江戸へ行き、佐久間象山（一八一一〜六四）に入門。四年後、松陰は江幡五郎（南部藩士）、宮部鼎蔵（熊本藩士）とともに水戸など北辺の地を訪ねるが、このとき藩の通行手形を持たずに旅したため、萩での謹慎を申し付けられている。嘉永六年、再び江戸への遊学を命じられた。その一年後、米艦渡航に失敗して江戸伝馬町獄に入牢、やがて萩の野山獄へ送られる。野山獄では獄囚相手に購読会を行い、主に『孟子』を教えている。このときの授業ノートが松陰の主著、『講孟劄記（こうもうさつき）』（のちに『講孟余話』と改題）である。

安政二年（一八五五）、出獄したあと叔父が開いた松下村塾を受け継ぎ、藩の許しを得て事実上の塾主催者となる。松陰が直接塾生を指導したのはそれから三年ほどだが、明倫館で自主自立した教育を受けた塾生たちは、松陰の思想に傾倒して新しい時代の荒波へ立ち向かっていった。松陰は安政の大獄に連座したとして三十歳で刑死するが、その影響を受けた塾生たちがめざましい活躍を見せる。

藩校・明倫館を出て松下村塾に学んで、明治維新に勇躍臨んでいった者は、高杉晋作、久坂玄瑞（一八四〇〜六四）、山県有朋（一八三八〜一九二二）、木戸孝允（桂小五郎、一八三三〜七七）、伊藤博文（一八四一〜一九〇九）ら数知れない。

注目される吉田松陰

吉田松陰は、生前、歴史に刻まれるような功績は残してはいない。功績どころか脱藩、密航、暗殺計画、再度の投獄などの連続で、「過激な革命家」（一坂太郎）といった説もあって、最後は三十歳

（満二十九歳）の若さで刑死するというまさに波乱に満ちたあまりに短い人生であった。にもかかわらず、「松陰と松下村塾」が今日もなおこれほどに注目され、そして讃えられ、さらにNHK大河ドラマ『花燃ゆ』でも大好評を博したのはなぜか。その理由は、松下村塾で松陰の教えを受けて啓発された逸材（前述）が、幕末から明治期の日本を主導したことにあることは言うまでもない。つまり、松陰はいかにしてこのような人材を育てたかに関心が集まっているからである。

吉田松陰は、陽明学の影響を強く受けているので、主たる教育の指針は「孟子の教え」に基づいており、それを集約したものが主著といわれる『講孟箚記』である。しかし、その内容は、孟子理念の受け売りではなく、自らの学習と体験から学んだ「思想と実践の一体化」を基調とした、人を育てるための確固たる「教育哲学」であった。

たとえば、

・学問は、自分を磨き高めるもので、人の師になろうとするものではない。
・学問は、人に教えるものではなく、ともに学ぶものである。
・教育の目的は、教えることではなく、個人の長所を伸ばし、自覚を促すことである。

これら松陰の名言は、まさに学問・教育に求めるべき真理を示すものであり、現下の教育改革のための教訓としても学び取るべき価値を持っている。

さらに、この松陰の「思想と実践の一体化」を目指す「教育哲学」は、現在、各界から注目を集めている「松下政経塾」の教育理念（松下幸之助初代塾長の開設講話『破天荒力』松沢成文、講談社、二〇〇七年）にも引き継がれているように思える。

「吉田松陰と松下村塾」についての文献、解説書はいくつもあるが、『吉田松陰・松下村塾 人の育て方』（桐村普次、あさ出版、二〇一四年）の中で指摘している「リーダーは教えない。自力で成長していく人材を育てる。これこそ日本最強の教育機関といえる」といった解説は、松下村塾の特徴を見事に言い当てているように思う。

會津藩校日新館 ―― 福島県

平成二十三年度の小学校六年社会科の教科書（『新しい社会六上巻』東京書籍）に、「江戸時代の武士の学校」という項目のメインに會津藩校・日新館が取り上げられている。「ならぬことはならぬものです」という会津藩士の心構えと、「什の掟」などが紹介され、全国の子どもたちの道標になるものとして期待されている。

この「什の掟」が、どのように生まれたのか。まずは、四百年前、関ヶ原の戦い直後の会津藩に目を向けてみたい。苦難の始まりは、マグニチュード七を超える大地震だった。

会津藩領は関ヶ原の戦いのあと、上杉景勝に代わって東軍に与した蒲生秀行が領有した。

しかし、藩内で激しい内紛が起こり、そこに慶長十六年（一六一一）、大地震がこの地を襲った。震源は福島県河沼郡柳津町付近で、若松城天守の石垣が崩れ、天守は傾き、城下では民家二万戸が倒壊。死者は三千七百名にのぼり、山崩れのため二十三の村が没したといわれる。

家中の内紛と地震でショックを受けたのか、秀行は翌年三十歳の若さで亡くなる。あとを継いだ秀行の長男・忠郷も寛永四年（一六二七）、二十五歳の若さで死亡し、子がおらず、会津蒲生家は改易となってしまう。

入れ替わりに伊予松山から加藤嘉明（一五六三～一六三一）が藩主として会津に入る。嘉明は会津街道など藩内整備を積極的に行うが、入部四年後に死去する。あとを嫡子の明成（あきなり、一五九二～一六六一）が継ぐ。しかし、江戸城のお手伝い普請や会津城天守の修復などに多額の費用が必要で、領民に年貢を厳しく取り立てた。ところが間もなく領内を飢饉が襲い、農民二千名が他藩に逃散するという事件が起きる。

さらに家老の堀主水が明成に叛旗を翻し、一族三百名を引き連れて会津城に向けて発砲、橋を焼き、関所を突破して、高野山に逃げ込むというお家騒動が発生した（会津騒動）。幕府の裁断によってこの騒ぎを収めたが、明成は藩領返上に追い込まれた。加藤氏改易のあと、出羽山形藩から二十三万石で、保科正之（一六一一～七二）が入部して、やっと会津藩は支配体制が安定する。保科正之が初代藩主となり、以後十代にわたって明治維新まで保科家（三代正容［まさかた］の時、松平に改姓）の支配が続く。

保科正之は幕府二代将軍・徳川秀忠の四男として生まれた。乳母に仕えた下女と秀忠との間に生まれた庶子だった。このため高遠藩（長野県伊那市）に預けられて生育されたが、寛永八年（一六三一）高遠三万石の城主になる。この年、正之と改名、兄である三代将軍・家光と対面する。

正之二十六歳のとき、外様である秋田佐竹氏と米沢上杉氏への押さえとして出羽国最上藩二十万石の城主に転封になる。このあと正之は会津へ入部することになるのだが、会津に入ってから正之は矢継ぎ早に各種の施策を実行し、支配体制を確立していく。領内の総検地、飢饉に備える社倉制の実施、人身売買の禁止、殉死の禁止、孝子・節婦の表彰などの政策を進め、藩政の基礎を固めるべく辣腕を振るった。

慶安四年（一六五一）、死の床についた家光は、弟の正之を病床に呼んで、わが子家綱の後見を頼んで息を引き取った。このとき家光四十八歳、正之四十一歳、家綱十一歳だった。家光没後、家綱が四代将軍になると、正之は叔父として将軍後見を務めた。正之は大老として幕政を統括したのである。

正之は同時に藩政にも心を配り、法令や教育によって国を治める文治主義を進めた。自らも儒学を学ぼうと寛文五年（一六六五）、京都から山崎闇斎（一六一八〜八二）を招き、本格的に学問を学ぶようになった。

こののち正之は『玉山（ぎょくざん）講義附録』『二程治（にていち）教録』『伊洛三子（いらくさんし）伝心録』の儒学書を自ら編集、また、『會津風土記』をも編纂させている。こうして学問の大切さを自ら示すと、寛文八年（一六六八）保科家と会津藩士が守るべき家訓を十五条にして内外に示した。これが後世有名な「家訓十五条」である。少し長いがいくつかを引用する（本文は漢文だが、現代文に意訳）。

会津士魂をつくった家訓十五条と什の掟

一、（徳川）将軍家に対しては、心から大切に思って忠勤に励むこと。他藩の例をもって自らの対処の仕方としてはならない。もしふた心を持つようなことがあればそれはすなわち自分の子孫ではない。だから藩士はそういうときには主君といえどもしたがってはならない。

一、武備、怠るべからず。武に優れた家臣を取り立てることを基本とすべきだ。上下の分を乱してはいけない。

一、兄を敬い、弟を愛すべし。

一、主君を重んじ、法を堅く守るべきである。

一、会津藩士は会津藩らしい家風を身につけるよう励むべきである。

一、賄賂を使って他人の気をひいてはならない。

一、すべての者は依怙贔屓をしてはならない。

一、士を選ぶとき便辟便佞の者をとるべからず。

一、賞罰は家老のほかは、あずかり知ることはできない。

一、近侍の者に、人の善悪を告げさせてはならない。

一、政治は利害を以て道理にそむいてはならない。

一、法を破った者を許してはならない。

一、社倉は民のために置く。

一、もし藩主が遊びに耽り、贅沢をして民を安泰にできない場合は、藩主の資格がない。

といった条々であった。

藩祖、正之の「家訓」はこれ以降、代々の藩主、藩士たちの行動を貫く精神的基盤として受け継がれ、会津藩の士風形成に大きな影響を与えた。多難の藩政を立て直した正之への尊崇の思いがあったのだろう。幕末、火中の栗を拾うような形で京都守護職を引き受けざるをえなかった九代藩主・松平容保（かたもり、一八三六〜九三）は、まさにこの「家訓」の呪縛から逃れられなかったことになろう。

こうした正之の学問好きを反映して、寛文四年（一六六四）稽古堂という学校がつくられた。ここは庶民がつくった学校としては、わが国で最初のものと思われる。肥前出身の岡田如默（じょもく）が校長になり、藩の儒学者・横田俊益（としますヽ一六二〇〜一七〇二）が講義を行った。庶民に開かれた学校でももちろん武士も聴講した。

庶民のリクエストに応えて横田が『論語』を講義したときには、家老の田中正玄（まさはる、一六一三〜七二）はじめ城中の役人、医者、僧侶、農工商の庶民が集まり、聴衆は稽古堂から溢れるほどだったという。江戸でこれを聞いた正之は地租を免じ、堂の修繕費を与えて、稽古堂の活動を支援した。

それから十年、代が代わって二代藩主・正経（一六四七〜八一）の時、延宝二年（一六七四）に武士専用の郭内講所ができた。庶民とは別に学問所ができたのである。ここでは会津藩教学の祖といわれる山崎闇斎が、『大学』を講義している。これがのちに拡張されて會津藩校日新館になる。

ところで会津地方には、年少者に対する独特の社会教育システムが根付いている。あとで説明するが、藩校にはおよそ十歳で入学することになっていたが、入学前の六歳から九歳の子どもたちは「遊びの什（じゅう）」といって、午前中は自宅か寺子屋で『孝経』などの素読をし、午後になると決められた家に集まってお話と遊びをする。宿になった家では菓子などは一切出さず、夏は水一杯、冬は白湯一杯だけ出した。

この集まりは父親の身分に関係なく、九歳の子どものうち早く生まれた者が取り締まっていた。この者を「什長」といった。先に紹介した薩摩藩内の方限で行われていた「郷中教育」に似た、社会教育システムである。「什」とは、十人あるいは十家を意味する単位で、会津藩領の子どもたちはみないずれかの「什」に所属していた。

一同が席に着くと、什長が「これよりお話を致します」といって、規則の「什の掟」を一条ずつ唱える。「什」によって多少条文の文言が違い、「戸外で婦人（おんな）と言葉を交えてはなりませぬ」の条は、省かれることも多かったという。しかし、最後の「ならぬことはならぬものです」は必ず唱えられたと伝えられている。代表的なものを次に掲げる。

「什の掟」

一、年長者のいうことに背いてはなりませぬ。

一、年長者にお辞儀をしなければなりませぬ。

一、虚言（うそ）をいうことはなりませぬ。

一、卑怯な振る舞いをしてはなりませぬ。
一、弱い者をいじめてはなりませぬ。
一、戸外でものを食べてはなりませぬ。
一、戸外で婦人と言葉を交えてはなりませぬ。
ならぬことはならぬものです。

什長が一条唱えるたびに、他の者は「へい」といって頭を下げる。唱え終わると什長が「これに違反した者はいないか」と聞き、違反者がいれば詳しく調べて相応な罰が与えられた。一番軽い罰は「無念」といい、什長が「無念を立てなさい」というと、違反者は「何々をして無念でありました」と謝る。次は「竹篦（しっぺい）」といって、全員から手の甲を叩かれる。もっとも重い罪は、「派切り」といって「什」から絶交を言い渡された。派切りになった子どもは家で謹慎し、数日後父親が付き添って什長に謝り、初めて許されるという仕組みだった。

この反省会が終わるとよほどの悪天候でない限り、外に出て遊ぶ。辺りが暗くなって什長が「終わり」を宣言するまで続けられ、個人の勝手は許されなかった。こうして鍛え合うことで、小さいうちから「ならぬことはならぬ」という、会津精神、会津士魂が形作られていったようだ。會津藩校日新館に入学してからは、同じ什の者が「学びの什」を作り、集団で登下校して「什」の団結を保ち、年長者の指導に従った。

「日に日に新たに」の精神

さてその藩校だが、郭内講所に通う受講生が増えたので、天明八年（一七八八）会津若松城西隣に学校を設け、西講所と呼んだ。郭内講所は東講所と呼ばれ、二講所体制で学問を講じた。

寛政十一年（一七九九）、藩財政は逼迫していたが、家老・田中玄宰（はるなか、一七四八～一八〇八）は、「藩財政を建て直すのは人である。人を教育しなければならない」といって五代藩主・松平容頌（かたのぶ、一七四四～一八〇五）に学校の拡張を進言した。容頌もまたこれを積極的に後押しした。

のみならず、藩の御用商人・須田新九郎が新築費用を寄付したため、建設熱は一気に高まった。校長はじめ、先生・生徒はわらじ履きで鋤を持ち、もっこを担いで一キロメートルも離れた三の丸から土を運んだという。

完成までに延べ一万八千三百名の人手を要したと伝えられる。完成した学校の敷地は東西百二十五間（二二六メートル）、南北六十四間（一一六メートル）、面積八千坪（二万六四〇〇平方メートル）で、中央北側に南を向いて聖堂、その前面に山礼・毛詩・尚書・二経と名付けられた四つの教室からなる素読所、また「大学」あるいは「至善堂」と呼ばれた講釈所をはじめ、神道方、和学所、雅楽方、数学方、天文方、医学寮、礼式などがあった。またこの他に刀術場、槍術場、弓道場、砲術場などが整然と並び、中央には周囲八十五間（一五五メートル）、深さ六尺（一・八メートル）のわが国最初のプールといわれる水練水馬池がつくられていた。

校名の「日新」は、『大学』の中にある「苟《まこと》に、日も新たならば日に日に新たに、また日に新たにせん」から採った。中国殷の湯王が朝夕に使う洗面器に、この言葉を彫って自ら戒めた故事があるという。

藩主の容頌はこの頃、保守派の反対を押し切って六歳年下の田中玄宰を家老に登用、藩政改革に乗り出していた。容頌の篤い信頼を背景に玄宰は、厳しい倹約令や華美な風俗取り締まり、荒廃した農村の復興、殖産興業政策の徹底、特産品の売買奨励、教育の普及などを行った。容頌も倹約に協力するため自らの生活費を切り詰め、参勤交代の費用も大幅に削減した。

農村復興策にはそれまで城で命令だけ出していたものを、代官や奉行らを直接農村に赴かせて始動させた。

特産品の売買においては、蝋や漆の専売化、養蚕や漆器の生産強化を命じた。他国から酒造職人を招聘、会津産の酒造りを進めた。このほか朝鮮人参や紅花の栽培、製糸、機織、川魚の養殖なども奨励した。

寛政五年（一七九三）には江戸・中橋に会津藩産物会所創設、大きな利益を上げた。このとき以来の特産品は、会津漆器や日本酒など、今日もその命脈を保っているものも数多い。容頌と玄宰の改革の意気込みが、「日に日に新たに、また日に日に新たにせん」という言葉からひしひしと伝わってくる思いがする。

家老の田中玄宰は、士風の確立のために藩校教育に力を入れた。藩校日新館では幅広い教育内容を教えたが、等級制と多数教科制にその特徴があった。

等級制というのは藩士の長男は父親の禄高によって、履修しなければならない最低の等級が決めら

① 南門
② 戟門：太鼓を鳴らして時を知らせた。
③ 東塾：向かいは西塾。素読書などの教室が並ぶ。
④ 大学（講釈所）
⑤ 大成殿：孔子が祀られている。
⑥ 資料館
⑦ 水練水馬池：鎧兜を身につけたまま泳ぐ練習をした。
⑧ 武講
⑨ 第一、第二、第三武道場
⑩ 木馬場
⑪ 弓道場：３派の弓術を教えた。
⑫ 天文台：天球儀で天体観測をすることができた。
⑬ 砲術場：小銃や大砲の訓練をしたところ。
⑭ 刀術場：さまざまな流派のもと、鍛練をした。

會津藩校日新館全景
（會津藩校日新館提供）

會津藩校日新館大成殿（左：資料館、右：大学）
（會津藩校日新館提供）

れていたことを指す。当時の会津藩士は羽織の紐や襟の色で十一種類の階級に分かれていて、日新館に入学できるのは八百戸あったといわれる上位の五階級であった。

十一種類の階級は、納戸紐、格役黒紐、黒紐、紺紐、花色紐を上士、茶紐、萌黄紐、浅黄紐を中士、黒半襟、大和柿白鼠半襟、浅黄半襟を下士として区別していた。紐制のうち上士は日新館、中士は日新館の分校というべき南、北素読所で学び、襟制といわれる下士は寺子屋で学んだ。本来ならば全員が日新館に通うべきところが、収容人数の関係と上級藩士の教育が優先された結果だった。

多数教科制はその言葉どおりで、漢学教育のほか、自然科学なども当時わが国藩校中に三カ所しかなかった天文台などを使って教授した。先に挙げた建物の数だけ教科があったのである。教科ごとに生徒の能力と本人の希望に沿って学ばせた。

十歳になった藩の上級藩士の子弟は、日新館の素読所に入学することになっていた。ここには四つの教室があり、各教室はさらに二組に分かれ、町内ごとに入る教室が決まっていた。同じ什の者は同じ教室に入ったのである。そして各教室に一名ずつ都合八名の組長が任命される。この組長は「大什長」と呼ばれ、その大什長のもとで各組は十数名ずつの小組に分かれていた。この小組にも「什長」が任命されていた。この什長は家老が任命する儒者であった。藩当局が、もっとも心を砕いたのは什長の選任であった。

素読所には学年はなく、四から一に至る等級があり、生徒はまず四等に入学する。ここでは四書五経と『孝経』『小学』『日新館童子訓』が教科書であった。

『日新館童子訓』というのは、藩主・松平容頌の命により偏纂された書物で内外の訓話をふんだんに取り入れた修身教科書である。ここでも生徒たちは会津士魂の土台になる精神を教え込まれた。

素読所の卒業者は考試のうえ、講釈所（大学）に入学することが許された。ここは上等、中等、下等に分かれていたが、中等生の中から優秀で将来有望な者は藩費で江戸へ遊学できた。そして遊学した者は、藩に戻って日新館の教授や枢要な役職に就いたのである

一方武道は、十五歳以上になると、午後から弓、馬、刀、槍、柔、水練などの修練が義務づけられ、十八歳になると武講で兵学を勉強することになる。

また日新館では日本では最初といわれる給食と給費が行われた。給食は文化三年（一八〇六）、十五歳以上の者に対して行われた。献立は、一汁一菜で平日は漬物だけ、ひと月に二、三度干魚か塩鮭が付き、汁の実は豆腐、青菜の類であった。給費とは現在の奨学金にあたるが、米で十二等に区分されて支給されていた。

こうして會津藩校日新館は慶応四年（一八六八）まで続いた。日新館の教育は、多くの藩校が四書五経さえ読んでいればよしとされていた時代、少年の日の「什の遊び」に始まる社会教育を受け継ぎ、

儒教教育に加え、初代藩主・保科正之の定めた「家訓十五条」「三部御書」さらに五代藩主・松平容頌がまとめた『日新館童子訓』を教科書として、徹底的に会津士魂を藩士たちに叩き込んだ。この結果、「肥前佐賀藩とともに藩士の教育水準が最も高く、武勇の点では佐賀をはるかに抜き、薩摩藩と並んで江戸期を通じて二大強藩とされる」（司馬遼太郎『歴史を紀行する』文春文庫、二〇一〇年）といわれるまでになったのである。

会津藩は幕末、九代藩主・松平容保（かたもり、一八三六〜九三）が京都守護職に就き、佐幕派の立場を鮮明にしたのもやむをえない時代の流れがあったとはいえ、会津藩憲法ともいうべき「家訓十五条」に縛られて、愚直に行動した結果かもしれない。鳥羽・伏見の戦いで賊軍の立場に立ってからは、奥羽越列藩同盟の盟主として約半年間の東北戊辰戦争を戦い抜いた。会津若松鶴ヶ城への西軍の攻撃が始まって、日新館は閉校し軍の病院として使われていたが、西軍が会津に侵入、日新館を占拠したので、会津藩は西出丸より火の矢を放ち自ら焼いてしまった。焼け残ったのは天文台だけである。

日新館は、残されていた藩校の図面などの資料をもとに昭和六十二年（一九八七）、総工費三十四億円を費やし、百二十年ぶりに會津藩校日新館として見事に復元された。現在は、博物館、道場（弓道場、武道場）、研修、宿泊施設、映画撮影所などを兼ねており、各種武道団体も頻繁に練習や合宿に利用している。

第二部

藩校に学ぶ教育の原点

epirogue

第一章　「教育の歴史」から学ぶ

「人づくりは国づくり」この標語（スローガン）は、古来より教育のあり方が問われる際にしばしば使われてきた言葉である。いま混迷の中にある教育と「人口減少」という過去に経験したことのない現象に直面している状況のもとで、この言葉を想起することは、大変意義のあることである。

私は、教育の専門家ではないが、これまでの体験から学んだ二つの教訓を常に念頭に置いて教育問題を考えてきた。

そのひとつは、国家と個人の均衡についてである。その意味では「人づくりは国づくり」の標語も国家と個人の関係をもとにした教訓として受け止めている。二〇〇六年の教育基本法の改定の際にも、国家が個人の「私的領域」にどこまで立ち入るかを注意深く観察してきた。またわが国における教育の基本的方向を決める分岐点となったいわゆる「明六論争」（詳細後述）についても、森有礼と福沢諭吉の対立点、格別国家と個人の対立点について、注意深く分析してきた。

もうひとつは、戦後における教育改革の基本理念についてである。その理念の基調は、民主主義の確立を前提にした個人の価値・尊厳の尊重と地方分権化の両立である。連合国総司令部の指令から始まった戦後の教育改革は、米国使節団の来日、勧告、日米間協議を経て教育指針の決定となったが、その経過をもとに出された結論は、「個人の価値・尊厳の尊重と超国家主義からの脱却を意図した地方分権化」であった。したがって、いかなる情勢と環境の変化があろうとも、民主主義国家像を前提にするかぎり、この原則は守られるべきものと考えている。

今回の「藩校の歴史を振り返る」取り組みについても、以上の教訓を念頭に置きながら進めた結果、二つの面で大きな成果を収めることができた。

第一は、本書の主目的である「現在の教育課題を改革するための教訓を見つけ出す」取り組みについては、第二章で詳しく示すとおり大きな成果を上げることができた。

第二は、今回の取り組みを通じて現在の教育課題を象徴する地方分権化といじめ問題の根幹にある要因、背景にある事情を把握することができたことだ。これは今後の教育改革を考え進めるうえできわめて価値ある収穫であった。

「問いは、答えより大事である」という名言がある。

課題の意味と本質を理解できなければ、正しい答えを導き出すことはできない。何事も改革を進めるためには、その課題の要因と背景をしっかり把握することが肝要であり、それなくしていくら「改革」を叫んだところで決して成果を上げることはできないと思う。

その意味では、今回の取り組みで得た第二の成果は、第一の成果より重みのある収穫と言っていいかもしれない。

これら「教育の歴史」から学んだ具体的な内容については、「藩校の負の面」と併せて以下四項目にわたり詳しく説明する。

本年は、明治維新から一五〇年の節目にあたる意義をふまえ、単に「江戸時代の藩校から教訓を学ぶ」といった側面だけでなく、藩校が抱える負の面にも目を向け、さらに本稿で紹介する「課題の根幹にある重要な歴史的な動き」（第二、三、四節、三項目の内容）にも関心を払って、「現在の教育課題と藩校の関連」について、より客観的により多角的に考察する必要があると考えている。

第一節　藩校教育が持つ負の面

藩校の歴史から教訓を学ぶことについては、藩校の輝く部分をつまみ食い的に利用するのではなく、藩校が持つ負の面の事情も認識したうえで取り組む必要がある。

藩校教育は、教育に関して万能ではなく重要な構造的課題（問題点）を抱えていた。

藩校は、武士政権の成立を背景とした江戸時代に、教育組織化の嚆矢として登場した。したがって、この教育機関は、各藩それぞれに固有の特徴を持ちながら、基本的には幕藩体制の規範秩序の枠組みの中で、封建的な門閥制度を前提にして誕生したものであり、教育の対象は、例外を除いて原則的には藩士の子弟に限られている。そして、教育の基本は、基礎教養を通じての人づくりに力点を置き、その教科の中心にすべての藩校が儒学を据えていることが特徴である。儒学を据えたことについては、幕藩体制維持のための大義名分論としての見方もあるが、それ以上に基本的な考え方としては、あらゆる問題を「心」のあり方に還元して理解しようとする思考傾向があった（山本正身『日本教育史』慶應義塾大学出版会、二〇一四年）。

この儒学を中心とする教育システムこそ藩校教育の最大の特徴であり、反面それは最大の課題（問題点）でもあった。その課題克服のための取り組みは、「信仰」から「学問」への転換ともいえるもので、その流れを背景として儒学は、朱子学、陽明学、そして古学へと模索の変遷が続き、さらに洋学との結合に発展していく。また江戸後期になると、儒学を学ぶ全国各地の藩校においては素読、講釈、会読の三つの学習方法が確立され、段階的に行われるようになった。とくに会読については、自力をつける効果的な教育方式といった面ばかりでなく、福沢諭吉が自叙伝（『福翁自伝』）でいみじくも語っているように、「門閥制度は親のかたき」とする怒りと鬱憤をぶつけるためのかけがえのない場でもあった。

同じ儒学を導入した隣国の中国と朝鮮では、これが「科挙」の登用試験に連動し、官僚を基軸とした儒教的中央集権へと繋がっていったが、わが国の場合はそこまではいかずに教育の範囲にとどまったことは幸いであった。しかしながら幕藩体制のもとで対象が武士身分層に限られたとはいえ、儒学が基礎教養の「人間形成論」として与えた社会的な影響は、歴史的に見てきわめて大きなものがあった（前出『日本教育史』）。

一方で、儒学に対する厳しい見方や論評があることも指摘しておかなければならない。たとえば、司馬遼太郎は『「明治」という国家』（日本放送出版協会、一九八九年）の中で、「儒学、特に朱子学は毒薬のような思想であった」と、日本への影響は中国、朝鮮ほどではないと断りつつ厳しい口調で批判している。また、汐見稔幸は、『本気の教育改革論』（寺脇研編、学事出版、二〇一六年）の対談の中で、「徳で統治しようとする儒学の思想は、学問・教育ではなく、宗教的な信仰ではないか」と疑問を呈している。このように儒学に関する歴史文献の評価はまちまちである。

また、儒学に対する日本人としての受け止め方も、必ずしも一様ではなく、世代によってもかなり違いがあるように思う。戦争体験者とそうでない者の間にも差があるように感じる。私が関係する「歴史文化研究会」のメンバーの見方も、評価と批判に分かれている。戦前、戦中、戦後の教育を受けた世代の一人として、率直な感想をいえば、「儒学が持つ功罪両面の要素を、無意識のまま受け継いでいるように感じる。つまり、功の面では、徳育としての伝統的な礼儀作法の重視などがあり、罪の面では、自己中心主義・排他主義といった影響を受けているかもしれない」。この感想は、理念とか理論といったものではなく、体に感じる実感といったものである。いずれにしても、わが国においては、藩校教育のバックボーンであった儒学の影響を、功罪混然一体のものとして受け継いでいることは否定できない。

このように藩校の歴史を振り返り負の面を掘り起こしていくと、その中からも学び取るべき貴重な教訓があるように思える。

・「人づくり」の根幹をなすものは、基礎的な教養教育である。
・信仰的な押し付け教育は成功しない。

といったこれらの教訓は、今後の教育改革の展開にも役立つ価値あるものとして受け止めなければならない。

一八六七年一一月、激しさを増す外圧と封建社会の矛盾拡大の中で、最後の将軍となった徳川慶喜は大政奉還を決断したのであった。これを契機に一八六八年から薩・長を中心とした討幕軍と幕府軍の戦いが始まり、江戸での戦いは回避されたが、会津戦争，函館五陵郭の戦いを経て幕府軍は完全に敗北した。こうして全国を平定した新政府は、中央集権国家の樹立を目指して、廃藩置県、学制の整備、地租改正、徴兵制などの新しい政策を次々と打ち出していった。まさに日本は、この明治維新によって近代国家へと生まれ変わったのである。

それぞれの藩校が築いてきた伝統、精神といった有形無形の資産は、維新以降も大学教養学部、師範学校、中学校・高等学校などに受け継がれている例は数多くあるが、基本的には廃藩政策のもとに二〇〇年余りに及ぶ藩校そのものの歴史は閉ざされることになった。

第二節　国家主導の道を選んだ「明六論争」

この論争は、現在の教育課題を象徴する「地方分権化」の問題を解明するためには、避けて通れない歴史的に重要な断面でもある。

一八七三年（明治六年）七月に米国から帰国した森有礼は、福沢諭吉、加藤弘之、中村正直、西周、西村茂樹、津田真道、箕作秋坪、杉亨二、箕作麟祥らとともに、同年秋に啓蒙活動を目的とした組織「明六社」を結成した。名称の由来は明治六年結成からきているといわれているが、会員は学識者ばかりではなく、旧大名、勝海舟など旧氏族、新聞社代表など錚々たるメンバーが参加した。一八七四年からは機関紙『明六雑誌』を発行し、発行部数は月平均三二〇〇部に達し、掲載論文は一五六編にまで及んだが、新聞紙条例施行の影響もあって明治八年一一月をもって廃刊となった。

森有礼は、「富国強兵のためには人材育成が急務」という理念に立って、特別に教育問題を重視していた。そして「明六社」論争のきっかけが『明六雑誌』で展開された福沢諭吉の『学問のすすめ』に対する森有礼の反論であった。論争は世論を巻き込む形で展開され、「明六論争」と呼ばれるほどに歴史的なものとなった。この論争は森が主張する「国家のためになる人材育成」と、福沢が主張する「独立自尊の人材育成」の理念が真っ向からぶつかり、いわばわが国の教育の基本的方向を決める歴史的分岐点となった。そして、のちに森有礼は初代文部大臣になって、「国家のための人材育成」の理念に立った国家主導の教育行政を展開していくことになる。そしてさらにその道は、亡国へ導く「強兵への一本道」へと繋がっていく。わが国の教育の現状に対する「中央集権的」「画一的な詰め込み主義」「地方分権化の停滞」といった批判も、その根幹にある遠因は、この「国家主導」の路線選択にあったと見なければならない。

福沢諭吉の『学問のすすめ』は、「天は人の上に人を造らず」の初編から一七編に及ぶ膨大なものであるので、ここでは森有礼が反論した象徴的な対立点のひとつとして四編「学者の職分を論ず」の部分を紹介する。その内容は大筋次のような主張である（江崎民二訳）。

「今後日本の独立が失われる疑いがあると危惧している。その原因は、人民と政府が助け合って独立を維持すべきなのにそうしていないからだ。そして、日本の現状を外国（先進国）に比べると、学術、商売、法律の三分野が劣っており、その原因は政府の専制的姿勢と人民の無気力によるものと思う。さらにその原因を深く探っていくと、『気風』つまり『スピリット』の問題がある。そして、その『気風』を改めるためには、人民に進むべき標的を示す必要があり、その任に当たるのは『和漢の学者』ではなく『洋学流の学者』ではないかと思う。しかし、その知識人も『官』のあることは知っているが『私』があることを知らない。だから、自分自ら『洋学的標的』を示すために、『私立』を起こすこととする」

これに対し森有礼は、『明六雑誌』第二号に「学者職分論」と題した批判文を載せ、「福沢の説は、読む者を奮起させるものではあるが、穏当ではない。福沢は、人民と政府の両立というが、人民の務めは国の求めに応じることのみであり、官吏も貴族も平民もすべて国民（人民）であるから、政府と人民の両立論は成り立たない」と断じている。

この論争でも明らかなように、森有礼の思想は徹底した国家主導の理念に立っていて、国民は国の求めに応じるのみと説いている。

ここで参考までに、「明六論争」で対立した森有礼と福沢諭吉の生い立ちと人物像の一端を紹介する。

森有礼（一八四七〜八九）は鹿児島生まれ、藩校造士館、藩洋学校開成所で学び、慶応元年（一八六五）藩の留学生として英国に留学、ロシア、米国を経て明治元年（一八六八）帰国した。その当時は過激な近代主義者、洋化主義者として廃刀や日本語廃止論などを提唱し、社会的波乱を巻き起こして一時政府から離反した。その後復活して外交、文教両面で要職を歴任し、明治一八年（一八八五）伊藤内閣の初代文部大臣、引き続いて黒田内閣の文部大臣に就任している。文部大臣在任時には、いわゆるわが国における「諸学校令」（帝国大学令、師範学校令、中学校令、小学校令）を発し、わが国における学校制度確立に向けた先駆的役割を果たした。しかしその中身については、帝国大学令についてはドイツの帝国主義的な大学組織をモデルとして描き、師範学校令については寄宿舎舎監制度の導入、歩兵操練を組み込むなど「富国強兵」の理念が強くにじむものとなった。福沢諭吉との「明六論争」にも示されたように、洋化主義に立った国家主導の教育論の代表的な人物といえよう。さらに明確な裏付けがあるわけではないが、いくつかの文献・資料に指摘されているようにステッキで御簾をまくったとする「伊勢神宮の御簾事件」にも、彼の人間性の一面が示されているのかもしれない。黒田内閣の文部大臣在任中の憲法発布の当日、国粋主義者の暴漢に襲われ四三歳の若さで命を絶たれた。

一方、福沢諭吉（一八三五～一九〇一）は豊前中津藩の下級士族の子として、父の勤務地大坂で生まれた。一四歳頃から学問に精を出すようになって頭角を表し、一九歳のとき、兄の勧めで長崎に遊学、蘭学を学ぶ。翌年大坂に移って緒方洪庵の適塾に入門、二年後に塾頭になった。安政五年（一八五九）中津藩に命じられて江戸に派遣され、中津藩邸に蘭学塾を開いた。これがのちの慶應義塾の前身となる。それ以降、万延元年（一八六〇）米国へ、二年後ヨーロッパへ、慶応三年（一八六七）再び米国に渡って見聞を広め、併せて著作の執筆、資料の収集を積極的に進めた。この間政府筋からの再三にわたる出仕要請を断った。そして明治五年（一八七二）、かの有名な『学問のすすめ』を刊行した。この内容は、改めて紹介するまでもなく、身分の上下や貧富の隔てなく学問の重要性を説いたもので、「一身の独立」「一国の独立」を訴えたものといわれている。ちなみに『学問のすすめ』は一七編からなっていて、五年間の発行部数は三四〇万部に及んだという。福沢の実践的課題は、「国体を保つ」ことであり、国体を保つとは、日本人が日本国の政治を最終的に決定することであり、国際闘争の場でいかに国民的独立を確保するかにあった。ヨーロッパの近代文明を，あくまでも国家の危機を処理するための「道具」としてとらえ、それは現在のところの最高の発展段階に過ぎないと考えたのである。森有礼のようにヨーロッパ文明の絶対的美化傾向を持つ者を「開化先生と称する輩」と指摘して鋭く対立したのである。

このようにこの「明六論争」の岐路で、「人民は国の求めに応じるのみ」とした「国家主導の教育路線」を選択した森思想は、超国家主義の台頭と軍部の独走にも連なって「アジアの植民地化への暴走」「学徒出陣など強兵への布陣」「国連からの脱退」、そして結果的に「大空襲、原爆投下」など悲惨な亡国への一本道へと突き進むことになったといえる。

第三節　占領下の教育改革の後遺症

戦後におけるわが国の教育改革は、「占領下」といった特殊な政治的枠組みの中で進められたことから、政治的な影響を強く受けることになった。

この改革は、昭和二〇年（一九四五）一〇月～一二月、連合国総司令部（ＧＨＱ）からの教育に関する四つの指令から始まったが、その内容は①軍国主義・超国家主義教育の禁止、②平和主義と基本的人権尊重の教育理念の提示、③国家と神道の分離、④修身・日本史・地理の授業停止といったもので、日本側に強烈なインパクトを与えることになった。その指令は、翌年の米国からの対日教育使節団の来日に繋がり、団の報告書は日本の教育改革のための〝勧告書〟となった。この報告書は、形式的には勧告書のひとつに過ぎなかったが、総司令部は昭和二一年四月、報告書を全面的に承認する「声明文」を付して公表し、これを日本における教育改革の方針と位置づけたことによって、この報告書は戦後の教育改革を遂行するうえでの実質的な指針の役割を果たすことになった。

勧告の内容は、一般的には「米国使節団の勧告の中に日本側教育家委員会の主張も反映されて、日米協力のもとで戦前からの継続と断絶の両面を持つもの」（土持ゲーリー法一『米国教育使節団の研究』玉川大学出版部、一九九一年）というところに着地したものと見られている。しかし実際にはそう単純なものではなく、とくにＧＨＱ指令④項の影響は後遺症として根強く残り、過去、歴史、そしてしつけ教育などに対する拒絶反応となって、臆病、消極的、軽視といった迷路にはまった感が強い。改めて戦後の教育改革の流れを見ると、「断絶」には寛容で「継続」には消極的な姿勢が目立つ。今日に至ってもなお教育面ばかりでなく、日本全体がその影響を強く引きずっていて、過去、歴史を軽んじているように思えてならない。

歴史に関しては、半藤一利（作家）がいみじくも指摘しているように、「日本の歴史は勝者の歴史で、都合の悪いところはカットしてある」という忠告にも留意しておく必要がある。戦争の過ちを繰り返さないためには、歴史を正しく振り返ることが必要であり、むしろ「都合の悪いところ」にこそ価値ある教訓が隠されていることが多い。

この際、教育の歴史に関する注目すべきエピソードを紹介する。

一九四六年米国教育使節団が来日したことはすでに触れたが、日本との初会合の際に当時の安倍能成文部大臣（一八八三〜一九六六、元一高校長）は次のように述べている。

「日本は戦争中いろいろの国を占領した。日本が犯した一番大きな罪は、その国の歴史や文化、そして社会や人間を無視して、日本の教育制度を押し付けたことだ。あなた方は占領国を代表してこられたが、日本が犯した罪だけは犯さないようにして欲しい」

この発言を受けた団長が感激して立ち上がり、安倍大臣に握手を求め、団員からの拍手がしばらく止まらなかったという。

解説は不要だろう。安倍発言が相手の団を感動させたのは、日本の犯した罪の反省のうえに、教育の自立という原則、教育のあるべき真理を語ったことにあるように思われる。

第四節　教育基本法の意義と地方分権化の停滞

教育基本法は、国家の教育の基本理念と目的を示すものとして重要な意義を持っている。

しかしながら、教育基本法といった法律を持つ国は、先進国の中では日本のほかにはフランスだけである。そのフランスの教育基本法の主な内容は、①国民の教育水準の向上のための目標、②就学前の教育の促進、③進路指導における生徒の主体性の重視、④学校運営に対する生徒参加の促進、⑤教員養成制度の改革、⑥教員、父母、生徒、団体の代表からなる審議会の設置である。この内容からも明らかなように、国家として提示した基本理念の中に、生徒、父兄、地域など教育を受ける側を重視する姿勢が色濃く示されている。

米国は合衆国であることから、教育は基本的には州の専管事項とみなされ、合衆国としての教育基本法はない。英国は、個々の事項ごとに逐次法律が定められる仕組みになっていて、基本法のような法律はない。ドイツも連邦国家であるから、米国と同様教育は州の専管事項とされている。国際的に見て、細部まで基本法などとして定めているのは社会主義国に多く、当然のことながら国家目標や国家の利益への適合が謳われている。

総じて先進各国では、「教育の独立性」が重んじられ、中央政府や官僚、利害関係を持つ企業や団体からの干渉が排除されるように気を配られている。時の権力の都合や時代の風潮に流されることなく、教育が常に市民の掌の中にある状態が保たれるように工夫されている。そのため市民自治が重んじられる地方政府に教育が委ねられ、地方政府は地域住民の意思を最大限汲み取るようにして、教育行政を進めている。こうした教育の地方分権化は、より市民の身近なところで市民の考えや要求が反映されやすいようにという配慮でもある。

このような教育に対する国際的な状況を見ると、わが国における教育の地方分権化のひ弱さが際立ってくる。とくに現在の教育現場におけるいじめ、不登校などの深刻な事態を見た場合、わが国の教育基本法は、国家としての教育の基本的な理念と目的を示す意義は持っているものの、各地方の教育現場からは遠いところにあって、具体的・実践的な教育指針としての効用を果たしているとはいえない。この事態を踏まえて、いまこそ教育の地方分権化を進めるために、地方自治体（教育委員会・学校）が教育実践の責任を自覚して、教育現場の視点に立った具体的な教育指針（指導要綱）を早急に策定していかなければならない。

その教育指針（指導要綱）の策定にあたっては、いじめ対策で効果を上げている事例、たとえば長年教師としての実践活動を通じての体験（瀬田川聡『いじめをやめさせる――指導の心得と鉄則』明治図書、二〇一七年）に示されているような、教師、児童・生徒、家族、地域が連携一体となって取り組む必要性や、年に二回いじめ撲滅月間を設定し全校的ないじめ対策に取り組んでいる事例（県立佐賀西高等学校など）など生きた教訓が積極的に活用されることを強く望みたい。

二〇一七年一〇月二六日、文部科学省は二〇一六年度のいじめ認知件数が過去最多といわれた前年を九万八六七六件も上回る三二万三八〇八件となったことを発表した。事態の深刻な状況からして時間の猶予は許されない。

このような状況の中で、文部科学省も地方自治体も危機意識を持っていじめ対策に取り組む姿勢を見せはじめている。

文部科学省は、有識者会議の提言を受けていじめ対策を「最優先業務」と位置づけ、「地域格差」「情報の共有」「専任指導員の確保」「いじめ防止対策推進法の強化整備」などの方針を示している。しかし、法改正以外はすべて地方自治体（教育委員会・学校）が主体になって、取り組まない限り効果は上がらない課題ばかりである。こういう時期だからこそ、地方の独自性と自主性をもとに生徒・父兄、地域、学校が一体となって、地域と風土の特性を生かして成果を上げた藩校の教訓を見習い、その地域と学校でなければ実行できない個性的できめの細かい教育行政を自信と誇りを持って進めてもらいたいと思う。その実現こそ「新しい地方の時代」の幕開けに通じるものとなる。

この際あえて言うならば、「地方づくりは国づくり」の決意のもとに積極的に取り組んでいくべきだと思う。

第二章　藩校に学ぶ教育の原点

本書では多くの藩校の歴史を振り返ってきたが、その締めくくりとして、現在の教育の重要課題である地方分権化といじめ問題に照準を合わせて、藩校に学ぶ教訓を要約する。

藩校に学ぶ教訓　第一

藩校に学ぶ教訓の第一は、教育の自主・自立と地域の独自性の確保である。各藩校の設立の事情と背景はそれぞれ固有の特徴があり、また地域の立地条件や風土とも密着している。さらに藩主と藩儒・教授の教育に対する理念と情熱が、そのまま藩校の姿と特徴を形作っている。この状況にこそ現在の教育問題の最大のアキレス腱ともいわれる地方分権化の課題を解きほぐす教訓と鍵があると思う。現下の「画一的な詰め込み主義」といった批判を払拭する面からも藩校の経験を活用しなければならない。

前述したように、戦後の教育改革で教育行政の実践面の統括権限・責任はすべて地方自治体（教育委員会・学校）に移譲されているが、実際に起きたいじめ問題などに対する教育委員会と学校の対応姿勢を見ていると、その職責を果たしているとはとうてい思えない。また、二〇一四年に施行されたいじめ防止対策推進法は、皮肉なことにその翌年に最多のいじめ事件の発生をみるなど、とても効果を上げているとは言い難い。教育委員会と学校との緊密な連携をもとに、各地域の特性を生かしながら地域、子ども・父兄などからの多様な要求・要望に対し、迅速かつ的確な対応がとれるように地方自治体としての体制を整備していく必要がある。そして、それを実効あるものにするために、前章で指摘したように教育現場の視点に立って「効果を上げている事例紹介など」を織り込んだ実践的な指導要綱の策定を強く望みたい。

藩校に学ぶ教訓　第二

学ぶ教訓の第二は、人格の高揚・完成に向けた基礎的な学習をいかに進めるかである。

藩校においては、基礎的な教養教育の基本は儒学に置き、とくに朱子学の五徳（仁・義・礼・智・信）を据えて教養教育と幼少時のしつけ教育を行っている。それは、幕藩体制の規範秩序を維持する面からはきわめて有効であったが、一方でこの「徳」をもとに統治するとした教育のあり方は、学問・教育の進め方という面では、「問答無用のイデオロギー」の押し付けといった欠陥を持っていた（前田勉『江戸の読書会』平凡社選書、二〇一二年：寺脇研『本気の教育改革論』学事出版、二〇一六年）。

この課題を克服し、時代の変化に対応するために朱子学から陽明学に、そしてさらに古学へと儒学の変遷が進められていったが、このような事情の中で、格別、會津藩校日新館の「什の掟」（第一部

第二章第六節参照）と佐賀藩校弘道館（同第五節）の教育政策は、基礎教養教育としつけ教育の典型として注目に値しよう。日新館の「什の掟」については、すでに詳しく紹介したように、子どもに対する教育の進め方としてきわめて個性的であり、とくに子ども同士の日常生活の触れ合いと遊びの体験を通じて学ぶとした理念と行動は、ジョン・デューイ（一八五九～一九五二）のラーニング・バイ・ドゥーイングの理念とも相通じるものがあり、小学校六年社会科の教科書に大きく取り上げられたのもむべなるかなであり、「道徳科」設定の新たな展開の道標にもなるであろう。

一方、佐賀藩校弘道館の教育政策については、その前提として佐賀藩が置かれた環境の特性を理解することが必要である。佐賀藩は、幕府初期以来の長崎警備委託を受けた使命感から、国家の近代化を先取りする形で軍備、産業政策、技術革新、教育対策などさまざまな面で他藩に見られない強力な基盤を確立している。とくに教育行政の面では、佐賀藩校弘道館出身の大隈重信（『昔日譚』）が語っているように、きわめて近代的で規制力の厳格な制度が制定されていて、藩全体に張り詰めた緊張感が漂っていた。とりわけ十代藩主鍋島直正が教育指導者に示した「質問と議論」を重視した会読方式の指導要講は、この時代としてはきわめて先駆的な内容（前出『江戸の読書会』）であり、しかも確かな成果として結実するものとなった。

この象徴的な二つの藩の教育理念と実績は、「江戸昌平黌に遊学したもので佐賀弘道館の出身者は、議論すれば、いつも他藩の者には負けなかったといわれているが、会津日新館の出身者だけは、この弘道館の好敵手であったそうだ」（奈良本辰也編『日本の藩校』淡交社、一九七〇年）といわしめるほどに、高い評価を得ていたのである。この二つの事例は、これからの徳育、しつけ教育の進め方の面でもきわめて示唆に富んだ方法論になろう。

繰り返し指摘してきたように、いま改めて藩校教育が見直され再評価されるのは、過度の中央集権化や徳育の欠落といった現在の重要課題を改革するための教訓とヒントが、藩校教育の歴史の中にきらりと輝いているからである。

今後の基礎教養、しつけ教育の進め方については、過去の歴史の教訓ばかりでなく、いま話題のベストセラー『「学力」の経済学』（中室牧子、ディスカヴァー・トゥエンティワン、二〇一五年）が示す「しつけ教育」がもたらす具体的な効用を示す科学データ（しつけ教育を受けた人は年収が高いなど）の活用は、新たな環境の中での着想として十分な説得力を持っている。ましてや現代の子どもたちは、IT、AIなどに親しむ生活環境にあるから、科学的なしつけ教育の指導はかえって身近に感じるかもしれない。一方、体験を活かしたしつけ教育については、ウガンダの高校生を変えた感動的な体験談（伊勢雅臣『世界が称賛する日本の教育』育鵬社／扶桑社）などの教材を積極的に活用し、「道徳科」設定をもとにした新たな教育の展開が信仰的な押し付けでなく、科学的なデータの裏付けや子ども同士の体験・触れ合いなどから湧き出るようなものになることを期待している。

しかし、今後の教育の進め方については、「人口減少」といった重要な環境変化を踏まえることも忘れてはならない。いままでの延長ではなく新たな発想で対策を検討しなければならない。

過去に例をみない「人口減少」の現象は、経済成長、消費動向、産業政策、技術革新、労働市場、そして社会保障などあらゆる政策策定の基礎函数的な性格を持っている。したがって、一人ひとりの相対的な能力と価値を高める必要性からも、教育に寄せられる意義と期待はますます重くなっていくと考えられる。つまり新たに目指すべき「国家像」と「人口減少」と「教育」をどのように繋げて成果を上げていくかが求められてくる。

　この際、「人口減少」をひとつの転機としてとらえ、国（国土交通省・内閣府）、団体、シンクタンクなどが進めている長期的な視野に立った「目指すべき国家像二〇三〇」に適応する中長期的で抜本的な教育政策を再構築していく必要がある。その場合、とくに留意すべき重要な課題は次の諸点ではないかと考えられる。

・「教育無償化」と財政の裏付け。先の総選挙においては、与野党を超えて「教育の無償化」が叫ばれたが、財政の裏付けについての説得力ある政策は見られなかった。わが国の債務残高はＧＤＰに対し二三九で世界最悪の状態であり、日本以外の先進国で一〇〇を超えているのは米国（一〇七）のみである。この状態の中でどんな手立てがあるのか。
・「教育格差」問題が改めて指摘されている。旧来からの格差に加えて戦後の教育行政と改革の中から新たな格差が生じている。所得格差、地域格差、学校格差、そして文化格差など重層的な教育格差を、どのように圧縮し解消していくのか。
・「教員不足と長時間労働」。教員不足が叫ばれて久しくなるが、加えて教員の長時間労働が厳しく問われている。経済協力開発機構（ＯＥＣＤ）の実態調査（平成二七年一月文科省資料）によると、わが国の小・中学校教員の一週間当たりの労働時間は五三・九時間で参加三四カ国中最長である。併せて重要なことは、授業時間は参加国平均より短いにもかかわらず、授業以外のすべてで長く、とくに「課外活動」が突出していることである。

・「いじめ認知件数」が過去最多になった。二〇一六年度のいじめ認知件数は、過去最多といわれた前年を九万八六七六件も上回る三二万三八〇八件となった。これに対し、どのような効果的な対策を進めるかが厳しく問われている。

・グローバル化のもとでの人材育成をいかに進めるか。人材を求める経済界・産業界と供給する側の学校側がともに「グローバル化時代に対応できる人材」の育成を掲げている。その面では三大学（東京大学・早稲田大学・慶應義塾大学）の総長・塾長の鼎談（二〇一三年三月『サンデー毎日』に掲載）の内容は、大変貴重なものがあり参考になる。併せて、国際統計をもとにした教育費や教員の労働時間の国際比較などもぜひ活用すべきである。

これら重要課題の対策検討にあたっては、断片的なつぎはぎといったものではなく、各課題が縦横にしっかりとクロスした網目のように整備されて、総合的に整合性のある内容に仕上げて欲しいと願っている。そしてさらにこのような大きな転機だからこそ、改めて『学問のすすめ』（福沢諭吉著）などをもとに、「個性を伸ばす人づくり」のための学問・教育の原点を振り返ってみることも意義のあることだと思う。

藩校に学ぶ教訓　第三

学ぶ教訓の第三は、藩主の学問・教育に対する姿勢についてである。各藩校の紹介で明らかなように好学の藩主は多くいるが、その中で格別「学問、教育に向けての基本姿勢」という面で特筆すべき三人の藩主の姿勢と行動を改めて要約する。

(1)　岡山藩主池田光政は藩校（岡山藩学校）に併せて、地方の指導者養成のために郷学「閑谷学校」を設立したが、この学校は藩士以外にも開放し、他藩の子弟にも門戸を開いて受け入れたことから、日本最古の庶民学校と呼ばれた。「閑谷学校」の名声は今日まで伝えられているが、その礎となったものは光正の二つの決断であった。その中に岡山藩の学問・教育を重視する理念の一端をうかがうことができる。

・岡山藩は学校領を設け、藩財政より独立させ学田や学林を運営させて、転封や改易により藩主が交替しても、学校が存続するように工夫している。

・光政は遺言で学校の永続的な発展を期すために「強固でしっかりとした学校の建設」を言い残したが、藩はこれを忠実に受け止め、二期に分け三十年余りの歳月をかけて、規模的にも質的にも他に類例のない強固で立派な学校を築き上げた。その建造物の石塀、瓦などはどれをとっても手の込んだ逸品で、現在その多くが国の重要文化財に指定されている。

(2)　米沢藩九代藩主上杉治憲（鷹山）は、藩の累積した赤字財政を藩政改革を通じて建て直したことで有名であり、現代の経営学の面からも高く評価されている。しかしそれ以上に注目しなければならないのは「藩の財政改革は赤字をゼロにすることではない。改革を進めるためには人づくりが大切であり、人づくりを無視した改革は決して成功しない」と述べて教育の重要性を訴えていることである。そして、そのために立ち上げた藩校「興譲館」の特徴は、武士、庶民の別なく誰にでも開放された学校であった。また藩政改革がなかば進行した際に、子息治広に贈った世に有名な「伝国の辞」も注目される（第一部第二章第六節「今日に名を残す藩校」参照）。この内容は、封建時代の領主とは思えない民主精神に溢れていて、その文言はアメリカ合衆国第三五代大統領J・F・ケネディがたびたび演説に引用したことでも知られる。

（3）庄内藩九代藩主酒井忠徳（ただあり、一七五五〜一八一二）が、庄内藩校「致道館」の開校の際に、教師に示した被仰出書（命令書）には次のような記述がある。

・「学問も武芸も両方優れていれば一番いいが、人には生まれつき得手、不得手があるから、その人の得意の方を伸ばす」

・「一人一人の素質や能力を精いっぱい伸ばす教育が大切である」

・「人によって出来・不出来が出てくるのは仕方ないが，先生の偏った教え方によって悪影響が出ないようにする」

この内容は、二〇世紀を通じて米国の公学校教育基盤の確立に決定的な影響を与えたジョン・デューイの新教育思想（児童中心主義）の理念とまったく符合するものであり、デューイの時代よりはるか一世紀前にこのような教育理念が藩校で示されたことに強い感動を覚える。

注：庄内藩校は地域バランスの面から米沢藩校に重複するので、第一部第二章で紹介した二六校には

含めていない。

今年は、明治維新から一五〇年の大きな節目を迎え、これからの教育改革の大きな分岐点にもなる「道徳科」設定の年にあたり、また二〇二〇年度以降実施される新しい学習指導要綱への移行を開始する大きな節目の年でもある。そうした事情を背景に、昨年来教育改革をテーマにしたシンポジウムの開催やマスコミを通じた「教育ルネッサンス特集」の編纂などが盛んに行われている。「温故知新」の格言に倣って、このような時期に「藩校の歴史」を振り返ることの意義と価値は、計り知れないほどに大きい。

あとがき

藩校の歴史を振り返りその実像を掘り起こしていくと、教育改革のための教訓がいっぱい詰まっていて、まさに教育改革の鉱脈を見つけた思いがする。併せて今日に藩校の伝統を受け継ぐ学校への現地訪問に関しては、まだ始めたばかりであるが、その過程の中からも現地検証ならではの貴重な体験と予期しない収穫があった。

会津若松の會津藩校日新館では、宗像館長、仮名部長が直接、復元した「日新館」を丁寧にご案内くださった。県立岡山朝日高校では、校長、副校長、教頭先生を交えての議論の場を設けてくださった。福岡の修猷館高校では、校長、館長、事務局長に同窓会、奨学会役員まで参加して、資料館の見学と歴史の詳細な解説をしてくださった。佐賀西高校では、こちらの質問に対する項目ごとの明解な答えに加えて、「いじめ防止についての実践活動」の紹介をしてくださった。今回の現地訪問でとくに印象に残ったのは、各校にそれぞれ固有の歴史が刻まれていながら、今日の各校に共通して受け継がれている伝統として「自主・自立」と「文武両道」が指摘されたことが大変興味深い。いずれにしても各地・各校ともに非常に好意的で親切な対応をしていただいたことに感激している。現地訪問の仲介の労をとってくださった江田五月、鈴木均、高橋雄次、藤永勝之、笠浩史、渡部恒三（五〇音順）の各氏にも厚くお礼申し上げたい。この成果を踏まえ、今後、水戸藩校弘道館、広島藩校修道館、熊本藩校時習館、薩摩藩校造士館など有力校の現地訪問を進めて、別途『藩校を紀行する』（仮題）として詳細にまとめたいと考えている。

本書の編纂にあたっては、多くの方々から温かいご支援とご協力をいただいたが、格別眞神博氏からは、豊富な資料の提供と貴重なご助言をいただき感謝に堪えない。また藩校の歴史を受け継ぐ学校への現地訪問にあたって、積極的にご協力いただいた江崎民二氏と武藤誠氏にも深く感謝したい。さらに、教育関係の資料収集については、ご尽力いただいた大谷達也氏にも感謝しなければならない。本書出版にあたっては、日本評論社の高橋耕氏に温かいご配慮をいただき、岩元恵美氏には、写真・資料の収集をめぐって大変なご尽力をいただいた。ここに記して心から感謝の意を表したい。

最後に本書の構想は、「まえがき」で触れたように、尊敬する宇沢弘文先生のメッセージが導火線となった。宇沢先生には、私が関係するシンクタンクで主として経済政策の面でご指導いただいたが、そればかりではなく環境問題、教育問題、さらに社会に貢献するための哲学まで優しく、温かく、ご助言いただいた。ご恩返しは何もできなかったが、改めて心からの感謝と哀悼の思いを込めて本書を先生の御霊の前に捧げたいと思う。

平成三〇年三月吉日

藁科　満治

全国の主な藩校一覧

※ 数字は次頁以降の通し番号

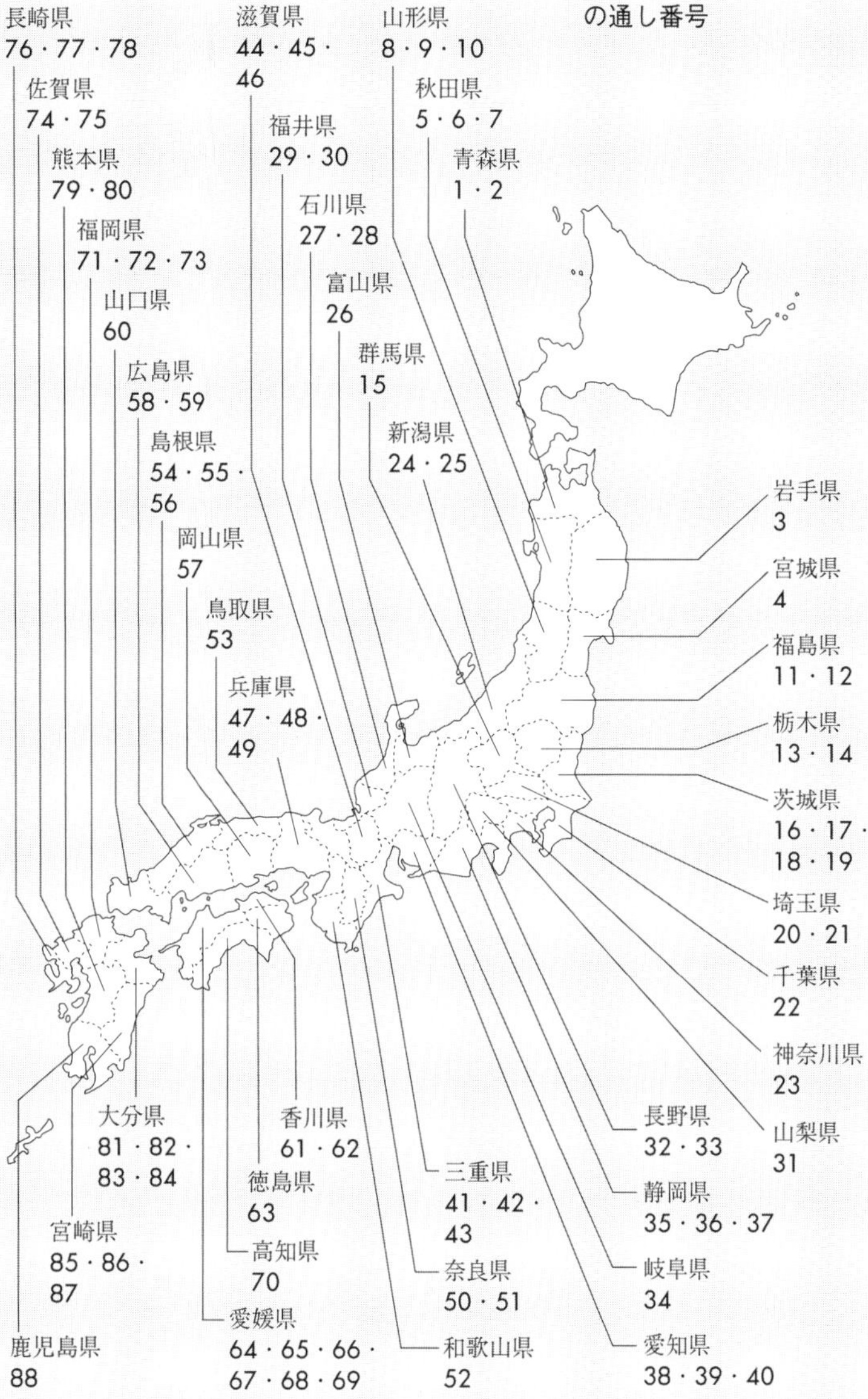
長崎県 76・77・78
佐賀県 74・75
熊本県 79・80
福岡県 71・72・73
山口県 60
広島県 58・59
島根県 54・55・56
岡山県 57
鳥取県 53
兵庫県 47・48・49
滋賀県 44・45・46
福井県 29・30
石川県 27・28
富山県 26
群馬県 15
新潟県 24・25
山形県 8・9・10
秋田県 5・6・7
青森県 1・2
岩手県 3
宮城県 4
福島県 11・12
栃木県 13・14
茨城県 16・17・18・19
埼玉県 20・21
千葉県 22
神奈川県 23
山梨県 31
長野県 32・33
静岡県 35・36・37
岐阜県 34
愛知県 38・39・40
三重県 41・42・43
奈良県 50・51
和歌山県 52
香川県 61・62
徳島県 63
高知県 70
愛媛県 64・65・66・67・68・69
大分県 81・82・83・84
宮崎県 85・86・87
鹿児島県 88

江戸時代藩校は、全国に約二八〇校あったが、主なものは次のとおりである。江戸、大坂、京都は特別な地域で、藩校とは違う教育機関があったので、ここには掲載していない。この他に幕府の学問所、半官半民の郷学校、私塾、寺子屋など数多くの教育機関があった。

凡例 ①創設年 ②創始者 ③学頭または教授など ④入学資格 ⑤主な授業内容 ⑥目的

＊は本書第一部第二章で取り上げた藩校

1 **津軽藩校稽古館**（青森県弘前市） ①寛政八年（一七九六） ②九代藩主津軽寧親 ③山崎蘭洲（儒者） ④御目見得十歳以上 ⑤経学、兵学、医学、紀伝学、天文暦学、数学、武術 ⑥上級家臣の子弟教育

2 **八戸藩校文武講習所**（青森県八戸市） ①文政十二年（一八二九） ②八代藩主南部信真 ③室岡元（儒者） ④藩士の子弟および町民の子弟 ⑤儒学、算術、兵学、医学、武術、のちに英学 ⑥藩政刷新の担い手の育成

3 **盛岡藩校明義堂**（のち作人館）（岩手県盛岡市） ①天保十一年（一八四〇） ②十二代藩主南部利済 ③佐久間宇助（儒者） ④藩士の子弟 ⑤儒学、武術、のちに医学 ⑥人材育成

4 ＊**仙台藩校養賢堂**（宮城県仙台市） ①安永元年（一七七二） ②七代藩主伊達重村 ③田辺楽斎のち大槻平泉（儒者） ④藩士の子弟 ⑤儒学、歴史、天文、地理、法律、武芸、のち洋学、医学 ⑥学問の振興と人材育成

5 **秋田藩校御学館**（のち明道館、明徳館）（秋田県秋田市） ①寛政元年（一七八九） ②九代藩主佐竹義和 ③中山文右衛門（儒者） ④藩士の子弟 ⑤儒学、国学、算学、医学、武術 ⑥人材登用

6　本荘藩校修身館（秋田県由利本荘市）①天明七年（一七八七）②七代藩主六郷政速　③皆川宗海（儒者）④藩士の子弟　⑤儒学　⑥人材育成

7　亀田藩校長善館（秋田県由利本荘市）①天明六年（一七八六）②七代藩主岩城隆恕　③大内久太夫（儒者）④藩士の子弟　⑤儒学、のちに武術、医学　⑥人材育成

8＊米沢藩校興譲館（山形県米沢市）①安永五年（一七七六）②九代藩主上杉治憲（鷹山）③神保綱忠（儒者）④藩士の子弟の他、庶民にも門戸を開いた　⑤儒学、のちに医学　⑥人材育成

9　庄内藩校致道館（山形県鶴岡市）①文化二年（一八〇五）②九代藩主酒井忠徳　③白井矢太夫（藩郡代）④上級藩士の子弟　⑤儒学、武芸　⑥士風の改善

10　上山藩校天輔館（のち明新館）（山形県上山市）①文化六年（一八〇九）②七代藩主松平信行　③武田孫兵衛（儒者）④藩士の子弟および庶民　⑤儒学、武芸　⑥人材育成

11＊會津藩校日新館（福島県会津若松市）①寛政十一年（一七九九）②五代藩主松平容頌　③田中玄宰（藩家老）④藩士の子弟　⑤儒学、詩文、天文、暦学、医学、武道など　⑥士風の確立

12＊白河藩校立教館（福島県白河市）①寛政三年（一七九一）②三代藩主松平定信　③広瀬蒙斎（儒者）④藩士の子弟　⑤儒学、数学、医学、天文学、蘭学、画学、雅学、武術　⑥人材育成

13＊壬生藩校学習館（栃木県下都賀郡壬生町）①正徳三年（一七一三）②初代藩主鳥居忠英　③不明　④藩士の子弟と豪農商の一部子弟　⑤儒学、兵学、武術　⑥人材育成

14　黒羽藩校何陋館（のち作新館）（栃木県大田原市）①文政三年（一八二〇）②藩主大関増業　③藩医田中修平ら　④藩士の子弟　⑤儒学、国学、武術　⑥人材育成

15＊前橋藩校好古堂（群馬県前橋市）①元禄四年（一六九一）②五代藩主酒井忠挙　③斉藤才次郎（儒者）④藩士の子弟　⑤儒学、兵法、武術　⑥士風の確立

16 ＊**水戸藩校弘道館**（茨城県水戸市）①天保十二年（一八四一）②九代藩主徳川斉昭 ③青山拙斎・会沢正志斎（儒者）④郷士以上の藩士の子弟 ⑤儒学、医学、歌学、天文、算学、兵学、武術 ⑥人材育成

17 **古河藩校盈科堂**（茨城県古河市）①享保八年（一七二三）②（二代唐津藩主から横すべり）藩主土井利実 ③不明 ④藩士の子弟 ⑤儒学、武術 ⑥人材育成

18 **土浦藩校郁文館**（茨城県土浦市）①寛政十一年（一七九九）②六代藩主土屋英直 ③手塚坦斎（儒者）④藩士の子弟 ⑤儒学、武術、のちに医学 ⑥人材育成

19 **笠間藩校時習館**（茨城県笠間市）①文化十四年（一八一七）②四代藩主牧野貞幹 ③秋元忠蔵（儒者）④藩士の子弟 ⑤儒学、医学、武術 ⑥人材育成

20 **岩槻藩校遷喬館**（埼玉県さいたま市岩槻区）①寛政十一年（一七九九）②五代藩主大岡忠正 ③児玉南柯（儒者）④藩士の子弟 ⑤儒学、国学、兵学、武芸 ⑥人材育成

21 **川越藩校博喩堂**（のち**長善館**）（埼玉県川越市）①文政八年（一八二五）②四代藩主松平斉典 ③長野豊山（儒者）④藩士の子弟 ⑤儒学、武術 ⑥人材育成

22 **佐倉藩校成徳書院**（千葉県佐倉市）①天保七年（一八三六）②五代藩主堀田正睦 ③（不明）④藩士の子弟 ⑤儒学、医学、算学、蘭学、兵学、武術 ⑥人材育成

23 **小田原藩校集成館**（のち**文武館**）（神奈川県小田原市）①文政五年（一八二二）②七代藩主大久保忠真 ③宇野権之進（儒者）④藩士の子弟 ⑤儒学、医学、算術、武術、のちに兵学、洋学 ⑥人材育成

24 **新発田藩校道学堂**（新潟県新発田市）①安永元年（一七七二）②八代藩主溝口直養 ③石原寛信（儒者）④藩士の他庶民にも門戸を開いた ⑤儒学、国学、武術、のちに医学 ⑥人材育成

25 長岡藩校崇徳館（新潟県長岡市）①文化五年（一八〇八）②九代藩主牧野忠精 ③秋山景山・伊藤弘充（儒者）④藩士の子弟 ⑤儒学、武術 ⑥人材育成

26 富山藩校広徳館（富山県富山市）①安永二年（一七七三）②六代藩主前田利與 ③三浦瓶山（儒者）④藩士の子弟 ⑤儒学、兵学、武術 ⑥士風刷新と人材育成

27＊加賀藩校明倫堂（石川県金沢市）①寛政四年（一七九二）②十一代藩主前田治脩 ③新井白蛾（儒者）④藩士の他に庶民も ⑤儒学、国学、医学、天文、暦学、算学、法律、武術（経武館）⑥藩政改革の一環、士風刷新

28 大聖寺藩校学問所（のち時習館）（石川県加賀市）①天保十一年（一八四〇）②十一代藩主前田利平 ③江守城陽（儒者）④藩士の子弟 ⑤儒学、洋学、兵学、武術 ⑥士風の引き締め

29 小浜藩校順造館（福井県小浜市）①安永三年（一七七四）②七代藩主酒井忠用 ③西依墨山（儒者）④藩士の子弟 ⑤儒学、国学 ⑥人材育成

30＊福井医学所済世館／藩校正義堂（のち明道館）（福井県福井市）①文化二年（一八〇五）／文政二年（一八一九）②十三代藩主松平治好 ③浅野道有（藩医）／前田雲洞（儒者）④医師の子弟／藩士および庶民の子弟 ⑤傷寒論、本草、のちに漢蘭兼学／儒学、国学、算学、蘭学、兵学、武術 ⑥人材育成

31 甲府勤番所学問所（のち徽典館）（山梨県甲府市）①寛政八年（一七九六）②甲府勤番支配近藤政明 ③富田富五郎（甲府勤番与力）④勤番士の子弟 ⑤儒学、医学、武術 ⑥人材育成

32 松代藩校稽古所（のち文武学校）（長野県長野市）①宝暦八年（一七五八）②六代藩主真田幸弘 ③菊池南陽（儒者）④藩士の子弟 ⑤儒学、兵学、武術 ⑥人材育成

33 高遠藩校進徳館（長野県伊那市）①万延元年（一八六〇）②八代藩主内藤頼直 ③岡野小平治（儒

者）④藩士の子弟　⑤儒学、国学、武術　⑥人材育成

34 *岩村藩校知新館（岐阜県恵那市）①元禄十五年（一七〇二）②初代藩主松平乗紀　③佐藤周軒（儒者）④藩士の子弟　⑤儒学、算学、兵学、武術　⑥人材育成

35 掛川藩校徳造書院（のち教養館）（静岡県掛川市）①享和二年（一八〇二）②二代藩主太田資愛　③松崎慊堂（儒者）④藩士の子弟　⑤儒学、算学、国学、武術　⑥人材育成

36 横須賀藩校学問所（静岡県掛川市）①文化八年（一八一一）②五代藩主西尾忠善　③佐藤英介（儒者）④藩士の子弟　⑤儒学、国学、洋学、武術、のちに算学　⑥人材育成

37 浜松藩校経誼館（のち克明館）（静岡県浜松市）①天保十三年（一八四二）②初代藩主水野忠邦　③塩谷宕陰（儒者）④藩士および士分以下の子弟　⑤儒学、武術、のちに医学、蘭学　⑥人材育成

38 吉田藩校時習館（愛知県豊橋市）①宝暦二年（一七五二）②初代藩主松平信復　③飯野柏山（儒者）④藩士の子弟　⑤儒学、国学、算学、武術　⑥人材育成

39 *尾張藩校明倫堂（愛知県名古屋市）①天明三年（一七八三）②九代藩主徳川宗睦　③細井平洲（儒者）④藩士の子弟に加え庶民にも開放　⑤儒学、国学、算学、天文暦学、医学、武術　⑥人材育成

40 田原藩校成章館（愛知県田原市）①文化七年（一八一〇）②九代藩主三宅康和　③鷹見星皐（儒者）④藩士の子弟　⑤儒学、洋学、医学、武術　⑥人材育成

41 津藩有造館（三重県津市）①文政三年（一八二〇）②十代藩主藤堂高兌　③津坂東陽（儒者）④藩士の子弟　⑤儒学、算学、蘭学、兵学、武術　⑥人材育成

42 亀山藩校明倫舎（三重県亀山市）①天明五年（一七八五）②四代藩主石川総博　③不明　④中士以上の藩士の子弟　⑤儒学、国学、算学、武術　⑥人材育成

43 桑名藩校進修館（のち立教館）（三重県桑名市）①文化十年（一八一三）②六代藩主松平忠翼　③平

井澹所（儒者）④藩士の子弟 ⑤儒学、国学、算学、医学、武術 ⑥人材育成

44 大溝藩校修身堂（滋賀県高島市）①天明五年（一七八五）②八代藩主分部光実 ③中村鸞渓（儒者）④藩士の子弟 ⑤儒学、国学、算学、兵学、武術 ⑥人材育成

45＊彦根藩校稽古館（のち弘道館）（滋賀県彦根市）①寛政十一年（一七九九）②十四代藩主井伊直中 ③三浦元苗（国学者）④藩士の子弟 ⑤国学、儒学、武術、のちに算学、医学、兵学 ⑥藩政改革を担う人材育成

46 膳所藩校遵義堂（滋賀県大津市）①文化五年（一八〇八）②十代藩主本多康完 ③寺元淡庵（儒者）④藩士の子弟 ⑤儒学、国学、算学、武術 ⑥人材育成

47 赤穂藩校博文館（兵庫県赤穂市）①安永六年（一七七七）②六代藩主森忠興 ③赤松蘭室（儒者）④藩士の子弟 ⑤儒学、国学、算学、武術 ⑥人材育成

48 龍野藩校敬楽館（兵庫県たつの市）①天保五年（一八三四）②八代藩主脇坂安董 ③小西惟冲（儒者）④藩士の子弟 ⑤儒学、国学、兵学、武術 ⑥人材育成

49＊阿波藩校洲本学問所（別に益習館も）（兵庫県洲本市）①寛政十年（一七九八）②十一代洲本城代稲田敏植 ③中田謙斎（儒者）④藩士の子弟、他に庶民の私塾開設 ⑤儒学、国学、兵学、武術 ⑥人材育成

50＊芝村（戒重）藩校遷喬館（奈良県桜井市）①元禄九年（一六九六）②四代藩主織田長清 ③北村可昌（儒者）④藩士の子弟 ⑤儒学、国学、算術、武術 ⑥人材育成

51＊郡山藩校総稽古所（奈良県郡山市）①享保九年（一七二四）②初代藩主柳沢吉里 ③荻生金谷（儒者）④藩士の子弟 ⑤儒学、国学、算学、武術 ⑥人材育成

52＊紀州藩校学習館（和歌山県和歌山市）①寛政三年（一七九一）②十代藩主徳川治宝 ③山本東籬（儒

者）④藩士の子弟 ⑤儒学、国学、医学、武術 ⑥人材育成

53 鳥取藩校尚徳館（鳥取県鳥取市）①宝暦六年（一七五六）②五代藩主池田重寛 ③箕浦文蔵（儒者）④藩士の子弟、のちに徒士以下も ⑤儒学、のちに国学、兵学、武術 ⑥人材育成

54 松江藩校文明館（のち明教館、修道館）（島根県松江市）①宝暦八年（一七五八）②六代藩主松平宗衍 ③桃源蔵（儒者）④藩士の子弟 ⑤儒学、国学、算学、医学、武術、のちに兵学 ⑥人材育成

55 浜田藩校長善館（島根県浜田市）①寛政三年（一七九一）②六代藩主松平康定 ③小篠御野（儒者）④藩士の子弟 ⑤儒学、国学、算学、兵学、武術 ⑥人材育成

56 津和野藩校養老館（島根県鹿足郡津和野町）①天明六年（一七八六）②九代藩主亀井矩賢 ③山口剛斎（儒者）④藩士の子弟 ⑤儒学、医学、数学、のちに国学、武術 ⑥人材育成

57＊岡山藩校岡山藩学校（岡山県岡山市）①寛文九年（一六六九）②藩主池田光政 ③津田永忠（藩士）④地主層の子弟 ⑤儒学、国学、武術 ⑥人材育成

58＊広島藩校講学所（のち講学館、学問所、修道館）（広島県広島市）①享保十年（一七二五）②五代藩主浅野吉長 ③寺田臨川（儒者）④藩士の子弟および一般の人々 ⑤儒学、国学、武術 ⑥人材育成

59 福山藩校弘道館（のち誠之館）（広島県福山市）①天明六年（一七八六）②四代藩主阿部正倫 ③伊藤竹坡（儒者）④藩士の子弟 ⑤儒学、国学、兵学、武術、のちに医学、数学、軍法 ⑥人材育成

60＊長州藩校明倫館（山口県萩市）①享保三年（一七一八）②五代藩主毛利吉元 ③小倉尚斎（儒者）④藩士の子弟 ⑤儒学、国学、算術、武術、のち天文学、兵学、医学 ⑥人材育成

61 高松藩校講道館（香川県高松市）①安永八年（一七七九）②六代藩主松平頼真 ③後藤芝山（儒者）④藩士の子弟及び町民、農民の子弟 ⑤儒学、国学、武術 ⑥人材育成

62 丸亀藩校正明館（香川県丸亀市）①寛政七年（一七九五）②五代藩主京極高中 ③渡辺柳斎（儒者）

④藩士の子弟、のちに庶民の子弟も　⑤儒学、国学、兵学、武術　⑥人材育成

63 **徳島藩校学問所**（徳島県徳島市）①寛政二年（一七九〇）②十一代藩主蜂須賀治昭　③合田栄蔵（儒者）④藩士の子弟　⑤儒学、医学、武術　⑥人材育成

64 ＊**大洲藩校止善書院明倫堂**（愛媛県大洲市）①延享四年（一七四七）②六代藩主加藤泰衑　③川田雄琴（儒者）④藩士の子弟　⑤儒学、漢学、国学　⑥人材育成

65 **松山藩校明教館**（愛媛県松山市）①文政十一年（一八二八）②十一代藩主松平定通　③日下伯巌・高橋復斎（儒者）④徒士以上の子弟　⑤儒学、国学、兵学、武術　⑥士風改革と人材育成

66 **宇和島藩校内徳館**（のち**明倫館**）（愛媛県宇和島市）①寛延元年（一七四八）②五代藩主伊達村候　③安藤陽洲（儒者）④藩士と庶民の子弟　⑤儒学、国学、兵学、医学、武術　⑥人材育成

67 **小松藩校培達校**（翌年、**養正館**）（愛媛県西条市）①享和二年（一八〇二）②七代藩主一柳頼親　③近藤篤山（儒者）④徒士以上の子弟と庶民　⑤儒学、国学、兵学、武術　⑥人材育成

68 **西条藩校択善堂**（愛媛県西条市）①文化二年（一八〇五）②八代藩主松平頼啓　③三品容斎・日野和煦（儒者）④藩士の子弟　⑤儒学、国学、武術　⑥人材育成

69 **今治藩校克明館**（愛媛県今治市）①文化二年（一八〇五）②七代藩主松平定剛　③長野恭度（藩士）④藩士の子弟　⑤儒学、国学、医学、兵法、武術　⑥人材育成

70 **土佐藩校教授館**（のち**致道館**）（高知県高知市）①宝暦十年（一七六〇）②八代藩主山内豊敷　③宮地為斎（儒者）④藩士の子弟　⑤儒学、漢学、国学、武術、のちに医学、経学、史学　⑥士風改革

71 ＊**福岡藩校修猷館**（東）と**甘棠館**（西）（福岡県福岡市）①天明四年（一七八四）②九代藩主黒田斉隆　③竹田定良（儒者）（東）と亀井南冥（儒医）（西）④藩士の子弟　⑤儒学、漢学、国学、のちに医学、兵学、武術　⑥人材育成

72 久留米藩校修道館（のち明善堂）（福岡県久留米市）①天明七年（一七八七）②八代藩主有馬頼貴③左右田尉九郎（儒者）④藩士の子弟⑤儒学、国学、漢学、算学⑥人材育成

73 柳河藩校伝習館（福岡県柳川市）①文政七年（一八二四）②九代藩主立花鑑賢③牧園茅山（儒者）④藩士の子弟⑤儒学、漢学、武術⑥人材育成

74＊佐賀藩校弘道館（佐賀県佐賀市）①天明元年（一七八一）②八代藩主鍋島治茂③古賀精里（儒者）④藩士の子弟⑤儒学、国学、算学、武術、のちに医学、蘭学、西洋科学技術⑥人材育成

75 対馬藩田代領藩校東明館（佐賀県鳥栖市基山町）①寛政十二年（一八〇〇）②田代代官大東茂右衛門③緒方又右衛門（儒者）④藩士の子弟⑤儒学、算学、武術⑥人材育成

76 五島藩校至善堂（のち育英館）（長崎県五島市）①安永九年（一七八〇）②九代五島盛運③永富数馬（儒者）④藩士の子弟及び庶民の子弟⑤儒学、漢学、国学、算学、兵学、武術⑥人材育成

77＊大村藩校集義館（のち五教館）（長崎県大村市）①寛文十年（一六七〇）②四代藩主大村純長③加藤鹿洲④藩士の子弟と庶民の子弟⑤儒学、国学、算学、武術⑥人材育成

78 島原藩校稽古館（長崎県島原市）①寛政五年（一七九三）②七代藩主松平忠馮③岩瀬行言（儒者）④藩士の子弟⑤漢学、算法、経学、史学、国学、兵学、医学、天文学、武術⑥人材育成

79＊熊本藩校時習館（熊本県熊本市）①宝暦五年（一七五五）②六代藩主細川重賢③長岡内膳（藩士）・秋山玉山（儒者）④藩士の子弟および農商など士分以下の子弟も⑤儒学、漢学、算学、武術、のちに医学⑥人材育成

80 人吉藩校習教館（熊本県人吉市）①天明六年（一七八六）②十一代藩主相良長寛③東白髪（儒者）④藩士の子弟⑤儒学、漢学、国学、武術⑥人材育成

81 岡藩校輔仁堂（のち由学館、修道館）（大分県竹田市）①享保十一年（一七二六）②六代藩主中川久

忠　③関一楽（儒者）　④藩士と庶民の子弟　⑤儒学、国学、洋学、医学、算学、兵学、武術　⑥人材育成

82　杵築藩校学習館（大分県杵築市）　①天明八年（一七八八）　②七代藩主松平親賢　③矢野蕉園・三浦黄鶴（儒者）　④藩士および平民の子弟　⑤儒学、国学、兵学、武術　⑥人材育成

83　日出藩校致道館（大分県速見郡日出町）　①安政五年（一八五八）　②十五代藩主木下俊程　③帆足万里（儒者）　④藩士の子弟　⑤儒学、国学、医学、武術、のちに算術、兵学、蘭学　⑥人材育成

84＊中津藩校進脩館（大分県中津市）　①寛政八年（一七九六）　②五代藩主奥平昌高　③倉成龍渚・野本雪巌（儒者）　④藩士の子弟　⑤儒学、国学、のちに医学、算学、武術　⑥人材育成

85　延岡藩校学問所（のち広業館）（宮崎県延岡市）　①明和五年（一七六八）　②二代藩主内藤政陽　③山本与兵衛（儒者）　④藩士の子弟　⑤儒学、漢学、算学、兵学、武術、のちに国学、医学、洋学　⑥人材育成

86　高鍋藩校明倫堂（宮崎県児湯郡高鍋町）　①安永七年（一七七八）　②七代藩主秋月種茂　③千手興欽（儒者）　④藩士と庶民の子弟　⑤儒学、国学、算学、兵学、武術　⑥人材育成

87　都城藩校稽古所（のち明道館）（宮崎県都城市）　①安永七年（一七七八）　②二十二代領主島津久倫　③藤崎公康（儒者）　④藩士の子弟　⑤儒学、国学、兵学、武術　⑥人材育成

88＊薩摩藩校造士館（鹿児島県鹿児島市）　①安永二年（一七七三）　②八代藩主島津重豪　③山本正誼（儒者）　④藩士の子弟　⑤儒学、国学、兵学、医学、天文学、武術　⑥人材育成

参考文献

『米国教育使節団報告書』目黒書店、一九四七年
日本放送教育協会編『第二次米国教育使節団報告書』一九五〇年
奈良本辰也編『日本の藩校』淡交社、一九七〇年
児玉幸多・北島正元監修『藩史総覧』新人物往来社、一九七七年
石川松太郎『藩校と寺子屋』教育社歴史新書、一九七八年
教科教育百年史編集委員会編『米国教育使節団報告書』一九八五年
『三百藩藩主人名事典』新人物往来社、一九八七年
『江戸時代人づくり風土記8茨城』農山漁村文化協会、一九八九年
『江戸時代人づくり風土記33岡山』『同42長崎』『同9栃木』農山漁村文化協会、一九八九年
『江戸時代人づくり風土記7福島』『同18福井』『同43熊本』農山漁村文化協会、一九九〇年
『江戸時代人づくり風土記34広島』『同17石川』『同6山形』農山漁村文化協会、一九九一年
土持ゲーリー法一『米国教育使節団の研究』玉川大学出版部、一九九一年
『江戸時代人づくり風土記21岐阜』農山漁村文化協会、一九九二年
『江戸時代人づくり風土記4宮城』農山漁村文化協会、一九九四年
『江戸時代人づくり風土記41佐賀』『同30和歌山』『同23愛知』農山漁村文化協会、一九九五年

『江戸時代人づくり風土記25滋賀』『同35山口』農山漁村文化協会、一九九六年
『江戸時代人づくり風土記10群馬』『同38愛媛』農山漁村文化協会、一九九七年
『別冊歴史読本24　江戸三百藩藩主総覧――歴代藩主でたどる藩政史』新人物往来社、一九九七年
『江戸時代人づくり風土記29奈良』『同44大分』農山漁村文化協会、一九九八年
『江戸時代人づくり風土記46鹿児島』農山漁村文化協会、一九九九年
會津藩校日新館編『よみがえる日新館童子訓――ならぬことはならぬ』一九九六年
沖田行司『日本人をつくった教育――寺子屋・私塾・藩校』大巧社、二〇〇〇年
笠原英彦『歴代天皇総覧』中公新書、二〇〇一年
幸田シャーミン『地球としごとをする人たち』ＴｏｋｙｏＦＭ出版、二〇〇二年
中嶋繁雄『大名の日本地図』文春新書、二〇〇三年
藁科満治『「出会い」こそ人生の分岐点――複眼で見る政治と教育』日本評論社、二〇〇三年
大森映子『お家相続――大名家の苦闘』角川選書、二〇〇四年
河合敦『藩校を歩く――温故知新の旅ガイド』アーク出版、二〇〇四年
山本博文『徳川将軍と天皇』中公文庫、二〇〇四年
八幡和郎『江戸三〇〇藩バカ殿と名君――うちの殿さまは偉かった？』光文社新書、二〇〇四年
福田千鶴『御家騒動――大名家を揺るがした権力闘争』中公新書、二〇〇五年
大石学編『近世藩制・藩校大事典』吉川弘文館、二〇〇六年
大石学『江戸の教育力――近代日本の知的基盤』東京学芸大学出版会、二〇〇七年
高橋敏『江戸の教育力』ちくま新書、二〇〇七年
八幡和郎『47都道府県の名門高校：藩校・一中・受験校の系譜と人脈』平凡社新書、二〇〇八年

司馬遼太郎『歴史を紀行する』文春文庫、二〇一〇年
神田千里『宗教で読む戦国時代』講談社、二〇一〇年
沖田行司『藩校・私塾の思想と教育』日本武道館、二〇一一年
村山吉廣『藩校――人を育てる伝統と風土』明治書院、二〇一一年
前田勉『江戸の読書会』平凡社、二〇一二年
「教育における国と地方の関係について」文部科学省、二〇一三年
福岡県立修猷館高等学校編『図録 修猷館』二〇一三年
中村彰彦『全国藩校紀行』PHP文庫、二〇一四年
山本正身『日本教育史』慶應義塾大学出版会、二〇一四年
「学校や教職員の現状について」文部科学省、二〇一五年
公益財団法人黒田奨学会編『創立一〇〇周年記念誌』二〇一五年
岡山県立岡山朝日高等学校資料館編『岡山朝日高等学校史』二〇一六年
寺脇研編『本気の教育改革論』学事出版、二〇一六年
右同『岡山県立岡山朝日高等学校 写真で語る一四〇年 改訂版』二〇一六年
藩校サミット編纂委員会『グローバル時代を拓く修猷館の息吹』二〇一七年
伊勢雅臣『世界が称賛する日本の教育』育鵬社、二〇一七年
瀬田川聡『いじめをやめさせる』明治図書出版、二〇一七年

著者紹介

藁科 満治（わらしな みつはる）

元参議院議員（1992～2004年）

1996年　内閣官房副長官
2002年　秋の叙勲で勲一等瑞宝章受章
2003年　参議院議員会長（民主党）、国家基本政策委員会委員長
2011年　大倉喜七郎賞受賞
2012年　日本棋院八段

著書
『民主リベラルの政権構想』（日本評論社）
『「出会い」こそ人生の分岐点』（日本評論社）
『囲碁から学ぶ人生訓──「いろは」のしおり』（共著、日本評論社）
『囲碁文化の魅力と効用』（日本評論社）
『浮世絵に映える囲碁文化』（日本評論社）
『歌舞伎に踊る囲碁文化』（日本評論社）
『僧・寛蓮の功績──囲碁史に一石』（囲碁文化研究会、非売品）　他

藩校《はんこう》に学《まな》ぶ──日本《にほん》の教育《きょういく》の原点《げんてん》

2018年 4 月30日／第 1 版第 1 刷発行
2018年12月15日／第 1 版第 3 刷発行

著　者　藁科 満治
発行者　串崎 浩
発行所　株式会社日本評論社
〒170-8474　東京都豊島区南大塚3-12-4
電話　03-3987-8621（販売）
03-3987-8601（編集）
https://www.nippyo.co.jp/
印刷所　精文堂印刷株式会社
製本所　株式会社難波製本
装　幀　山崎 登

ISBN 978-4-535-58725-0